교회와 문화,
그 위태로운 관계

국제제자훈련원은 건강한 교회를 꿈꾸는 목회의 동반자로서 제자 삼는 사역을 중심으로
성경적 목회 모델을 제시함으로 세계 교회를 섬기는 전문 사역 기관입니다.

교회와 문화, 그 위태로운 관계

초판 1쇄 발행 2009년 12월 21일
초판 3쇄 발행 2013년 4월 30일

지은이 D.A. 카슨 **옮긴이** 김은홍
펴낸이 오정현 **펴낸곳** 도서출판 국제제자훈련원

등록 제22-1240호(1997년 12월 5일)
주소 (137-865) 서울시 서초구 서초1동 1443-26
e-mail dmipress@sarang.org **홈페이지** www.discipleN.com
전화 (02)3489-4300 **팩스** (02)3489-4309

ISBN 978-89-5731-435-7 03230

※ 책값은 뒤표지에 있습니다. 잘못된 책은 구입하신 곳에서 교환해 드립니다.

교회와 문화, 그 위태로운 관계

리처드 니버의 『그리스도와 문화』를 재조명하다

D. A. 카슨 | 김은홍 옮김

Copyright © 2008 by D. A. Carson
Originally published in English under the title
Christ and Culture Revisited by D. A. Carson
Published by Wm. B. Eerdmans Publishing Co.
2140 Oak Industrial Drive NE, Grand Rapids, Michigan 49505, U.S.A.
All rights reserved.

Translated and used by arrangement of Wm. B. Eerdmans Publishing Co., through rMaeng2, Seoul, Korea.

Korean Copyright © 2009 by DMI Press, Seoul, Republic of Korea.

본 저작물의 한국어판 저작권은 알맹2 에이전시를 통하여 Wm. B. Eerdmans Publishing Co.와 독점 계약한 도서출판 국제제자훈련원에 있습니다.
신 저작권법에 의하여 한국 내에서 보호받는 저작물이므로 무단전재와 무단복제를 금합니다.

기쁨으로 스캇과 캐시에게
이 책을 바칩니다

머리말 _ 9

1. 문화를 어떻게 정의할 것인가: 니버 재고 _ 19

2. 성경신학으로 고찰한 니버의 유형론 _ 69

3. 문화 그리고 포스트모더니즘 _ 125

4. 세속주의, 민주주의, 자유, 그리고 권력 _ 203

5. 교회와 국가 _ 251

6. 논박 받는 의제, 좌절된 유토피아,
   그리고 계속되는 긴장 _ 345

머리말

다음과 같은 네 가지 생각 때문에 이 책을 쓰게 됐다.

첫째, 오순절 성령강림 사건 이래로 그리스도인들은 다른 사람들과 맺고 있는 관계의 본질을 깊이 생각해야만 했다.

그리스도인은 이내 크게 늘어났고, 수없이 많은 인종적, 사회적 장벽들을 뛰어넘어 제국과 민족과 언어와 사회지위 같은 기성 범주들을 초월하며 교회(church)와 친교모임(fellowship)과 단체(body)를 세워 나갔다. 신약성경 안에서도, 그리스도인들은 통치 권력(government)을 하나님이 기름 부으신 것으로 보기도 하고, 최소한 특정 통치 권력은 그리스도의 대리인으로 여기기도 한다. 교회 **안에서** 발생한 가장 초기의 분쟁으로 알려진 사건들은 일부 문화의 차이에서 비롯됐다. 말하자면, 서로 다른 언어를 사용하는 여러 집단들 사이에서 구제의 분배가 불공평하다는 문제가 제기되었던 것이다. 신약성경 밖으로 나와 교회사를 훑어봐도, 그리스도인들이 얼마나 다양한 상황에 처해 있었는지 알 수 있다. 탄압을 받기도 했고 권력을 행사하기도 했다. 고립되기도 했고 지배하기도 했다. 무식한 사람들도 있었고 교양 있는 사람들도 있었다. 주변 문화에서 아주 두드러지기도 했고 사실상 아무런 주목을 받지 못하기도 했다. 가난하기도 했고 부유하기도 했다. 열심히 복음을 전하기도 했고 나태하기도 했다. 사회 변혁을 추구하기도 했고 현상 유지를 지지하기도 했다. 재림을 간절히 소망하기도 했고 너무 빨리 오시지 않았으면 하고 바라기도 했다. 이런 다양한 사실들은 **문화적** 자기이해(cultural self-understanding)의 다양성을 반영한다. 어느 세대에나 그리스도인들은 자신들의 태도가 **어떠해야** 하는지 깊이 생각하지 않을 수 없었다. 이 책도 이렇게 긴 기독교적 성찰의 역사에서 하나의 목소리일 뿐이다.

    내가 이 책을 쓰게 된 첫 번째 이유가 보편적인 것이었다면, 두 번째 이유는 현 시대적인 것이다.

    커뮤니케이션의 발달 덕분에 오늘날의 그리스도인들은 아주 적은 노력만으로도 전혀 다른 문화 환경 속에 있는 다른 그리스도인들에 관하여 알 수 있게 되었다. 우리는 지구상 최빈국인 시에라리온의 그리스도인들에 관하여 알고 있다. 우리는 또한 홍콩과 뉴욕에 사는 그리스도인들에 관하여 알고 있다. 우리는 라틴 아메리카에서 교회가 눈에 띄게 성장하는 것을 보고 있다. 그리고 중국에서는 일부 교회가 지하에 숨은 채 역시 성장하고 있는 것을 보고 있다. 우리는 서구 유럽의 거의 모든 곳에서 그리스도인들 사이의 견해가 상당 부분 서로 일치하지 않음을 목격하고 있으며, 우크라이나와 루마니아에서 그리스도인들이 폭발적으로 증가하고 있는 것을 본다. 우리는 그리스도인들이 이란에서 체포되고, 사우디아라비아에서 참수되고, 남부 수단에서 대량학살당하고 있다는 소식을 신문에서 읽는다. 그러면서도 한편에서는 댈러스와 서울에서 기독교가 부흥하고 있는 것을 본다. 우리는 파푸아뉴기니 마을에서 그리스도를 거의 모르는 형제자매들과 함께 앉아 그들이 난생처음으로 글 읽는 법을 배우는 모습을 본다. 우리는 그들의 조부모들이 인간머리사냥꾼이었다는 사실도 잊을 수 없을 것이다. 우리는 매년 수천만 달러를 지혜롭게 지출할 책임을 지고 있는 신학교 및 기독교 대학교 총장들과 함께 앉아 있다.

과거에는 다른 문화를 거론하지 않고도 자신의 문화에 관하여 쉽게 이야기할 수 있었지만, 오늘날에는 연구 범위를 그렇게 좁힌 논문들은 시대에 뒤처진 것으로 보이거나, 아니면 굳이 폭넓은 관점을 내세울 필요가 없이 의도적으로 하나의 문화만 연구 대상으로 삼는 경우에 해당한다. 보다 넓은 문화 안에서 살고 있는 신자들과 그 문화 안에서 살고 있는 비신자들의 관계를 밝혀내기 위해, 과거 그리스도인들이 쓴 논문과 저서는 그 저자가 자리 잡고 있던 문화적 위치의 특수성을 반영했다. 디트리히 본회퍼(Dietrich Bonhoeffer)는 빌 브라이트(Bill Bright)와는 상당히 다른 말을 할 것이고, 합리적인 사람들이라면, 그중에서도 특히 그리스도인들과 비신자들의 관계를 다루는 사람들이라면, 자신들의 경험이 자신들의 신학적 강조점과 상당 부분 관련이 있다는 것을 인정할 것이다. 아브라함 카이퍼(Abraham Kuyper)가 캄보디아의 킬링필드[1] 상황에서 성장했더라면, 기독교와 문화의 관계에 대한 그의 시각은 아마도 상당히 다른 면모를 보였을 것이다. 리처드 니버(H. Richard Niebuhr)의 종합적 문화 분석—이것에 관해 앞으로 아주 상세하게 논할 것이다—역시, 역사를 두루 다룬 포괄적 연구임에도 불구하고, 20세기 중엽 자유주의 개신교(Liberal Protestantism) 유산의 정점에 있던 한 서구인의 입장을 여실히 드러내고 있다.

기독교적 경험들의 다양성에 주의를 기울여야 한다는 요구가 오늘날보다 더 강했던 적도 없다. 하나의 문화적 상황에는 부합하지만 다른 문화에는 적실성이 분명하게 떨어지는 것으로 보이는 거대 분

---

1) 특히 Don Cormack, *Killing Fields, Living Fields*(London: Monarch, 1997) 볼 것.

석(glib analysis)에 대한 의구심 때문에, 우리는 지역 분석(local analysis)만 시도한다. 그런데, 이런 신경과민 때문에 우리는 중요한 어떤 것을, 초월적인 어떤 것을 잃어버린다. 나는 이 점에 대하여 논할 것이다.

이 책을 쓰게 된 세 번째 동기는 스코트 마네치(Scott Manetch)와 내가 지난 몇 년간 함께 책임을 맡았던 트리니티 복음주의 신학교(Trinity Evangelical Divinity School)에 있는 '자문 그룹'(advisee group)—어떤 기관들은 '소그룹'(small group)이나 '교목 그룹'(chaplaincy group)이나 '형성 그룹'(formation group)이라고 부르기도 한다—이다. 이 그룹은 나의 삶에 끊임없는 기쁨의 하나로 남아 있다. 스코트와 함께 일한다는 특권 때문만 아니라, 이 그룹을 통해 형성된 모든 관계들 때문이기도 하다. 2, 3년 전에, 우리는 그리스도인과 문화를 주제로 단기 연구 작업을 했는데, 그때 우리는 리처드 니버의 고전 『그리스도와 문화』를 먼저 토론하지 않을 수 없었다. 그 토론이 내가 한동안 생각해 왔던 몇 가지 주제를 더 연구하고 논문으로 작성하도록 자극을 주었다.

마지막으로, 파리 교외 보쉬세느(Vaux-sur-Seine)에 있는 복음주의 신학교(Faculté libre de théologie évangélique)가 신학 콜로키엄 강연자로 나를 초청해 준 덕택에 나는 내 생각을 정리할 수 있는 아주 좋은 기회를 가질 수 있었다. 이 책의 첫 두 장은 보(Vaux)에서 발표한 것이다. 나를 환대해 주고 내 강연에 예리한 반응을 보여 준 에밀 니콜(Émile Nicole)을 비롯한 교수들과, 특히 오랜 친구 앙리 블로쉐(Henri Blocher)에게 깊은 감사를 드린다. 프랑스에서 자랐고 지금도 프랑스어를 꽤 유창하게 구사할 수 있지만 수십 년을 프랑스 세계 바깥에서 살았기 때문에 내가 품격 있는 프랑스어를 쓴다고는 자신할 수 없다는 점도 덧붙여 말해야겠다. 내가 논문을 프랑스어로 작성하는 데 도움을 준, 트리니티 박사과정에 있던 탁월한 재능의 소유자 피에르 콘스탄트(Pierre Constant)에게도 깊이 감사한다.

출간 50년이 넘었지만, 니버의 『그리스도와 문화』는, 적어도 영어권 세계에서는, 무시할 수 없는 고전이다. 니버의 이 저작 때문에, 좋은 점에서든 나쁜 점에서든, 이 토론의 모양새가 많은 부분 갖춰졌다. 앞선 학자들의 유명한 구분들—베버(Weber)의 '교회'(church)와 '소종파'(sect) 같은 구분을 예로 들 수 있는데, 여기서 '교회'는 문화의 일부로 설정되고 '소종파'는 문화에 대립하는 것으로 설정된다—도 니버의 이 저작을 통해서 많은 사람들에게 알려졌다. 한편으로는, 지난 반세기 동안 『그리스도와 문화』라는 책 제목의 바로 그 '문화'의 의미를 둘러싸고 많은 논쟁이 벌어졌다. 일부 계몽주의적 가정들의 오만함에 환멸을 느낀 많은 저자들이 그 가정들에 의문을 가지면서, 그리스도인들—또는 다른 어떤 종교 그룹—이 자신을 둘러싸고 있는 문화로부터 벗어날 수 없는 존재라면, 문화에 대하여 어떤 입장을 취해야 하는지 새로운 문제들을 제기했다.

나의 연구는 니버를 요약하면서 시작한다. 오늘날에는 니버를 열심히 읽는 사람들이 아주 적기는 하지만, 그는 누구나 참고하는 아이콘이 됐다. 나는 먼저 니버의 개념들을 일부 평가하고, 이어서 이와는 별개로 그리스도인이라면 누구나 인정하고자 할 권위 있는 성경신학의 기본 요소들을 제시하고, 구속사의 전환점들이라 부를 수 있는 이러한 기본 요소들이 그리스도와 문화의 관계에 대한 기독교적 사고를 어떻게 형성하는지 보여 줄 것이다(1장과 2장).

이러한 성경신학의 구조는 성경 안에 있는 서로 다른 많은 강조점들이 제 목소리를 낼 수 있도록 허용할 만큼 견고하다. 따라서 그리스도와 문화의 관계에 관한 몇몇 별개의 '모델들'만을 이야기하면 사람들을 오도할 수 있을 것이다. 이러한 성찰을 위해서는, '문화'와 '포스트모더니즘'에 관한 현재의 논쟁들과 관련하여(3장), 그리고 우리 시대의 지배적인 문화적 세력들(cultural forces)과 관련하여(4장), 더 심도 있는 탐구가 필요하다. 이와 관련하여 지금도 계속되고 있는 논쟁 가운데 하나는 교회와 국가의 관계이다(5장). 여기서 나는 교회와 국가의 분리 개념을 둘러싼 프랑스와 미국의 상이한 문화적 입장들을, 다른 몇 나라에 대한 간략한 언급과 함께 기술할 것이다. 그렇게 함으로써, 우리는 우리가 성경을 읽을 때 불가피하게 문화적 안경들을 쓰게 된다는 사실을, 그리고 성경의 균형점을 잡는 것조차도 문화에 따라 달라진다는 사실을 분명하게 알게 될 것이다. 마지막 6장은 그리스도인들이 이러한 쟁점들을 다룰 때 늘 맞닥뜨리게 되는 몇 가지 유혹들을 거론한다. 우리는 갖가지 유혹의 소리들로부터 우리를 지켜 줄 안정적이면서도 유연한 자세를 갖도록 삼가 노력해야 할 것이다.

많은 사람들이 초고를 읽고 유익한 제안을 해 주었다. 마크 디버(Mark Dever), 팀 켈러(Tim Keller), 앤디 나셀리(Andy Naselli), 밥 프리스트(Bob Priest), 마이클 테이트(Michael Thate), 샌디 윌슨(Sandy Willson)에게 빚을 졌다. 베이커 북 하우스(Baker Book House)의 짐 킨니(Jim Kinney)에게도 감사를 전한다. 그는 절판되어 구하기 힘든 책 두 권을 복사해 주어 이 작업에 큰 도움을 주었다. 앤디 나셀리는 변함없는 열정과 세심한 관심으로 이 책에 훌륭한 색인을 달아 주었다. 그리고 마지막으로, 인내심을 갖고 이 책을 지켜봐 주고 좋은 책을 만들어 준 어드만출판사 여러분께 감사를 드린다.

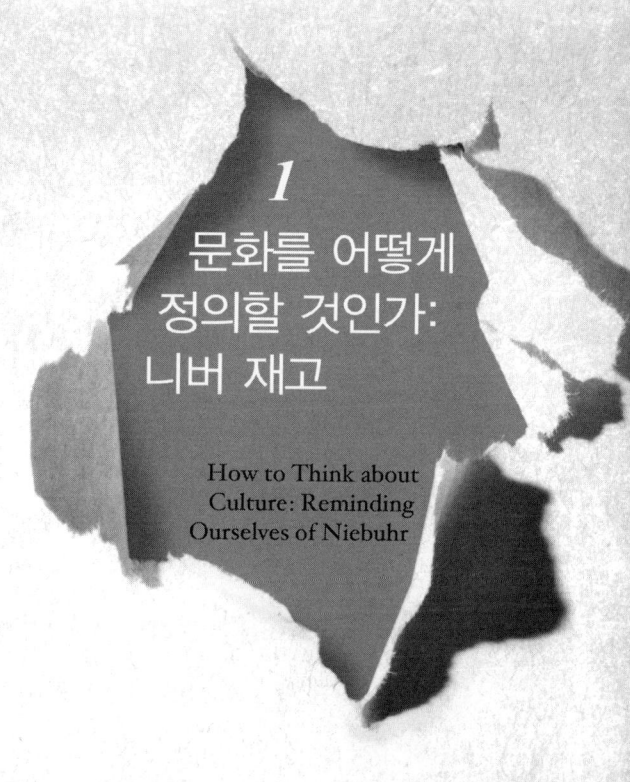

1
문화를 어떻게 정의할 것인가: 니버 재고

How to Think about Culture: Reminding Ourselves of Niebuhr

이 주제에 뛰어들기 전에, 우리가 '문화'라고 부르는 것에 대한 합의를 어느 정도 모색해 보는 것이 좋을 것 같다.

그렇게 오래지 않은 과거에, 문화는 보통 지금 우리가 고급문화(high culture)라고 부르는 것을 의미했다. 예를 들면, 이런 식이었다. "그 여자는 상당히 교양 있는(cultured) 목소리를 갖고 있다." 누군가 세련된 얇은 시집을 읽고, 순한 샤르도네(Chardonnay)를 마시면서 셰익스피어, 괴테, 고어 달, 볼테르, 플로베르를 읽고—아니면, 아무것도 읽지 않고—바흐와 모차르트를 들었다면, 그는 교양 있는 사람이었다. 맥주나 콜라를 마시고 스카나 헤비메탈을 들으면서 엑스박스로 최신 유행 폭력 비디오 게임을 하고 값싼 탐정소설, 아스테릭스, 에릭 엠블러를 읽었다면, 그는 교양이 없었다(uncultured). 그러나 문화에 대한 이와 같은 이해는 곧 도전을 받게 되었다. '고급' 문화들을 엘리트주의의 일종으로 간주하여, 본질적으로 오만하고 겉으로만 고상한 체하는 것이라고 생각하는 사람들이 생겨났다. 그들에게, '고급문화'의 반대말은 '저급문화'(low culture)가 아니라, 민주적 가치들에 확실하게 호소하는 '대중문화'이다. 그러나 대중문화에 호소한다는 점이 우리의 목적에는 그리 큰 도움이 안 된다. 왜냐하면 그것은 '문화'의 일부분에만 호소하는 것이기 때문이다. 즉, 대중문화 바깥에는 다양한 형식의 '비대중 문화'(unpopular culture)도 있다.

오늘날, '문화'는 '인구의 어떤 부분집합이 널리 공유하는 가치들의 조합'을 의미하는, 상당히 유연한 개념이 되었다. 이것도 나쁘지는 않지만, 문화에 대한 정의는 여러 사람들의 노력의 결과 더욱 탄탄하게 개선될 수 있었다. 지성사와 문화인류학의 현장에서 아마도 가장 중요하고 생산적인 정의라고 할 만한 것은, 크뢰버(A. L. Kroeber)와 클룩혼(C. Kluckhohn)의 정의일 것이다.

> 문화는 상징에 의해 획득되고 전수된, 명시적이고 암시적인 행위의, 행위를 위한 유형들로 이루어져 있으며, 인간 집단들의 고유의 업적을 구성하고, 인공물들로 구체화된 것을 포함한다; 문화의 핵심은 전통적

인(즉, 역사에서 기원하고 선택된) 사상들과 특별히 그 사상들이 소중하게 여기는 가치들로 구성된다; 문화 체계는 한편으로는 행위의 산물이라고 할 수도 있고 다른 한편으로는 미래의 행위를 결정짓는 요인들이라고 할 수도 있다.[1]

이와 유사한 정의는 적지 않다. 로버트 레드필드(Robert Redfield)의 한 줄짜리 정의는 짧지만 정곡을 찌른다: "행동과 인공물(artifact)에 구현된 공통의 이해."[2] 클리포드 기어츠(Clifford Geertz)의 정의는 널리 인용되고 있으며 간결하고 명확하다: "문화 개념은…상징들 안에 표현된 의미들이 역사적으로 전해 내려온 유형이며, 상징적 형식으로 표현된 전승 개념 체계이다. 이것을 수단으로 사람들은 삶에 관한 지식과 삶에 대한 태도들을 소통하고, 이어가고, 계발한다."[3]

물론 이러한 정의들의 세세한 부분들에는 논쟁의 여지가 있으며 재정의가 이뤄지기도 했다. 실제로, 소수이기는 하지만 일부 인류학자들이 문화에 대한 완전한 정의에 대해 회의하고 있다.[4] 그 일차적 이유는 '문화'와 '메타내러티브'(metanarrative)의 의미를 혼동하는 데 있다. 비평가들은 두 가지 유력한 주장을 한다. **첫째,** 메타내러티브가 가능하다는 생각을 버려야 한다는 주장이다: 작은 이야기들을 모두 담아낼 수 있는 큰 이야기(big explanatory story)는 존재하지 않는다. 그리고 우리가 메타내러티브 개념을 포기한다면, 우리는 문화에 관하여 계속 대화할 수 없다. 문화는 보편적이거나 심지어 초월적인 가정들과 밀접한 관계가 있기 때문이다. **둘째,** 이런 모든 토론들은, 문화를 토론하고 있는 우리가 어쨌든 문화 바깥에 서 있다는 것을 전제하는데, 그렇다면 그 토론 자체가 불가능하다는 주장이다: 예를 들어, 그리스도(그리고 따라서 기독교)와 문화 사이의 토론은 논리적으로 사리가 맞지 않는다. 모든 형식의 기독교는 원래부터 그리고 불가피하게 문화적으로 표현되기 때문이다. 어떻게 단 하나의 파트너만으로 이루어지는 대화가 존재할 수 있겠는가?

이러한 도전들 가운데 몇 가지를 나는 3장에서 개진할 것이다. 따라서 여기서는 이 문제를 더 이상 자세히 다루지 않겠다. 내가 사용하는 '문화'의 정의는 앞선 정의들, 특히 기어츠가 제시한 정의에 포함된다는 말만 해 두겠다. 이러한 정의들은 많은 문화들이 존재한다는 것을 전제하고 특정 문화에 초월적 가치를 부여하지 않는다.[5] 기독교든 무엇이든, 어떤 사례를 들더라도, 모든 신앙은 반드시 문화적인 형식으로 표현된다는 것을 조리 있게 부인할 사람은 없을 것이다. 이것이 무엇을 의미하는지는 이 책에서 계속 논할 것이며, 이것은 내가 이야기하고 싶은 쟁점의 핵심과도 연결된다.

현대의 도전들

옛 언약에서 새 언약으로 옮겨 가면서, 언약 백성의 자리는 언약 민족(covenant-nation)에서 국제적인 언약 백성으로 넘어갔다. 이에 따라 새 언약 백성이, 주변의 새 언약에 속하지 않은 사람들과 맺는 관계에 의문들이 생겨나게 되었다. 정치적인 용어로 말한다면, 그리스도인들은 교회와 국가의 관계에 대하여, 곧 하나님 나라와 로마제국의 관계에 대하여 고민해야 했다. 상이한 해답들이 상이한 환경들에서 나왔다: 예를 들어, 로마서 13장과 요한계시록 19장을 비교해 보라.

그러나 이 세상에 속하지 않은 나라를 향해 절대적 충성을 주장하는 국제적 공동체가 되면서, 교회가 직면하게 된 문제들은 통치 권력과의 관계를 정립하는 문제를 훨씬 넘어서는 것이었다. 그리스도인은 종교적 의미가 없는 사회적 관습들에 참여해야 하는지(예. 고전 8), 권력을 어떻게 행사해야 하는지(마 20:20-28), 다양한 관계에서 상대방에게 어떤 자세를 취해야 하는지(몬, 벧전 2:13-3:16), 박해를 받을 때는 어떻게 해야 하는지(마 5:10-12, 요 15:8-16:4, 계 6) 등 갖가지 문제들에 직면하게 된 것이다.

이러한 역학 관계들은 콘스탄티누스 황제가 집권하면서 급변했다— 물론 14세기가 시작되면서부터 긴장이 모두 해소되고 논쟁이 사라졌다는 의미는 아니지만 말이다. 공적인 탄압에 반응해야 하는 문제는 콘스탄티누스의 즉위 이후 제국 내에서 현저하게 누그러들었지만, 깊이 생각해야 할 다른 문제들이 있었다. 예를 들어, 키케로(Cicero)가 이교 사상으로 정립한 정당한 전쟁 이론(just war theory)이, 정치 지도력에 대한 신자들의 책임이 증대하면서 기독교적인 특징을 갖게 되었다.[6] "가이사의 것은 가이사에게, 하나님의 것은 하나님께 바치라"(막 12:17)고 주님은 말씀하셨지만 이에 대해 한두 세대 안에 안정적인 해답을 얻지는 못한 것 같다. 정치적인 영역 하나만 보더라도, 그리스도인들은 그리스도와 문화 사이의 적절한 관계를 다루는 아주 많은 저술들을 만들어 냈다.[7]

하지만 이런 논쟁들의 역사를 다루려는 것이 내 목적은 아니다. 다만, 우리가 이 문제에 관해 고민한 그리스도인 첫 세대라고 생각하는 함정에 빠져서는 안 된다는 경고는 하고 넘어가야겠다. 21세기를 시작하는 **바로 지금**, 그리스도와 문화의 관계에 관하여 우리는 어떻게 생각해야 할까? 이것이 나의 초점이다. 우리가 가지고 있는 성경 본문은 초기 그리스도인 세대들이 그들 나름대로 생각을 정리할 때 읽었던 성경과 물론 똑같지만, 그리스도와 문화의 관계에 대해 성찰할 때 우리는 다음 여섯 가지 독특한 요인들을 고려해야 한다.

(1) 특별히 앵글로색슨 세계에서, 그리스도와 문화의 관계에 관한 토론은 리처드 니버의 실용주의적 분석을 무시할 수 없다. 잠시 뒤에 니버로 다시 돌아갈 것이다.

(2) 우리가 살고 있는 시대에는, 그리스도와 문화의 관계가 **어떠해야** 하는지 주장하는 다양한 목소리들이 존재한다.

(3) 전 세계의 거대 도시들을 다문화주의(multiculturalism)의 특별 중심지로 만들어 버린 현대 커뮤니케이션 기술과 다양한 이민 유형 때문에, '다문화' 안에서 '문화'의 의미를 놓고 활발한 토론이 이루어

지고 있다.

(4) 그리고 다시, 한 문화가 다른 문화와 비교하여 상대적으로 우월한지, 달리 얘기하면 한 문화가 다른 문화보다 우수하다고 주장할 권리가 있는지에 대한 토론이 촉진되고 있다. 물론 이것은 다시, 종교적 주장들을 둘러싼 토론들도 양산한다. 왜냐하면 종교들도 이미 기존의 '문화'의 정의 아래 있는 문화적 표현 형식들이기 때문이다. 어떤 종교의 우수성 또는 심지어 유일성(uniqueness)을 주장할 수 있는 권리를 부여하는 것은 무엇일까?

(5) 다른 지역에서는 대체로 그렇지 않더라도, 서구 세계 곳곳에서 고백적 기독교(confessional Christianity)가 심각하게 쇠퇴하고 있다. 이것은 대부분의 서구 국가들에서 물려받은 현상(status quo)을 아무런 문제제기도 없이 그대로 유지할 수 없게 되었다는 것을 의미한다. 서구 그리스도인들은 그리스도와 문화의 관계가 어떠해야 하는지 다시 깊이 생각하지 않을 수 없게 되었다.

(6) 교회와 국가 사이에서 생겨나는 긴장의 실제 역사는 서구 세계 안팎에서 나라마다 아주 다양하다. 그래서 일반화한다거나, 수많은 단서 조항을 붙이지 않고서는 그 사례들을 토론하는 것조차 어렵다. 예를 들어, 이제는 흔한 말이 되어 버린 교회와 국가 사이 '분리의 벽'(wall of separation)이라는 개념이 미국에서는 모든 논쟁의 색깔을 결정한다. 그러나 영국에는 이와 유사한 어떤 벽도 존재하지 않는다. 미국과 유사한 자유들은 영국에도 있지만 말이다. 프랑스에서는

'라이시테 프랑스'(laïcité française, 비종교적 프랑스)가 뿌리 깊은 역사적 반성직자주의(anticlericalism)의 기능을 일부 담당하고 있지만, 가장 최근까지도 스칸디나비아나 미국에서는 이에 해당하는 것을 찾아 볼 수 없다.

뒤에서 구체적으로 탐구하겠지만, 우리가 직면한 도전들을 분명하게 확인하기 위해서, 이것들 가운데 몇 가지를 좀더 다루고 넘어가는 것도 좋을 것 같다.

우리는 이 도전들 안에 들어 있는 목소리들이 굉장히 다양하다는 사실을 간과해서는 안 된다. 기독교는(계몽주의, 그리고 보다 덜 지배적인 몇몇 세력들과 함께) 서구를 형성한 세력들 가운데 하나임에도 불구하고, 서구 세계의 대부분의 영역에서 문화는 기독교로부터 벗어나고 있을 뿐만 아니라, 빈번하고도 공공연하게 기독교를 적대시하고 있다. 기독교는 전적으로 사적인 경우에 한해 묵인된다. 그러나 기독교 신앙이 광장으로 밀고 들어와 특히 공공정책에 영향을 행사하려고 시도하면, 가차 없이 편협하고 비관용적인 종교라는 비난을 받는다. 서구 세계에서 이렇게 기독교를 조롱하는 태도는 지난 사반세기 만에 많은 공공기관들의 지배적인 태도가 되었다. 한때 강력한 국가 교회를 갖고 있던 잉글랜드 같은 나라나 바이블 벨트라는 독특한 지역을 가진 미국 같은 나라보다는 반성직주의가 심각한 프랑스 같은 나라들과 오스트레일리아같이 뚜렷하게 비종교적인 국가들에서 더 심각하게, 더 빠르게, 더 일찍부터 강화된 것이 분명하지만 말이다. 잉글랜드와 미국, 두 나라의 경우에서도, 기독교를 공격하는 정도는 지리적 위치나 사회적 위치에 따라서 차이가 난다: 잉글랜드 북부와 미국의 태평양 연안 북서부 지역과 뉴잉글랜드 주들에서, 그리고 미디어와 제3차 교육(tertiary education) 같은 문화 부문에서 기독교에 대한 공격이 더욱 거세다.

다른 한편으로, 세계는 더욱 맹렬한 기세로 종교적인 세계가 되고 있다.[8] 서구 세계에서 이러한 현상은 무슬림이 증가하면서 북미보다 유럽에서 더욱 뚜렷하게 나타나고 있다. 전통적인 유럽 인구의 출산율이 유럽인으로만 구성되는 국가를 유지할 수 있을 만큼 충분히 높지 않다는 사실로 보건데, 이 경향은 앞으로도 계속될 것이다. 그리고 요즘 대도시에 살고 있는 우리는 비종교적인 사람들뿐만 아니라, 힌두교도, 시크교도, 심지어 정령숭배자들과도 교류하지 않을 수 없다. "어느 누구도 혼자 있을 수 없을 것이며 두 번 다시 그러지 않을 것이다"라는 새로운 슬로건처럼 말이다. 종교적 주장들의 다수성(multiplicity)은 이제 기정사실이 되었고, 정부는 이런 상황에 익숙해져야 할 것이다. 그리스도와 문화를 다시 생각해야 한다는 긴급성도 그만큼 커지고 있다.[9]

그리스도인들은 부득이 다양한 방식으로 대응한다. 어떤 그리스도인들은 문화로부터 이런저런 형식의 퇴거(withdrawal)를 주창한다. 어떤 그리스도인들은 미디어에 더 접근하고자 한다. 정부에 영향력을 행사하고 적절한 법안을 통과시키려고 대담하게 노력하는 그리스도인들도 여전히 존재한다. 어떤 그리스도인들은 의식적이든 무의식적이든 두 갈래의 정서를 발전시키기도 하는데, 한쪽 갈래는 그리스도인으로서 교회를 위한 것이고 다른 한쪽 갈래는 일주일의 나머지 대부분을 이루는 더 폭넓은 문화적 만남을 위한 것이다. 이러한 문제들에 대해서 별로 깊이 생각하지 않고 그저 전도와 교회 개척에만 열심인 그리스도인들도 여전히 존재한다.

서구에서 일어나고 있는 기독교에 대한 적대감과, 이에 대한 그리스도인들의 반응 양식에 따라 그리스도와 문화의 관계를 둘러싼 특정한 가정들이 형성된다. 타종교들의 경쟁적인 목소리들에 따라서도 마찬가지다. 예를 들어, 니버식으로 이름을 붙인다면, 우리는 가장 거센 적대감을 "그리스도 위의 문화"(culture over Christ)라고 부를 수 있을 것이다. 기독교를 포함해서 종교는 순수하게 사적인 문제에 제한되어야 한다는 거센 목소리가 있는 곳에서는, 그리스도와 문화는 각자 별개의 영역에, 즉 그리스도는 사적 영역에 속해야 하고 문화는 공적 영역에 속해야 한다고 주장할 것이다.

(니버가 '개종론'[conversionist]적 모델이라며 상당히 구체적으로 논한) 아브라함 카이퍼—그에 관해서는 뒤에서 다시 다룰 것이다—의 모델을 지지하는 그리스도인들은 "문화 위의 그리스도"(Christ over culture) 패러다임을 분명하게 지지할 것이다. 리처드 보크햄(Richard Bauckham)은 두 가지 상반되는 위험을 포착했다. 어떤 그리스도인들은 자신들의 신앙을 문화에 깊이 새겨 넣으려고 한다. 그래서 "기독교를 서구 문화 안

에 섞어 버려 여러 가지 선택항목들 속에서 구별해 낼 수 없게 만드는" 위험에 빠진다.[10] 한편, 어떤 그리스도인들은 세상으로부터 벗어나 세상에 직접 엮이지 않고, 방어적인 자세를 취하며 자기네 나름의 대안적인 합리적 행동과 사고를 만들어 낸다. 보크햄은 이러한 태도를 '근본주의'(fundamentalism)와 동일시한다.[11]

특정 이론적 입장을 정식으로 채택하지 않을 때조차, 어떤 이론적 입장이 전제되기 마련이다. 이런저런 유산을 분명하게 드러내는 목소리들이 그리스도인들에게 어떤 실제적인 조언을 할 때면, 그 속에는 어떤 식으로든 그리스도와 문화의 관계가 설정되어 있다. 어떤 전통에 속해 있든 그 사람이 그 관계에 관하여 체계적인 생각을 갖고 있는지 여부는 별개의 문제이다.

몇 가지 예를 들어 보겠다: (1) 낸시 피어시(Nancy Pearcey)는 복음의 '총체적 진리'가 명확하게 전달되고 옹호될 때, 기독교가 문화적 예속에서 해방된다고 주장하는데,[12] 바로 미국식 포스트모더니즘에서 그런 문화적 예속이 현저하게 나타나고 있다. (2) 스타센(Stassen)과 거스히(Gushee)는 하나님 나라 평화주의(kingdom pacifism) 형식을 주창한다.[13] (3) 다양한 관점을 갖고 있는 논문들이 세계화의 영향과 미국이 '제국'을 통치하는 방식에 대해 우려하고 있다.[14] 다른 한편, (4) 고린즈(Gorringe)의 '문화 신학'(theology of culture)은 본질적으로 기독교 신학에 상당히 좌파적인 사회주의를 세우려는 시도이다.[15]

여기서 나는 이러한 태도들 가운데 어떤 것도 비판하거나 변호하지 않을 것이다. 다만 나는 이것들이 모두 어떤 유형의 그리스도와 문화의 관계를, **직접적으로는** 언급하지 않더라도, 전제하고 있다는 사실을 지적하고자 한다.

따라서 이제 우리는 니버의 유용한 분류법을 생각해 볼 때가 되었다. 나는 니버가 우리를 위해 윤곽을 잡아 놓은 선택항목들(options)을 될 수 있는 대로 자세하게 기술할 것이다. 약간의 평가를 시도하긴 하겠지만, 평가의 대부분은 다음 두 장에서 이루어질 것이다.

리처드 니버

니버의 『그리스도와 문화』(H. Richard Niebuhr, *Christ and Culture* [New York: Harper Torchbooks, 1951] 이후, 이 책에서 인용한 부분은 본문 안에서 'C 쪽수'로 표시한다)는 우리에게 다섯 가지 선택항목들을 제시한다. 각 항목은 이 책에서 한 장씩을 차지하고 있으며, 상당히 긴 서문과 "결론을 맺는 비과학적 후기"가 본문 다섯 장 앞뒤에 각각 붙어 있다. 니버는 이 책의 목적을 이렇게 적고 있다.

이 책의 목적은 그리스도와 문화에 관한 문제에 전형적인 기독교적 해답을 제시하는 것이며, 그렇게 함으로써 서로 다르고 때로는 대립하는 기독교 집단들 사이의 상호이해를 돕는 것이다. 그렇지만 나의 이러한 노력의 배후에는 다음과 같은 믿음이 있다. 곧, 살아 계신 주님이신 그리스도께서는 역사와 인생의 총체성 안에 존재하는 문제에 대해 당신을 해석하는 모든 인간들의 지혜를 초월하시면서도 그들의 부분적인 통찰들과 그들의 필연적인 갈등들을 사용하시어 해답을 주신다는 믿음 말이다(C 2).

그리스도와 문화의 관계는 새로운 문제가 아니다. 그리스도인들은 로마제국 시대 내내 이 문제와 씨름해야 했다. 로마제국은 어떤 영역에서는 관용을 베풀었다: 여러 종교들과 관습들을 관용했을 뿐만 아니라 장려하기까지 했다. 그렇지만 동시에, 예수님이 유일한 주님이라는 기독교의 주장은 (초기 기독교 시대의 그리스도인들은 비정치적이었음에도 불구하고) 경멸을 받았으며 위협으로 간주되었다. 로마시대처럼, 오늘날도 마찬가지다: "그리스도와 하나님에 대한 일체의 주장은 공적 영역들, 곧 가치라고 불리는 신들이 지배하는 영역들에서 쫓아버려야 한다"(C 9)는 거친 주장들이 나오고 있다.

당연히, 니버는 '그리스도와 문화'에 관하여 이야기하기 전에 '그리스도'와 '문화'에 대한 상당히 분명한 정의들을 제시하려고 했으며, 상당히 많은 지면을 할애했다. 그는 '그리스도'에 대해 아무리 잘 이해하더라도 부분적일 수밖에 없다는 것을, 그리고 어떤 고백도 모든 것을 말할 수는 없으며, 따라서 객관적 진리, 곧 예수 그리스도의 본질을 담아낼 수 없다는 것을 잘 알고 있었다. 그럼에도 불구하고 니버는 이렇게 주장한다. "우리가 어떤 것도 적절하게 말할 수는 없지만, 우리는 어떤 것을 부적절하게나마 말할 수는 있다. … 모든 기술(description)이 해석(interpretation)이라 하더라도, 그것은 객관적 실재에 대한 해석이 될 수는 있다. 그리스도인의 권위인 예수 그리스도를 기술할 수는 있다. 물론 모든 기술이 완벽에는 미치지 못하고 그분을 뵈었던 다른 사람들을 만족시킬 수는 없겠지만 말이다"(C 14). 예수님에 대한 이러한 기술들이 아무리 개별적이거나 보완이 필요한 것이라 하더라도, 예수님은 "소크라테스, 플라톤, 아리스토텔레스, 석가모니, 공자, 무함마드, 심지어 아모스나 이사야와도 혼동될 수 없다"(C 13). 이렇게 말함으로써 니버는 자유주의적 그리스도(the liberal Christ)나 실존주의적 그리스도(the existentialist Christ) 등과, 그리고 특히 그리스도인들이 그리스도를 생각할 때 소중히 여기는 다양한 덕목들—믿음, 소망, 순종, 겸손 등—의 강점과 약점에 관하여 이야기할 수 있는 길을 닦아 놓는다. 간단히 말해서, 니버는 기독교 세계의 지배적인 흐름들 안에서 발견되는 예수 그리스도의 다양한 초상들을 '그리스도'로 수용하는, 아주 광범위하게 포괄적인 사람이 되고 싶었다.

『그리스도와 문화』라는 제목에 들어 있는 '그리스도'의 의미에 대한 니버의 접근법에서 우리는 먼저 두 가지 성찰을 이끌어 낼 수 있다. **첫째,** 니버에게 '그리스도'는 무한히 유동적인 개념이 아니다. 예를 들어, 그는 여호와의 증인 같은 근본주의적 아리우스주의의 예수를 전혀 포함하지 않는다. 모르몬교의 예수도 포함하지 않는다. 그럼에도 불구하고, 니버가 끌어안은 '그리스도'에 관한 해석의 폭은 의심의 여지없이 지나치게 넓다. 고백적 기독교의 형식들 안에 자신을 제한하려고 애쓰며 분명하고 의식적으로 성경의 권위 아래서 살아가고자 하는 사람의 시각에서 본다면 말이다. 따라서 그리스도와 문화의 관계의 가능성들에 대한 그의 이해들 가운데 어떤 요소들은 그리스도의 존재에 관한 반(半)성경적 이해에 의해 결정적으로 형성된 것들이기 때문에 폐기되어야 한다고 나는 생각한다. 나는 이 점을 뒤에서 다시 분명하게 지적할 것이다.

둘째, 니버는 모든 인간 이해는 부분적이면서도 해석적일 수밖에 없다는 것을, 현대적 범주를 사용하면 모든 인간 지식은 반드시 특정한 관점의 영향을 받는다는 것을 잘 알고 있었다. 인간의 타락과 유한성이 이러한 평가를 보증한다. 포스트모던들(postmoderns)은, 특히 미국의 포스트모던들은 그들 앞에 있던 모든 사상가들, 특히 가장 불쾌한 모던들이 진정한 인간 지식은 절대적이라는 환상에 사로 잡혀 있다고 간주하는 경향이 있다. 솔직하게 말하면, 모더니즘에 대한 이런 평가는 많은 경우 과장된 풍자라고 할 수 있다: 니버는 모더니스트이지만 인간 지식이 부분적이고 특정 관점의 영향을 받는다는 것을 아주 잘 알고 있었다. 하지만 지혜롭게도 그는 객관적인 지식이 불가능하다는 결론을 내리는 극단적으로 포스트모던한 입장은 피한다. 우리는 진리를 적절하게 말할 수는 없지만, 즉 모든 관점에서 모든 것을 알 수는 없지만, 일부 진리에 관해 부적절하나마 말할 수 있

다. 많은 포스트모던들의 비방을 받으면서도 인간의 한계를 지적한 모던은 니버 말고도 여럿 있다.[16]

니버가 '문화'를 어떻게 이해하고 있는지 살펴보기 위해 그의 책으로 돌아가 보면(C 29-39), 그는 인류학자들의 기술적인 논쟁들(technical debates)을 피하고 싶어 한다는 것을 확인할 수 있다. 그는 이렇게 말한다. 우리가 관심을 가지는 문화는 "특정한 현상이 아니라 일반적인 것이다. 물론 일반적인 것은 특정한 형식들을 가질 수밖에 없고, 서구 그리스도인들은 이 문제를 서구적 관점에서 생각할 수밖에 없지만 말이다"(C 31). 그리고 그는 조금 뒤에서 이렇게 적고 있다.

> 그리스도와 문화를 다룰 때 우리는 인간 활동의 총체적 과정과 그런 활동의 총체적 결과를 머릿속에 떠올리는데, 지금은 일반적으로 우리가 **문화**라고, **문명**이라고 부르는 것이 여기에 적용된다. 문화는 인간이 자연적인 것에 부여하는 '인위적이고 이차적인 환경'이다. 문화는 언어, 습관, 관념, 신념, 관습, 사회 조직, 전해 내려온 인공물, 기술적 과정, 가치 등으로 구성된다. 바로 이런 '사회적 유산', 바로 이런 '독특한 현실'이 우리가 문화라고 부를 때 의미하는 것인데, 신약성경 기자들이 '이 세상'을 거론할 때 염두에 둔 것이며, 다른 사람들과 마찬가지로 그리스도인들도 여기에 속할 수밖에 없다(C 31, 강조는 니버가 한 것임).

더 나아가, 니버는 문화의 '본질'을 이야기하는 것은 거부하면서도 문화의 주요 특징들 몇 가지를 기술한다: 문화는 언제나 사회적 성격을 지닌다(즉, 문화는 사회 안에 있는 인간 생활과 엮여 있다). 문화는 (목적성과 노력이 전제되어 있는) 인간의 성취물이다. 문화는 가치들의 세계와 엮여 있으며, 이 가치들은 '인간의 유익'(the good of man)을 위한 것이라는 생각이 지배적이다(C 32-35). 또한, 모든 형식과 모든 종류의 문화는 '가치들의 현세적이고 물질적인 실현'과 관련이 있다(C 36). 그리고 이러한 가치들의 달성은 '일시적이고 가변적'이기 때문에, "문화적 활동은 가치의 실현만큼이나 **가치의 보존**에도 관계한다"(C 36, 강조는 니버가 한 것임).

앞으로 더 나아가기 전에 우리는 그리스도에 대한 니버의 정의와 마찬가지로 문화에 대한 그의 정의도 약간의 평가를 할 필요가 있다. 문화에 대한 니버의 정의는 관습, 사회 조직, 전해 내려온 인공물뿐만 아니라 '사상'과 '믿음'도 포함한다. 표면상으로, 문화가 사상과 믿음과 가치와 관습과 기타 모든 것들을 포괄한다면, 어떻게 문화가 기독교를 포함하지 않을 수 있는지 이해하기가 어렵다. 다시 말하면, 이 경우 문화에 대한 이러한 정의 아래서, 그리스도가 문화에 포함되는 것처럼 보일 때, 그리스도와 문화의 관계를 분석하는 것이 어떻게 가능한지 이해하기는 어려운 일이다.

니버는 문화를 '가치들의 현세적이고 물질적인 실현'으로 범위를 제한함으로써, 그리고 문화를 신약성경이 의미하는 '세상'과 연결함으로써, 이 문제에서 살아남는다: 말하자면, 니버가 의미하는 '문화'

는 '그리스도를 회피하는 문화'(culture-devoid-of-Christ) 같은 것이다. 토론을 계속 이어가면서 니버는 그리스도와 문화의 가능한 관계에 관하여 이야기한다. 예를 들어, 문화는 그리스도에 의해 변혁되어야 한다. 그래서 문화는 더 이상 '그리스도를 회피하는 문화'가 아니라 이전에는 존재한 적이 없던 것, '그리스도에 의해 변혁된 문화'가 되어야 한다고 말한다. 니버가 사용하는 '문화'라는 용어는 이렇게 가변적이다.

분명한 것은, 니버가 그리스도와 문화의 관계를 이야기한다기보다는, 문화 안에서 서로 경쟁하는 두 가지 권위의 관계를 이야기하고 있다는 점이다. 즉, 그리스도(니버는 주류 기독교 세계의 다양한 패러다임들 안에서 그리스도를 이해하고 있기는 하지만)와 그리스도를 상실한 다른 모든 권위(그는 기독교와 경쟁하는 종교들이 주장하는 권위가 아닌 세속적인 권위나 민간의 권위를 우선적으로 생각하고 있지만)의 관계를 이야기하고 있다. 니버가 설정한 양극단을 이러한 맥락 속에서 인식하지 않는다면, 우리는 그의 탁월한 토론의 나머지 부분을 일관성이 없는 것으로 여기게 될 것이다. 그렇지만 지금 우리가 할 일은 니버의 5중 패러다임을 달리 새롭게 생각하기 전에 그가 사용한 용어 그대로 이해하려고 시도하는 것이다. 그래서 당분간은 그의 용어 사용법을 그대로 유지할 것이다.

(1) 문화에 대립하는 그리스도

'그리스도'와 '문화'의 의미에 관한 니버의 이해가 기독교와 경쟁하는 권위들과 밀접한 관계가 있다는 사실은 첫 번째 패러다임을 요약한 다음 문장에 아주 잘 드러나 있다: "우리가 고려해야 할 그리스도와 문화의 문제에 대한 첫 번째 해답은 그리스도인의 유일한 권위가 그리스도라는 사실을 타협 없이 확언하고, 자신에게 충성을 바치라고 요구하는 문화를 단호하게 거부하는 것이다"(C 45). 이러한 자세는 요한계시록에서 찾을 수 있는데, 여기서는 그리스도인들이 박해의 위협을 받고 있기 때문에 그 자세가 더욱 날카롭다. 이 자세는 또 요한일서에서도 설득력 있게 표현되고 있다. 요한일서는 '사랑의 교리'(C 46)를 깊이 있게 잘 다듬어 내고 있으면서도—바로 이 서신에 '하나님은 사랑'이라는 선언이 나온다(요일 4:8, 16)—요한일서 기자의 주된 관심은 "… 사랑인 만큼이나 그리스도의 주권(Lordship of Christ)이다." 문화에 대립하는 그리스도를 향한 충성에는 교리적, 도덕적, 사회적 의미가 내포되어 있다. 더 나아가, "그리스도와 형제를 향한 충성은 문화적 사회에 대한 거부와 짝을 이룬다. 하나님 자녀들의 형제애와 세상 사이에는 이 둘을 분명하게 구분하는 경계선이 그어져 있다"(C 46-48).

그럼에도 불구하고, 요한의 자세가 '문화에 대립하는 그리스도'의 가장 급진적인 형식은 아니다. 왜냐하면 요한은 "예수 그리스도가 세상의 죄를 대속하기 위해 오셨다"는 사실을 당연하게 여기고 있기 때문이다. '문화에 대립하는 그리스도' 자세를 급진적으로 발언한 사람은 테르툴리아누스다: 그리스도인은 유대인이나 이방인과는 다른 '제3의 종족'이며, 문화로부터 구별되는 삶을 살도록 부름 받았다. 니버는 이렇게 단언한다. 사실 테르툴리아누스는,

> 요한일서의 특징인 적극적이고 따뜻한 사랑의 윤리를 대체로 소극적인 윤리로 대체한다. 죄를 피하고 다가오는 심판의 날을 두려운 마음으로 준비하는 것을, 독생자를 선물로 주신 하나님의 은혜를 감사하며 받아들이는 것보다 더 중요하게 생각한다(C 52).

그래서 불가피하게, "문화가 요구하는 것들을 거부하는 테르툴리아누스의 태도는 그만큼 날카롭다"(C 52). 그리고 그 문화에서 가장 나쁜 것은 이교다. 특히 이교가 우상숭배와 다신숭배, 그릇된 믿음과 의식(rites), 호색, 상업화를 드러낼 때 더욱 그렇다. 그런데 고대 사회에서는 이런 종교가 만연해 있었다. 따라서 그리스도인들은 정치 생활을 멀리해야 한다. 군복무와 철학과 예술도 멀리해야 한다. 물론, 그리스도인들에게도 배움은 중요하다. 그래서 "문학을 배우는 것은 허용된다"(C 55, *On Idolatry* X에서 인용). 그러나 문학을 가르치는 것은 허용되지 않는다. 문학을 가르치는 선생은 그 문화를 권장할 수밖에 없고, 그러면 결국 "문학에 스며들어 있는 우상들을 찬양하도록"(C 55) 권유하고 인정하게 되기 때문이다.

물론, 테르툴리아누스는 "문화에 대립하는 그리스도" 자세를 일관성 있게 유지할 수는 없었다. "아무 짝에도 쓸모가 없는 사람들"이

라는, 그리스도인들을 향한 비난을 거부하기 때문이다. 즉, 그는 이렇게 지적한다.

> 우리는 여러분과 함께 이 세상에서 살아가고 있습니다. 광장도, 푸줏간도, 목욕탕도, 상점도, 여관도, 시장도, 그 어떤 거래 장소도, 어느 것도 포기하지 않습니다. …우리는 여러분과 함께 항해하기도 하고, 싸우기도 하고, 땅도 개간합니다. 마찬가지로 여러분과 협력하여 거래도 합니다. 심지어 여러 가지 기술로 여러분의 이익을 위해 봉사합니다(C 53, *Apology* XIII에서 인용).

그럼에도 불구하고, 니버가 지적하듯이 이것은 '변호하는 말'에 불과하다. 테르툴리아누스는 신자들을 훈계할 때 "여러가지 집회들과 직업들을 멀리하라"는 말부터 한다(C 53).

니버는 동일한 장려를 성 베네딕트의 규칙(Rule of St. Benedict)에서도, 일부 메노파 그룹들—니버는 구체적으로 언급하지 않지만, 북미에서는 누구나 자연스럽게 아미시를 떠올릴 것이다—과 초기 퀘이커 파에서도 찾아낸다. 니버는 또한 레오 톨스토이의 후기 작품들을 아주 자세하게 소개한다. 그러나 니버에게 이러한 것들은 모두 단지 "그 유형의 실례"일 뿐이다. 유사한 그룹을 "동방 가톨릭과 서방 가톨릭, 정통 프로테스탄트와 종파적 프로테스탄트, 천년왕국론자들과 신비주의자들, 고대와 중세와 근대의 그리스도인들"(C 64)에서도 찾을 수 있다는 것이다. 이러한 그룹들이 자신들의 중요성을 신비적인 개념으로든 종말론적인 개념으로든 어떻게 이해하고 있는지는 사실 중요한 문제가 아니다. 이 유형은 수도원들에서, 그리고 루터교 신자인 키르케고르에게서도 똑같이 찾을 수 있다. 내 생각에 오늘날에는 스탠리 하우어워스(Stanley Hauerwas)가 이 입장을 취하고 있다고 덧붙일 수 있을 것 같다.

니버는 깊이 숙고하면서 이 입장이 "필요하고"도 "부적절하다"고 평가한다. 이것은 영웅을 칭송하고 원칙주의적이고 도덕적으로 완강하며, 비타협적인 자세이다. 역사적으로 수도원들은 서구의 문화적 전통을 보존하고 전파하는 데 도움을 주었으며, "모든 강제 수단을 철폐하고자 한" 퀘이커와 톨스토이 파는 "감옥을 개혁하고, 무장을 제한하고, 그리고 강압적인 방식을 통해 평화를 유지하는 국제 조직들을 세우는 데 기여했다"(C 67). 이 입장은 불가피하다.

> 문화의 권위와 예수 그리스도의 권위의 관계는 다음과 같다. 모든 그리스도인들은 주님께서 세상과 세상의 왕국들—이 왕국들에는 다원주의와 세속주의, 이해관계들을 둘러싼 즉흥적 타협, 생명에 대한 애착과 죽음에 대한 두려움 때문에 생긴 강박관념이 넘쳐난다—을 거부하라고 명령하신다고 생각할 수밖에 없다. … 로마서 13장을 요한일서로 균형을 잡지 않는다면, 교회는 국가의 도구로 전락하고 말 것이며, 그러면 사람들에게 그들이 초정치적인 목적을 지닌 존재요 정치를 초

월하여 그리스도께 충성해야 하는 존재라는 사실을 지적할 수 없게 되며, 정치에 참여할 때도 권력에 굶주리고 자신의 안위만 추구하는 또 하나의 집단에 지나지 않게 된다(C 68).

그렇지만, 아무리 불가피하다 하더라도, 이 입장은 부적절하다. 가장 급진적인 그리스도인들도 불가피하게 문화를, 또는 문화의 일부를 이용하기 마련이다. "테르툴리아누스의 거의 모든 발언은 그가 로마인이며, 로마의 법적 전통 가운데서 성장했고, 로마의 철학에 의존하여 그 도움 없이는 기독교적 입장을 진술할 수 없다는 것을 입증한다"(C 69-70). 마찬가지로, 톨스토이는 19세기 러시아인으로서만 이해할 수 있다. 우리는 그리스도를 고백할 때도 언어를 사용하는데, 이 언어는 문화에 깊이 뿌리내리고 있다. 심지어 '그리스도'와 '로고스'와 '사랑' 같은 말들도 그렇다. 테르툴리아누스가 중용과 인내를 권장할 때도, 그는 스토아 철학에 일부 빚을 지고 있다. 그리고 우리는 무저항을 주장하는 톨스토이에게서 장 자크 루소의 영향을 발견하지 않을 수 없다. "급진주의자들과 다른 그룹들 사이의 차이점은 종종 다음 경우밖에는 없다. 급진주의자들은 그들이 무엇을 하고 있는지 알지 못하며, 마치 자신들이 세상으로부터 분리되어 있는 것처럼 계속 말한다는 것이다"(C 76).

니버는 이 입장에서 네 가지 신학적 문제점을 발견한다. (a) 이러한 급진적 운동들은 '문화' 안에 있는 지식의 방법과 내용을 거론하기 위해서 '이성'을, 이 운동들 자체의 기독교 신앙을 가리키기 위해서 '계시'를 사용하는 경향이 있다. 그렇지만 불행하게도 "이 운동들은 기독교 영역 바깥에서 진행되고 있는 추론과 기독교 영역 안의 지식을 구별하지 않고서는, 그리스도와 문화 사이의 문제를 해결할 수 없다"(C 78). (b) 이러한 급진주의자들은, 문화 안에는 죄가 가득한 반면, 빛과 자비가 그들을 그리스도인으로 묶어 둔다고 생각한다. 그러나 이러한 생각은 세상에 드러나 있는 '일반은총'—이것은 니버의 표현이 아니지만—을 인정하지 않고, 그리스도인들 안에서 발견되는 죄도 제대로 다룰 수 없다. (c) 이 입장은 종종 새로운 법, 새로운 행동 규칙으로 자기 방어를 하려고 한다. 이것은 아주 확고하고 명확한 나머지 은총 자체를 이류나 삼류로 평가절하한다. (d) 니버에 따르면, 무엇보다도 이 입장에서 "가장 해결하기 곤란한 신학적 문제"는 "예수 그리스도와, 창조세계 및 기독교 공동체에 내재하는 성령과, 자연의 창조주요 역사의 주관자인 하나님 사이의 관계다"(C 80-81). 이것은 부분적으로 삼위일체론적 도전이다. 더구나, 이것은 "그들의 윤리적 이원론을 실재에 대한 존재론적 이분법으로"(C 81) 바꾸고 싶은 유혹이다. 이 유혹은 결국 몬타누스주의(Montanism)로, 퀘이커주의의 내면의 빛으로, 톨스토이의 영성주의(spiritualism)에 이른다.

(2) 문화의 그리스도

이 두 번째 입장은 예수님을 자신이 속한 사회의 메시아로, 즉 사회에서 최고의 희망과 영감을 채워 줄 메시아로 여기며 맞이하는 사람들이 취하는 관점이다. 그들은 "스스로를 주 안에서 신자로 여긴다는 의미에서 그리스도인일 뿐만 아니라 모든 신자들과 더불어 공동체를 이루고자 한다는 의미에서도 그리스도인이다. 하지만 그들은 문화의 공동체 안에서도 똑같이 편안함을 느낀다"(C 83). 그들은 문화 안에 있는 모든 것을 그리스도가 재가해 주시기를 바라는 것이 아니라, 그들이 문화 안에서 최선의 것으로 발견한 것을 그리스도가 재가해 주시기를 바란다. 마찬가지로, 그들은 하나님과 역사에 관한 야만적이거나 시대에 뒤떨어진 유대적 개념이라 여겨지는 것들로부터 그리스도를 분리하려고 한다. "사회학적으로 그들은 '시간의 균열'(cracks in time)—타락과 성육신과 심판과 부활—을 굳이 찾으려고 하지 않는 비혁명주의자들로 해석될 수 있다"(C 84).

기독교 교회의 초기 몇 세기 동안, 영지주의자들이 이 유형의 가장 적절한 사례였다. 비록 영지주의자들의 가장 유력한 지도자들이 당시 교회에 의해 정죄되긴 했지만, "영지주의로 대표되는 그 운동은 기독교 역사에서 가장 강력한 운동의 하나였다." "영지주의는 그리스도를 종교적 진리의 계시자일 뿐 아니라 예배해야 하는 신으로, 곧 예배의 대상으로 본다. 그러나 그들에게 그리스도는 모든 생명의 주인도, 만유의 창조주요 모든 것을 통치하는 아버지의 아들도 아니다"(C 88-89).

영지주의는 오래가지 않아 사라졌지만,[17] "문화의 그리스도" 입장은 콘스탄티누스 황제 즉위 이후, "이른바 기독교 문명"의 발흥기 동안 계속 발전했다(C 89). 중세에는 아벨라르(Abelar)가, 비록 그의 사상이 영지주의로부터는 상당히 멀어지긴 했지만, 가장 적합한 사례이다. 형식적으로, 아벨라르는 교회가 신앙을 진술하는 방식을 놓고 싸웠다. 그러나 실제적으로, "그는 신앙을 문화 안에 있는 최상의 것과 일치하는 것으로 축소시킨다. 신앙은 실재에 관한 철학적 지식이 되고, 삶의 개선을 위한 윤리가 된다"(C 90). 아벨라르가 속죄의 도덕론을 제시하는 것도 바로 이 틀 안에서이다.

> 모두를 위한 단 한번의 구속이라는 총체적 개념은 그리스도인으로서도 이해하기 어려운 것이다. 그래서 그는 속죄의 도덕론을 대안으로 제시한다. 아벨라르에게 예수 그리스도는 "우리에게 교훈을 주기 위하여 … 육체 가운데 있을 때 모든 것을 행한", 소크라테스와 플라톤의 수준을 뛰어 넘는, 위대한 도덕 선생이 되었다(C 90).

중세 문화에서 "아벨라드는 상대적으로 외로운 인물"이었지만, 18세기 이래 "그의 추종자들은 상당히 많았고, 이단이었던 것이 새로운 정통이 되었다." 니버는 물론 자신이 '문화 프로테스탄티즘'(culture-Protestantism)이라고 부르는 것을 언급하고 있다. 문화 프로테스탄티즘의 변호자들은 "그리스도를 복합 문화(manifold culture)의 영웅으로 해석한다"(C 91). *The Reasonableness of Christianity*(기독교의 합리성)를 쓴 존 로크(John Locke)와 *Religion with the Limits of Reason*(이성의 한계 안에 있는 종교)을 쓴 임마누엘 칸트(Immanuel Kant) 모두 여기에 속한다. 신약성경에서 자신에게 호감을 주는 부분만 간직하기 위해 잘라 낸 다음에, "그 [예수 그리스도]가 원하신 바로 그런 의미에서만 나는 그리스도인이다"(C 91-91에서 인용)라고 쓸 수 있었던 토마스 제퍼슨(Thomas Jefferson)도 마찬가지다. 니버는 슐라이어마허(Schleiermacher), 에머슨(Emerson), 모리스(F. D. Maurice) 그리고 다른 여러 사람들을 이 그룹에 속한 인물로 열거하지만, 알브레히트 리츨(Albrecht Ritschl)에 가장 큰 관심을 기울인다.

결론적으로, 리츨의 신학은 "계시와 이성이 아니라 그리스도와 문화라는 두 가지 초석을 가지고 있었다"(C 95). 리츨은 하나님 나라에 대한 자신의 이해에 기초하여, 자신이 원했던 그리스도와 문화의 화해를 이루어 냈다. 하나님 나라는 그 구성원들의 상호 도덕적 행동, 곧 단순히 자연적인 것이든 특수한 것이든 모든 사고를 초월하는 행동을 통해 "인류의 연합—범위와 강도 두 가지 면에서 모두 가장 포괄적인 연합—을 의미한다"(C 98에서 인용). 하나님 나라에 대한 이러한 이해에 이르면, 예수님은 두 가지 의미에서 '문화의 그리스도'가 된다: "최선의 노력을 기울여 자신들의 가치를 실현하고 보존하고자 하는 사람들의 안내자로서, 그리고 19세기 문화적 관념들을 통해 이해된 그리스도로서"(C 98).

니버는 이 유산에서 많은 사람들을 예수님께로 이끈 상당한 강점들을 발견한다. 무엇보다도 이것은 첫 번째 유형처럼 예수님을 낯선 사람으로 보게 하지 않는다. 더 나아가, 니버는 이렇게 주장한다.

> 문화적 그리스도인들은 종교를 멸시하는 사람들 중에서 교양 있는 사람들을 대화의 상대로 삼는다. 그래서 그들은 과학, 철학, 정치, 경제 동향에 대해 박식한 계층의 언어를 사용한다. 이런 의미에서 그들은 귀족층과 중산층, 또는 새로 부상하는 권력층에 파송된 선교사라고 할 수 있다(C 104). [18]

더 나아가, 예수님은 선지자 이상이었지만, 그럼에도 불구하고 "이사야처럼 자기 도시의 평안을 염려했다"(C 105). 비록 그에게 사람들의 '영혼'만큼 중요한 것은 없었지만, 그는 그들의 죄를 용서할 뿐만 아니라 또한 질병도 치유하신다.

급진적 그리스도인에게 그리스도의 주권이 명시적으로 인정되지 않는 영역은 모두 똑같이 암흑의 영역이다. 반면에 문화적 그리스도인은 사회에서 벌어지는 다양한 움직임들 안에 커다란 차이점들이 존재한다는 것을 인식하고, 이 점을 잘 관찰하여 선교의 접촉점을 찾을 뿐만 아니라, 문화의 개혁을 위해 일할 수도 있다. 급진주의자는 아리스티포스, 데모크리토스, 에피쿠로스 학파와 나란히 소크라테스, 플라톤, 스토아 학파도 배격한다. 그들에게 폭정과 제정은 거의 똑같은 것이고, 강도와 군인은 둘다 폭력을 사용한다는 점에서 비슷하고, 솜씨 좋은 사람이 만든 형상보다 그리스 조각가 피디아스(Phidias)가 깎은 동상이 우상숭배를 유혹할 위험성이 더 크다고 본다. 또 문화는 모두 개인주의적이고 이기주의적이며 세속적이고 물질적이라고 생각한다. 반면에 문화적 그리스도인은 어떤 문명이든 그 안에는 서로 대립되는 요소들이 존재한다고 생각한다. 어떤 의미에서 예수 그리스도는 세계의 일치와 질서를 주장하는 철학 운동, 자기부인과 공공선을 지향하는 도덕 운동, 정의에 대한 정치적 관심, 그리고 종교적 정직에 대한 교회적 관심을 긍정한다고 생각한다(C 106).

동시에, 니버는 이 입장에 대한 신학적 반론과 기타 여러 가지 반론들을 구별해 낸다. 문화적 그리스도인들은 종종 정통 그리스도인들의 공격뿐만 아니라 외부인들의 공격도 받는다. 이교 작가들은 기독교적 영지주의를 비판했다. 그리고 존 듀이(John Dewey)와 칼 마르크스(Karl Marx) 둘 다 기독교적 자유주의를 거부했다. 그들은 그리스도인의 타협적인 자세가 자기네 이교주의, 또는 자기네 자유주의나 자기네 마르크스주의의 순수성을 약화시킬 것이라고 의심했다. 마찬가지로 다른 면에서 정통 그리스도인들은 이러한 문화적 그리스도인들이 기독교의 본질을 너무나 많이 희석시킬 것이라고 우려했다. 사실 그들이 "복잡한 신약 이야기와 그 해석에서 어떤 단편적인 것들을 골라 그것을 예수의 본질적 속성이라고 부르고, 그것에 가치를 부여하고, 자신들만의 신비적인 주님을 재구성해 낸다"는 것을 부인하기란 어렵다. 이러한 파편은 불가피하게, "그들 시대의 관심사나 필요에 부합하는 것이다. … 예수는 영적 지식이나 논리적 이성, 무한에 대한 의식, 내면의 도덕법, 형제애 같은 관념들을 대변한다"(C 109). 여기에 오늘날 예수는 포용을, 관용을, 영성을 대변한다고 덧붙일 수 있을지도 모를 일이다. 게다가 이러한 문화적 그리스도인들은 "죄에 대한, 은총과 율법에 대한, 그리고 삼위일체에 대한 기독교적 관점을" 정확하게 이해하지 못하고 있다(C 112). 예를 들어, 그들은 죄가 얼마나 만연해 있는지, 어떻게 죄가 전 인류는 물론이고 인간의 본질을 완전히 오염시키는지 이해하지 못한다. 그들은 은총의 필요성을 거의 인식하지 못하기 때문에 그들의 관점은 은총을 거의 이해하지 못하는 도덕주의다. 그리고 하나님도 간단하게 재정의된다: "영지주의자는 삼위일체 이상을 요구하고, 자유주의자는 그 이하를 요구한다. 이 운동의 전반적 성향은 예수를 사람 속에서 활동하는 내재적인 신적 정신과 동일시하는 것이다"(C 114).

(3) 문화 위의 그리스도

"문화에 대립하는 그리스도"나 "문화의 그리스도" 입장과는 달리, 니버는 교회 역사에서 그리스도인의 대다수가 "문화 위의 그리스도" 자세를 취한다고 이해한다. 그러나 표면에 드러나는 이 입장은 세 가지 뚜렷한 형식으로 구분되어 니버의 5중 유형에서 마지막

세 가지를 구성한다.[19]

니버는 이 셋을 합쳐서 "중심에 있는 교회"(the church of the center)라고 부른다(C 117). 이 자세에는 다음과 같은 핵심적인 신조가 있다.

중심에 있는 교회가 문화의 문제에 접근할 때 품는 신학적 확신의 하나는, 예수 그리스도는 하나님의 아들, 천지를 창조하신 전능하신 성부 하나님의 아들이라는 것이다. 이 공식과 더불어, 중심에 있는 교회는 그리스도와 문화에 관한 토론에, 모든 문화가 기초하고 있는 자연이라는 개념을 도입한다. 이 자연은 바로, 예수 그리스도의 순종의 대상이자 그분과 하나를 이루었던 하나님이 질서를 유지하시는 선한 자연이다. 이런 신념이 지배하는 곳에서는 그리스도와 세상이 단지 대립 관계로만 있을 수 없다. 그리고 문화로서의 '세상'이 단순하게 하나님이 없는 영역으로 간주될 수도 없다. 문화로서의 세상은 적어도 자연으로서의 '세상'에 기초하고 있기 때문이며, 자연의 창조주요 통치자에 의해 지탱되지 않으면 존재할 수 없기 때문이다(C 117-118).

이와 같이 출발하지만, 중심에 있는 교회는 또한 "죄의 보편성과 본질", "은총의 우선성과 순종의 필수성"을 강하게 확신한다(C 118-119). 이러한 요소들이 작동하는 방식에 관한 이해가 상당히 분화되어 있지만 말이다. 그렇지만 이러한 공통점들에도 불구하고, 중심에 있는 교회는 세 그룹으로 나누어진다: 종합론자(the synthesist), 이원론자(the dualist), 그리고 개종론자(the conversionist). 이 대목에서 니버는 종합론자 그룹에 집중한다.

종합론자들은 '둘 다'(both-and)의 해결 방식을 추구한다. 이들은 문화와 그리스도 사이에 존재하는 간극을 유지한다. 이러한 방식은 문화적 그리스도인들은 결코 진지하게 취하지 않으며 급진적 그리스도인들은 시도조차 하지 않는다. 그러나 종합론자들은 그리스도가 교회를 다스리는 주권자이듯이 문화를 다스리는 주권자라고 주장한다. "우리가 '그리스도와 문화, 둘 중에서 하나를 택하라'고 말할 수 없는 것은, 둘 다 하나님이 관여하시기 때문이다. 그리고 둘 사이에 큰 차별성이 없는 듯이 '그리스도와 문화 둘 다'라고 말해서도 안 된다. 그 대신 우리는 우리의 법, 우리의 목표, 우리의 상황이 지닌 이중적 성격을 충분히 인식하면서 '그리스도와 문화 둘 다'라고 말해야 한다"(C 122). 이것이 바로 "가이사의 것은 가이사에게, 하나님의 것은 하나님께 바치라"(마 22:21, C 123)는 예수님의 발언에 전제되어 있는 것이다. 또한 이것이 바로 우리가 통치 권위들에게 복종해야 하는 이유다. 왜냐하면 모든 권위는 하나님께서 친히 세우신 것이기 때문이다(롬 13).

종합론적 답변은 순교자 저스틴(Justin Martyr)에 의해 시도되었다. 그렇지만 이 유형에서 가장 이른 시기에 활동한 중요한 대변인은 테르툴리아누스와 같은 시대에 살았던 알렉산드리아의 클레멘트(Clement of Alexandria)이다. 예를 들어, 그는 부자에 관하여 토론하면서 때때로 전형적인 문화적 그리스도인과 같은 목소리를 내는 스토아적 관대함(thankful generosity)에 호소한다. 그러나 그는 더 나아가서, 부드럽게 "친히 가난한 자가 되신 주님의 사랑에 응답하라고 분명하게 요청한다"(C 124). 그렇다. 그리스도인은 '좋은 문화'(good culture)의 기준에 부합하는 좋은 사람(good person)이 되어야 한다. 그러나 그리스도는 더 많은 것을 얻을 수 있도록 사람들을 초청하시며, 그것을 얻을 수 있도록 은총을 베푸신다. 바로 당신을 통한 하나님의 사랑을 말이다. "이런 종류의 삶은 이 세상에 없다. 하지만 현재의 삶에는 이러한 삶을 실현하고자 하는 소망이 가득하다." 따라서 클레멘트의 "그리스도는 '문화와 대립'하지 않고, 최고의 문화적 산물들을 사용하셔서, 사람들의 노력으로는 이룰 수 없는 것을 그들에게 선사하신다"(C 127).

그렇지만 아마도 가장 중요한 종합론자는 토마스 아퀴나스(Thomas Aquinas)일 것이다. 그는 "모든 위대한 제도에 대한 전적인 사회적 의무를 성취했거나 받아들였던 기독교를 대표한다"(C 128). 그리스도는 문화보다 훨씬 높은 곳에 있으며, 결코 "둘 사이의 간극을 숨기려고" 시도하지 않았다고 토마스는 이해했다(C 129). 하지만 그는 "철학과 신학, 국가와 교회, 시민적 덕성과 기독교적 덕성, 자연법과 하나님의 법", 그리스도와 문화를 혼동하지 않고 조합하려고 했다(C 130). "토마스의 종합은 지적인 업적이었을 뿐만 아니라 그리스도와 문화의 사회적 통합을 철학적으로, 신학적으로 표현한 것이었다"(C 137)는 점도 중요하다. 비록 그 통합이 14세기의 여러 가지 긴장들 때문에 이내 깨어졌고 종교개혁과 르네상스에 의해 찢겨 버리긴 했지만, 그것은 후대에 다시 발견하기 힘들 정도로 포괄적인 것이었다. 그리고 결코 얕보아서는 안 되는 것이었다. "연합(unity)의 추구는 억누를 수 없는 인간의 욕구다. 그리고 그리스도인들에게는 한분이신 하나님을 향한 근본적인 믿음이 있기 때문에 연합을 추구할 특별한 이유가 있다"(C 141). 물론 사회 및 민간 제도들의 중요성을 주장하는 사람들도 있다. 그러나 "토마스와 같은 종합론자들을 구별 짓는 것은, 옳음의 기초들을 인간과 인간 세상에 주어진, 창조된 본성 안에서 찾아내는 데 관심을 가진다"는 점이다(C 142).

그러나 니버는 "문화 위의 그리스도"의 종합론적 버전이 지닌 문제점들을 지나치지는 않는다. 다른 그룹들의 그리스도인들은 "종합론자들의 기획은 저절로 오류에 빠지게 될 것이라고 지적할 것이다." 왜냐하면 그리스도와 문화를, 은총과 공로를, 하나님의 일과 인간의 일을, 현세적인 것과 영원한 것을, 모든 것을, 단일 시스템 안에 넣으려는 노력은 "상대적인 것을 절대화하고, 무한한 것을 유한한 것으로 축소하고, 그리고 역동적인 것을 물질화하는" 결과를 낳을 수밖에 없다. 더 나아가, 이러한 모든 종합은 문화 안에 존재한다. 예를 들어, "자연 질서에 대한 토마스 아퀴나스의 위계적 관점은 역사적이고 중세적인 것이다"(C 145). 더 나아가, 종종 관찰되다시피 토마스는 "역사적 이해를 결여하고 있었다"(C 146). 또한, 종합을 추구하는 열정은

"그리스도와 그의 복음을 제도화한다"(C 146). 사실, 종합론자들이 아무리 그 반대를 고백한다고 하더라도, 그들은 "인간이 행한 모든 일 안에 존재하는 근본적인 악을 실재 그대로 보지 못한다"(C 148). 이 문제는 다음 장에서 다룰 것이다.

(4) 역설적 관계에 있는 그리스도와 문화

이것은 "문화 위의 그리스도" 유형에 속하는 그룹들 중 두 번째다. 첫 번째 그룹은 종합론자들이었고, 이들은 이원론자들이다.

이원론자들에게, 인생의 근본적인 쟁점은 그리스도인들과 이교적이거나 세속적인 세상 사이에 그어 놓아야 하는 선이 아니라, 하나님과 모든 인간 사이에 또는 "하나님과 우리 사이에 그어 놓아야 하는 선이다(이원론자들은 실존주의 사상가들이기 때문에); 문제는 하나님의 의와 자아의 의(righteousness of self) 사이에 있다." 우리가 그리스도와 문화에 관하여 생각해야 한다면, 우리는 그리스도가 오셔서 무엇을 하셨는지 생각해 보아야 한다: 그는 "화해와 용서의 위대한 행동을" 이루기 위하여 오셨으며, 그리고 그 행동은 바로 이러한 이원론자의 그리스도에 의해 수행되고 있다(C 150). 죄는 우리 가운데 있고, 은총은 하나님께 있다. 일면, 이 이원론 그룹은 첫 번째, "문화에 대립하는 그리스도" 입장과 상당히 유사하다. 그러나 "문화에 대립하는 그리스도" 입장에는, '그들'과 '우리' 사이의 구별을 가장 강하게 강조하는 경향이 있는 반면, 이 이원론적 입장에서는, 우리는 모두 잃어버린 자들이며, 모두 죄인들이다. "인간 문화는 타락했다: 그리고 인간 문화는 인간의 모든 일을 포함한다. 교회 밖에 있는 인간의 업적만이 아니라 교회 안에 있는 것도 포함한다. 인간의 업적이라는 점에서는 철학뿐만 아니라 신학도 포함한다. 유대 법에 대한 유대의 변론뿐만 아니라 기독교적 가르침에 대한 기독교적 변론까지도 포함한다"(C 153). 이원론자들을 이해하려면, 우리는 그들이 다른 인간을 심판하고 있는 것이 아니라 자신들을 포함한 모든 인간을 심판하고 있다는 것을 알아야 한다고 니버는 단언한다. 그들이 이성의 타락을 이야기한다면, 그들은 자신의 이성도 거기에 포함시킨다.

또 하나 명심해야 할 것은, 이런 신자들은 인간이 하나님 앞에서 취하는 태도가 인간이 자연이나 동료 인간들 또는 이성의 개념들을 접하고 나서 추가로 취하는 또 하나의 태도가 아니라고 생각한다는 점이다. 그 태도는 가장 근본적이고 끊임없이 현존하는 상황이다. 비록 인간은 자신이 하나님에 대항한다는 사실을, 또는 자신이 '무언가에 대항한다'고 느낄 때 그것이 바로 하나님이라는 사실을, 언제나 애써 무시하지만 말이다(C 153).

"그래서 이원론자는, 급진적 그리스도인과 의견을 같이하여, 모든 인간 문화가 하나님을 부인하며 죽음에 이르는 병에 걸렸다고 선언한다. 하지만 둘 사이에는 차이점이 있다: 이원론자는 자신도 그 문화에 속해 있기 때문에 거기서 빠져나올 수 없으며, 하나님이 그 문화 안에서 그리고 그 문화를 통해 자신을 지탱시켜 주신다는 것을 안다. 하나님이 죄 가운데 있는 세상을 은혜로 지탱해 주시지 않으면 한순간도 존재할 수 없기 때문이다." 그래서 이원론자의 말은 "역설적으로 들릴 수밖에 없다"(C 156). 이러한 역설적인 말은 율법과 은혜, 하나님의 분노와 하나님의 자비로 표현되며, 이원론자가 문화를 평가할 때는 언제나 이런 역설적인 현실들을 생각하게 된다.

니버는 (그가 기술한 것처럼) 분명하고 일관성 있는 이원론자들은 많지 않다고 주장한다. 그러나 그는 이원론 모티프(the dualist motif)를 바울에게서 발견한다. 그리고 마르시온(Marcion)이 바울과는 상당히 다른 방향으로 이 모티프를 발전시켰고, 아우구스티누스가 더욱 직접적으로 계승하여 보존했으며, 루터가 가장 강력하게 계승했다. 하지만 이것은 여전히 "문화 위의 그리스도" 패러다임의 부분 집합이다.

> 그리스도는 도덕적 삶의 근본 문제를 다루신다; 그는 행동의 근원을 깨끗하게 하신다; 그는 모든 행동이 일어나는 궁극적인 공동체를 창조하시고 활력을 불어넣으신다. 그러나 바로 이 그리스도는 또한 인간의 외적인 행동을 직접 다스리지 않으시며, 인간이 활동하는 공동체를 직접 세우지 않으신다. 또한, 그는 자존감을 얻기 위해 특별한 직업을 찾거나 특별한 공동체를 세우려는 내적 갈망으로부터 사람들을 해방시키신다. 그는 사람들을 수도원과 비밀집회에서 해방시켜 모든 평범

한 직업을 통해 세상에서 이웃을 섬길 수 있게 해 주신다.

그 이전의 어떤 위대한 기독교 지도자들보다 더 강력하게 루터는 문화 안에서 그리스도를 따를 수 있다고, 또 따라야 한다고 주장했다; 그리고 누구보다도 더 강력하게, 문화적 삶에서 따라야 하는 법칙은 기독교적인 법이나 교회법에 종속되지 않는 독립적인 것이라고 주장했다. 비록 철학이 믿음에 이르는 길을 제시하지는 못하지만, 신실한 사람은 철학적 길을 따라 어떤 목표에 이를 수 있다. … 젊은이들에게 경건뿐만 아니라 언어와 예술과 역사를 교육하는 것은 자유로운 그리스도인들에게 커다란 기회였다; 문화 교육(cultural education) 역시 의무였다. 루터는 이렇게 말했다. "음악은 신학 다음으로 하나님이 주신 고상한 선물이다. 큰돈을 준다 하더라도 나는 얼마 안 되는 나의 음악 지식을 팔지 않을 것이다." 상업도 그리스도인들에게 열려 있었다. "사고파는 것은 필수적인 것"이기 때문이다. 정치 활동과 심지어 군 복무도 공동생활에는 아주 필수적인 것이었으며, 따라서 이웃에게 봉사하고 하나님께 순종할 수 있는 영역이었다(C 174-175).

니버는 단언하기를, 여기에 있는 모든 긴장은 현실을 직시하려고 노력하는 변증법 사상가(dialectic thinker)의 긴장이다. "시간과 영원 사이에서, 분노와 자비 사이에서, 문화와 그리스도 사이에서 살고 있는 진정한 루터교인은 삶이 비극이요 동시에 기쁨이라는 것을 알게 된다. 죽을 때까지 우리는 이 딜레마를 해결할 수 없다"(C 178).

니버는 루터 이후의 이원론자의 사례를 키르케고르를 포함해서 두세 가지를 들고, 다른 그룹들의 가장 일반적인 비판 두 가지를 언급한다: 이원론은 그리스도인들을 (a) 도덕률 폐기론(antinomianism)과 (b) 문화적 보수주의(cultural conservatism)로 이끄는 경향이 있다. 이원론자들이 문화적 보수주의가 되는 이유는 그들이 "당대의 중요한 문화적 제도들과 관습들 가운데서 오직 하나에만, 곧 종교적인 것에만 집중하기"(C 188) 때문이라는 것이다. 그 결과, 이원론자들은 다른 문제들―정치적 정의나 노예 제도 같은―은 바꾸지 않고 그대로 내버려 두는 경향이 있다.

이런 점을 염두에 두고 이제 니버의 마지막 유형을 검토할 것이다.

(5) 문화의 변혁자 그리스도

이것은 "문화 위의 그리스도" 유형의 세 번째 하위 범주다. 다른 둘은 종합론과 이원론이며, 이것은 개종론이다. 여기서 니버는 개인적 개종―어느 정도 이것을 포함하고 있는 것은 틀림없지만―이 아니라 문화 자체의 개종을 생각하고 있다는 것을 이해하는 것이 중요하다.

그리스도와 문화의 관계에 대한 개종론자들의 이해는 이원론과 가장 **가깝다**. 그러나 이것은 또한 다른 중요한 기독교적 태도들과도 유사한 점들이 있다. 마태복음과 야고보서에서 바울 서신들을 거쳐 요한복음까지 살펴보면, 또는 테르툴리아누스와 영지주의자들과 클레멘트에서 아우구스티누스까지, 또는 톨스토이와 리츨과 키르케고르에서 모리스까지 살펴보면, 개종론자들의 이해에 독특한 **모티프**가 표현되어 있다는 것을 분명하게 알 수 있다.

    그리스도와 문화의 문제에 대한 개종론적 해답을 제시하는 사람들은 확실히 교회의 핵심 전통에 속해 있다. 그들은 그리스도 안에 있는 하나님의 일과 문화 안에 있는 사람의 일을 확실하게 구분하기는 하지만, 문명으로부터 고립되는 배타적 기독교의 길을 택하지 않는다. 그들은 또한 톨스토이처럼 과격하게 문화의 제도들을 거부하지도 않는다. 그들은 주님께 순종하는 마음으로 사회적 의무를 다하지만, 세상과 세상의 방식들에 대한 예수 그리스도의 날카로운 심판을 완화하고자 애쓰지 않는다. 개종론자들의 기독론은 종합론자와 이원론자의 기독론과 같다; 그들에게 그리스도는 새로운 법을 주신 분이라기보다는 구속자(Redeemer)이며, 인간성 안에 있는 최고의 영적 자원들의 모범이라기보다는 사람들이 마주하는 하나님이다….

    개종론자들이 이원론자들과 구별되는 점은 문화에 대해 더욱 적극적이고 희망적인 태도를 지녔다는 점이다(C 190-191).

문화에 대한 이런 적극적인 자세는 세 가지 신학적 확신에 기초한다고 니버는 말한다: (a) 이원론자들은 하나님의 창조 행위를, 단지 그리스도의 십자가와 부활을 통한 구속이라는 하나님의 전능하신 **행**

동의 무대 장치(mise-en-scene)로 생각하는 경향이 있는 반면, 개종론자들은 창조에 좀더 큰 무게를 둔다. 비록 창조가 구속을 압도하거나 구속에 압도당하지는 않지만, 창조는 구속을 위한 준비일 뿐만 아니라 하나님의 주권이 작동하는 영역이다. (b) 이원론자들은 물질을, 심지어 인간의 인격도, 본질적으로 악한 것으로 취급하는 위험에 빠지는 경우가 많다. 그 결과, 그들은 "문화의 제도들이 타락한 현세에서 대체로 부정적인 기능을 하는 것으로 생각한다"(C 193). 반면, 개종론자들은 타락은 "비록 물질적인 결과를 가져오기는 하지만, 물질적(physical)이거나 형이상학적(metaphysical)인 것이 아니라, 정신적이고 인격적인 것"이라고 주장한다(C 194). (c) 개종론자들은 "하나님은 역사 안에서 모든 것을 하실 수 있으며, 그 역사는 근본적으로 단순한 인간 행위의 과정이 아니라 언제나 하나님과 인간 사이의 극적인 상호작용이라는 역사관"을 채택한다(C 194). 사실, 개종론자들은 종말론에서 다른 대부분의 그리스도인들보다 '현실적인' 요소를 다소 강하게 갖고 있다: "개종론자에게 역사는 하나님의 위대한 일과 그에 대한 인간의 반응을 담은 이야기다. 그의 그리스도인 형제들과 비교했을때, 개종론자는 '중간기'(between the times)에 산다는 생각은 다소 약하고 신적인 '현재'(divine 'Now')에 산다는 생각은 다소 강하다. 종말론적 미래가 그에게는 종말론적 현재가 되었다"(C 195).

니버는 특히 요한복음에서 이 모티프가 강하다는 것을 발견한다. 로고스 없이는 어떤 것도 창조되지 않았다; 그가 만든 세상이 그의 집이다. "요한은 존재하는 것은 무엇이든 선하다는 것을 이보다 더 강하게 말할 수는 없었을 것이다." 요한에게, "출생, 먹고 마시는 것, 바람, 물, 빵과 포도주…는 영적인 생명의 실재를 가리키는 상징들일 뿐만 아니라 영적인 의미가 가득 차 있는 것이다"(C 197). '세상'은 "창조세계의, 특히 하나님의 사랑의 대상인 인간성의 총체이다." 동시에 세상은 "또한 그리스도를 거부하고, 어둠 가운데 살며, 악행을 일삼고, 아버지 하나님을 알지 못하고, 독생자의 죽음을 기뻐하는 인류를 가리키기도 한다"(C 198). 그러나 요한은 우리에게 죄에 대한 어떤 추상적인 교리도 제시하지 않는다. 오히려, 그는 죄를 예시하고 정의 내리는 것을 거부한다(C 199). 이 틀 안에서, 그리스도를 통하여 주신 하나님의 선물은 '영원한 생명'이지만, 요한복음의 종말론이 실현되었기 때문에 이 생명은 모든 인간 존재와 문화와 더불어 바로 지금 본질적으로 누리게 된다.

 니버는 계속해서 이렇게 말한다. "우리는 요한복음을 전적으로 개종론적인 문서로 해석하면 안 된다. 이 복음서는 많은 주제에 대해 침묵할 뿐 아니라, 보편주의적 색채를 드러냄과 동시에 특수주의적 성향도 보이고 있기 때문이다"(C 204). 동일한 경향이 디오그네투스(Diognetus)에게 보낸 2세기경의 편지에서도 발견된다고 니버는 주장한다. 그러나 훨씬 뚜렷하게 "그리스도를 통한 보편적 중생에 대한 기대가 출현"한 것은 4세기 아우구스티누스와 다른 지도자들에 의해서다. 비록 여기서도 그 신학자들은 두 가지 태도와 전투를 벌여야 했기 때문에 철저한 보편주의(즉, 전적으로 개종론적인 이해)는 존재하지 않지만 말이다. 그들은 "배타적 기독교의 반문화주의(anticulturalism)와 문화 그리스도인의 적응주의(accommodationism of culture-Christians)에 맞섰다"(C 206). 니버는 이렇게 주장한다. 아우구스티누스에게,

> 그리스도는 문화의 변혁자이다. …본래는 선한 것이었지만 현재는 타락하고 왜곡된 상태로 변질된 인간의 모든 역사를, 외적인 형벌을 받아서가 아니라 내적인 자기모순 때문에 무상함과 죽음의 저주 아래 놓이게 된 인간의 삶을, 그가 돌려놓으시고 살리시고 거듭나게 하신다는 의미에서 말이다(C 209).

악한 문화들 안에서 인간이 발전시킨 도덕적 덕목들은, 회심할 때 새로운 덕목들로 교체되는 것이 아니라 사랑에 의해 변화된다.

변화된 사람들, 곧 하나님의 거룩한 도성의 시민들은 "하나님을 따라 순례자로 살면서 두려움과 욕망, 슬픔과 기쁨을 모두 겪는다. 그리고 그들의 사랑은 바른 자리에 있기 때문에, 그들의 모든 감정도 바르다"(『하나님의 도성』). 하지만 아우구스티누스는 이 개종론적 프로그램을 논리적 결론까지 끌고 가지는 않는다. 그는 "성육신한 그리스도 안에서 예시되고 약속된 위대한 종말론적 가능성의 실현을—창조세계와 타락한 인간 세계의 구속과 인간의 모든 문화적 활동의 변혁을—기대하지 않았다"(C 215). 대신, 그는 "선택받은 사람들과 천

사들로 이루어져 있으며 저주받은 사람들과는 영원히 따로 사는, 영적 사회에 대한 종말론적 비전으로" 비약했다(C 216). 니버는 아우구스티누스의 이러한 도약은 이해하기 어려운 것이며, 아우구스티누스가 지배적인 자세로 제시했던 개종론적 자세와 모순된다는 것을 발견한다.

니버는 칼뱅도 아우구스티누스와 유사한 방향으로 나아갔다고 말한다. 웨슬리도 동일한 전통에 속하지만, 그는 완전주의(perfectionism)의 전형이 됨으로써 개종론적 유산을 강화한다. 그러나 이러한 발전 선상의 정점은 모리스(F. D. Maurice)이다. 니버에 따르면, 그는 "무엇보다도 요한 사상가"이다(C 220). 모리스는 모든 사람이 그리스도 안에 있다고 본다. 그리고 인간 운명의 정점은 궁극적으로 요한복음 17장의 예수님의 기도를 채우고 있는 문화적 개종이다: 우리는 모두 하나가 된다. 아버지 하나님과 독생자가 하나이듯이.

> 모리스를 가장 일관성 있는 개종론자로 만든 것은, 그리스도는 왕이시라는 원칙을, 따라서 인간은 자신의 죄에 집중하기보다는—죄를 모든 존재를 지배하는 원칙으로 여긴다면 자기모순의 심연에 더 깊이 빠지게 되기 때문에—그에게 집중해야 한다는 원칙을 견지했다는 사실이다(C 224).

사실, 모리스는 바로 여기에 기초하여 독일과 영국의 복음주의자들의 논점을 정확하게 다루었다(C 224). 니버는 모리스의 말을 인용한다. "나는 죽음의 심연보다 더 깊은 사랑의 심연이 있다고 믿지 않을 수 없다: 나는 그 사랑에 대한 믿음을 잃지 않을 것이다. 그 믿음을 잃는다면, 나는 죽음의 심연으로, 영원한 죽음의 심연으로 가라앉을 것이다. 이 사랑이 우주를 둘러싸고 있음을 나는 확실하게 느낀다. 그 이상은 나도 알 수 없다"(C 226에서 인용).

니버는 자신의 책에서 다룬 다섯 가지 유형들 가운데서 어떤 것에도 분명하게 동조하지 않지만, 놀랍게도 그는 이 다섯 번째 패러다임에 대해서는 어떤 부정적인 비평도 하지 않는다. 그래서 학자들은 대부분 니버가 이 유형을 승인한 것으로 이해한다.

* * *

이제 우리는 니버의 "결론을 맺는 비과학적 후기"까지 왔다. 우리는 여기서 그의 사상의 전부를 좇아갈 필요는 없다. 그렇게 한다면 우리는 그의 5중 패러다임에서 상당히 벗어나게 될 것이다. 그렇지만 두 가지는 지적하고 넘어갈 필요가 있다.

첫째, 니버는 다른 그리스도인 지도자들을 탐구한다면 자신의 연구가 무한히 확장될 수 있을 것이라고 주장한다. 신학 사상가들뿐만 아니라, "당대의 문화적 의무와 충돌하면서 그리고 그에 적응하면서 그리스도께 충성을 다했던 신학적 인물들과 정치, 과학, 문학, 군사

등의 영역에 있는 사람들"까지 말이다. 그는 이런 인물들을 생각하고 있다. "콘스탄티누스, 샤를 대제, 토마스 모어, 올리버 크롬웰, 글래드스톤, 파스칼, 케플러, 뉴턴, 단테, 밀턴, 블레이크와 도스토예프스키, 구스타프 아돌프, 로버트 리, 고든 장군 등." 생략된 부분에 중요한 몇 사람을 더 추가한다면, 이런 사람들일 것이다: 아브라함 카이퍼, 아브라함 링컨, 윌버포스, 샤프트베리. 그럼에도 불구하고 니버의 요지는 "이것이 기독교적 해답이다"(C 231)라고 말하기는 불가능하다는 것이다.

둘째, 단 하나의 신학적 답변은 존재하지 않지만, 그리스도인들은 각자 자신의 '최종' 결론에 도달하듯이 "통찰에서 결단으로"(C 233) 나아가야 한다고 니버는 말한다. 이러한 결론은 최소한 네 가지 방식으로 상대적인 성격을 지닌다. "이 결론들은 개인의 부분적이고 불완전하며 단편적인 지식에 의존한다. 이것들은 개인의 신앙과 불신앙의 정도에 따라 달라진다. 이것들은 개인의 역사적 위치와 사회적 지위에 따라 달라진다. 이것들은 사물의 상대적 가치와 관련 있다"(C 234). 그렇지만 이러한 상대성조차도 "그리스도 안에 계신 하나님의 절대적 신실함에 대한 믿음"이라는 맥락 안에서 분별해야 한다.

니버의 5중 유형이, 특히 영어권 세계에 미친 영향은 참으로 대단하다.[20] 우리는 다음 단계에서 니버가 끼친 영향을 그의 용어를 사용하여, 그리고 성경신학의 관점에서 평가할 것이다(2장). 그리고 문화와 관련 개념들에 대한 보다 최근의 토론들을 살펴볼 것이다(3장).

1) A. L. Kroeber and C. Kluckhohn, *Culture: A Critical Review of Concepts and Definitions* (New York: Random House, 1952), 357.

2) Richard A. Shweder, *Why Do Men Barbecue?: Recipes for Cultural Psychology* (Cambridge: Harvard University Press, 2003), 10쪽에서 인용. 책 제목과는 달리 상당히 진지하고 통찰이 넘치는 책이다. 로버트 프리스트(Robert Priest)의 권유로 이 책의 첫 장에 관심을 갖게 되었다. 이 책은 내가 알고 있는, 문화의 본질에 관한 최근의 논쟁을 다룬 가장 유익한 연구 조사 가운데 하나이다. A. Shweder and Robert A. LeVine, *Culture Theory: Essays on Mind, Self and Emotion* by Richard(Cambridge: Cambridge University Press, 1984)도 참고할 것.

3) Clifford Geertz, *The Interpretation Of Cultures*(New York: Basic Books, 1973), 89.

4) Shweder, *Why Do Men Barbecue?*의 서문에 그런 견해들이 요약되어 있다. 그런 이론들을 상세하게 알아보려면 다음 책들이 도움이 될 것이다(이중 일부는 Shweder가 논의하고 있지 않다): Antonio Gramsci, *Selections from the Prison Notebooks*, Quinton Hoare and Geoffrey Nowell Smith 옮김(New York: International, 1971); Michel Foucault, *The Order of Things: An Archaeology of the Human Sciences*(New York: Vintage Books, 1970); Foucault, *The Archaeology of Knowledge*(London, Routledge, 2002); Raymond Williams, *Marxism and Literature*(Oxford: Oxford University Press, 1977); Terry Eagleton, *Ideology: An Introduction* (London: Verso, 1991); Eagleton, *The Idea of Culture*(Oxford: Blackwell, 2000); Edward W. Said, *Culture and Imperialism*(New York: Random House, 1997).

5) 여기서 나는 은근히 '고급' 문화의 개념을 전제하고 있는 낡은 방식들로부터 거리를 둘 것이다. 예를 들어, 엘리엇(T. S. Eliot)은 그의 마지막 저작들 가운데 하나인 *Notes Towards the Definition of Culture*(New York: Harcourt, Brace and Company, 1984)에서 '문화' 라는 말에는 세 가지 서로 다른 조합이 있다고 주장한다. "**개인**의 발전, **집단**이나 **계급**의 발전, 또는 **전체 사회**의 발전을 우리는 생각하게 된다"(19쪽, 강조는 그가 한 것임). 개인의 문화는 집단의 문화에 의존하며, 이 집단의 문화는 전체 사회에 의존한다는 것이 그의 논점이다. 그렇지만 그의 용어법을 살펴보면, 그는 개인, 집단, 사회의 '발전' 을 염두에 두고 있지만, 그가 실제로 말하고 있는 것은 '무엇인가를 성취하는' 문화이다(20쪽). 오늘날 가장 일반적인 정의를 적용한다면, 어떤 문화에 속하거나 그 문화의 일부가 되는 것은 피할 수 없는 일이다.

6) 이와 관련한 간추린 논의는 D. A. Carson, *Love in Hard Places*(Wheaton: Crossway, 2002), 108-144, 특히 143쪽 참고할 것.

7) 이에 대한 논의로 가장 탁월한 것은 Oliver O'Donovan and Joan Lockwood O'Donovan 엮음, *From Irenaeus to Grotius: A Sourcebook in Christian Political Thought*(Grand Rapids: Eerdmans, 1999)이다.

8) 몇몇 학자들이 무신론의 쇠락에 관하여 논평하는 것도 이상한 일이 아니다. 예를 들어, Alister McGrath, *The Twilight of Atheism: The Rise and Fall of Disbelief in the Modern World*(New York: Doubleday, 2004) 볼 것.

9) 이것이 David Herbert, *Religion and Civil Society: Rethinking Public Religion in the Contemporary World* (Aldershot: Ashgate, 2003)의 핵심 주제 중 하나이다.

10) Richard Bauckham, *God and the Crisis of Freedom: Biblical and Contemporary Perspectives* (Louisville: Westminster John Knox, 2002), 54.

11) Bauckham, *God and the Crisis of Freedom*, 54-55.

12) T. Nancy Pearcey and Phillip E. Johnson, *Total Truth: Liberating Christianity from Its Cultural Captivity*(Wheaton: Crossway, 2004). '진리'(truth)를 수식하려고 '총체적'(total)이라는 형용사를 쓴다는 것이 나로서는 늘 이상하게 보인다.

13) Glen H. Stassen and David P. Gushee, *Kingdom Ethics: Following Jesus in Contemporary Context*(Downers Grove: InterVarsity, 2003).

14) Wes Avram 엮음, *Anxious about Empire: Theological Essays on the New Global Realities* (Grand Rapids: Brazos, 2004). 참고: Chalmers Johnson, *The Sorrows of Empire: Militarism, Secrecy, and the End of the Republic*(New York: Owl Books, 2004).

15) Timothy J. Gorringe's, *Furthering Humanity: A Theology of Culture*(Aldershot: Ashgate, 2004).

16) 예를 들면, 웨스트코트(Brooke Foss Westcott)는 한 세기도 더 전에 폰 랑케 등이 수용했던 '역사'를 이렇게 비판했다: "현실적이고, 표면적인 역사에 대한 강한 호감이 현재 존재하고 있다는 사실은 의심의 여지가 없다. 그렇지만 이런 분위기가 변함없이 계속될지 질문해 보는 것이 합당할 것이다. 현실주의적 역사는 의상의 역사는 다루지만 그 옷을 입고 있는 살아 있는 사람은 다루지 않는 경우가 많으며, 하나의 핵심 권력의 지지를 받고 있는 조직의 외부 환경을 결코 넘어설 수 없다"(*The Gospel According to St. John: The Greek Text with*

Introduction and Notes[Grand Rapids: Baker, repr. 1980], cxii).

17) 물론 일부는 영지주의가 '영성'과 '뉴 에이지' 신학이라는 현대적인 형식으로 다시 돌아왔다고 주장한다. 과거의 영지주의와 현대판 영지주의 사이에는 연속성과 불연속성이 모두 존재할 것이다. 예를 들어, Peter Jones, *The Gnostic Empire Strikes Back: An Old Heresy for the New Age*(Phillipsburg: P&R, 1992) 볼 것.

18) 여기서 니버가 '교양 있는 사람들'(the cultured)이라고 말하면서, 자신이 정의한 문화의 개념에서 벗어나 '고급' 문화 정의로 돌아갔다는 것에 주의해야 한다.

19) 니버의 분류는 꽤 혼란스럽다. 그의 다섯 가지 유형들 가운데 마지막 셋은 다음과 같이 분류하면 도움이 될 것이다: (3) 문화 위에 있는 그리스도: 종합론 유형; (4) 문화 위에 있는 그리스도: 이원론 유형; (5) 문화 위에 있는 그리스도: 개종론/변혁론 유형.

20) 더 많은 책과 논문을 첨가할 수 있을 것이다. 많은 사람들이 니버는 개정되어야 할 필요가 있다고 주장하고 있지만, 지금도 사회과학 연구들은 니버의 분류법에 계속 기대고 있다. 예를 들어, David W. Jones는 *Reforming the Morality of Usury: A Study of the Differences that Separated the Protestant Reformers*(Lanham: University Press of America, 2004)에서, 이자에 대해 다양한 프로테스탄트 개혁자들이 채택한 여러 가지 상이한 접근들은 그 개혁자들이 각자 자리하고 있던 문화적 위치와 관련이 있다고 주장한다.

2
성경신학으로 고찰한 니버의 유형론

Niebuhr Revised:
The Impact of Biblical
Theology

이 장에서는 두 가지 작업을 진행할 것이다. 첫째, 니버의 분류 항목들을 활용하여 개괄적으로 니버를 비판하겠다. 둘째, 견고한 성경신학의 관점에서 고찰해 본다면, 니버의 유형론은 어떻게 바뀔 수 있을지 간략하게 따져 볼 것이다. 다음 장에서는 이미 1장에서 언급한 '문화'에 대한 니버의 정의에서 몇 가지 문제점들을 짚어 내어 조금 더 깊게 탐구할 것이다. 그리고 서구의 다양한 문화 형식들 안에서 일어나고 있는 인식론적 변화들을 다룰 것이다. 이 변화들이 보다 더 적절한 유형론을 찾는 데 나름의 역할을 할 것이다.

예비 평가

니버의 종합이 지닌 강점과 약점

니버가 그렇게 큰 영향을 끼친 이유 중 하나는 그의 분석이 가톨릭과 프로테스탄트, 동방과 서방, 교부들과 중세, 종교개혁기, 근대의 실례들, 보수주의와 자유주의자, 주류 신자들(어떤 시대 어떤 사람들이든)과 비주류들(sectarians)을 포괄하기 때문이다. 21세기의 초입에 살고 있는 우리의 관점에서 볼 때, 한 가지 빠진 중요한 요소는 현대 세계의 3분의 2를 차지하는 교회의 목소리들이다. 그렇지만 정당하게 평가한다면, 니버의 책을 읽는 사람이라면 니버가 그의 5중 유형론을 근본적으로 바꾸지 않고서도 이 목소리들을 대부분 어디에 위치시킬지 짐작할 수 있을 것이다. 그의 책이 50년 전에 쓰였다는 점을 고려한다면, 그를 공정하게 비판할 수 있는 사람은 없을 것이다. 따라서 우리 역시 그에게 사의를 표하며 그가 제시한 종합을 검토할 것이다.

그렇지만 니버의 종합에 치명적인 약점이 있다는 결론도 피하기 힘들다. 니버는 그가 판단하기에 정상을 벗어난 운동들—아리우스주의자들(과 현대의 파트너), 모르몬교도들, 또는 과격한 분파들(예를 들어, 토마스 뮌처의 추종자들을 생각하는 사람들도 있을 것이다)—을 제외하기 위하여 몇 가지 기준을 넌지시 배치한다. 그러나 니버는 '기독교'영지주의의 어떤 분파도, '기독교' 자유주의의 어떤 부류도 제외하지 않는다. 왜 그렇게 하지 않는 것일까? 이 둘의 공통점은 특정 시대에 수적으로

막강했다는 사실이다. 이들을 기독교로 인정하는 데 이런 사실이 충분한 이유가 될 수 있을까? 더 나아가, 니버는 이 두 시기에 대해 역사적 환원주의를 분명하게 취했다. 이 역사적 환원주의는, 그가 이 책을 쓸 당시 학계에서는 꽤 일반적이었지만, 지금은 종종 (그리고 올바르게) 문제점이 제기되고 있다.

특히 월터 바우어(Walter Bauer)[1]의 영향으로, 많은 학자들이 2세기가 될 때까지는 지금 우리가 정통이라고 부르는 것과 비정통(또는 이단)이라고 부르는 것 사이에는 어떤 구별도 존재하지 않는다고 생각했다. 다시 말해, 초기 기독교 내부에서 원래 '정통'과 '비정통'은 둘 다 타당한 선택사항이었다는 견해를 갖게 되었다. 그렇지만, 이러한 견해를 수용하면, 영지주의는 타당성뿐만 아니라 더 나아가 정통성까지 주장하게 될 것이다. 니버가 이 책을 집필할 때는 바우어가 드리운 짙은 그림자가 서구 세계에서 가장 지적인 신학적 성찰을 휩쓸고 있던 시기였고, 니버도 이 입장을 그대로 수용하고 있다. 그러나 요즘 바우어의 입장은, 비록 아직까지도 일부 학계[2]에서는 유행하고 있기는 하지만, 점점 설득력을 잃어가고 있다. 영지주의가 최고조로 무르익은 것은 2세기다. 이것은 1세기 신학의 동시대 신학이라기보다 그 신학에 기생했다. 많은 학자들이 예리한 비평으로 바우어의 책에 반박했다.[3] 예를 들어, 단지 2세기만 검토하고 있으면서도, '가장 초기 기독교'에서 무슨 일이 일어났는지 주장하는 바우어의 책 제목을 꼬집어, 하워드 마샬(I. Howard Marshall)은 자신의 책에 "비교적

초기 기독교의 정통과 이단"이라는 비꼬는 제목을 단다.[4]

기억해 두어야 할 것은, 신약성경의 기자들이 초기(예를 들어, 갈 1:8-9, 고후 11:3-4)와 후기(예를 들어, 요한일서)에 모두 정통과 이단을 구분했다는 사실이다. 그리고 영지주의가 더 강하게 발전하고 성장했을 때, 영지주의가 강조한 신학적 요소들은 비교적 넓은 문화에서 상당히 현대적인 사상의 전선을 이루고 있었음에도 불구하고, 핵심적인 성경적 '기정사실'로부터 상당히 제외되었다. 간단히 말해서, 영지주의는 이런 종류의 책에 포함될 수 있는 증명서도 소개장도 갖고 있지 않았다(물론 아리우스주의자들, 네스토리우스주의자들, 모르몬교들을 포함하려고 하지 않는다면 말이다).

니버가 '문화적 기독교'라고 부른 것 중의 하나인 자유주의 신학에서도 마찬가지다. 니버는 일부 세부사항에서 다소 자유주의적인 태도를 보이는 이 입장―아마도 루이스라면 이것을 '순진한 그리스도인'이라고 불렀을 것이다―에 대해 구체적으로는 이야기하지 않는다. 니버는 그들에 관하여, "사회학적으로 그들은 굳이 '시간의 균열'―타락과 성육신과 심판과 부활―을 찾을 필요성을 느끼지 않은 비혁명주의자들로 해석될 수 있다"고 말한다(C 84). 사실, 그들은 "단번의 구속 사역이라는 총체적인 개념"을 거부한다(C 90). 이것은 상당히 근본적인 문제다. 이런 것을 두고 자유주의 기독교라고 한다면, "자유주의는 기독교 내부의 또 다른 교단이나 어떤 다른 종류의 합당한 선택사항이 아니다. 오히려 그것은 또 하나의 종교다"라는 메이첸

(Machen)의 말은 확실히 옳다. 메이첸은 한 세기 전의 4분의 3세기 동안 글을 썼지만 말이다.[5]

더 나아가, 니버는 18세기 이래 아벨라르의 추종자들이 "더욱 수적으로 많아졌고, 과거에 이단이었던 것이 새로운 정통이 되었다"(C 91)고 주장하지만, 이 문제에 대한 그의 판단은 오늘날은 그리 흥미를 끌지 못하는 것 같다. 틀림없이 자유주의 신학(나는 계속 그의 범주를 사용하고 있다)은 18세기, 19세기, 그리고 20세기에 우월한 위치에 있었다. 적어도 학계에서는 말이다. 그러나 20세기가 되면서 자유주의 신학은 대부분의 교단들에 속한 다수의 그리스도인들에게 매력을 끌지 못하게 되었다. 그리고 지금, 21세기 초두에, 고전적 자유주의 신학은 점점 더 시대에 뒤떨어진 것이 되어 가고 있다.

물론, 이것은 여전히 학자들을 넘어 상당수의 사람들을 포섭하고 있다. 그러나 자유주의 신학을 견지하는 교단들은 쇠퇴하고 있으며, 자유주의 신학이 문화에 끼치는 영향도 약해지고 있고, 자유주의 신학의 가장 극단적이고 열렬한 지지자들—예를 들어, 예수 세미나—은 그저 순진해 보일 정도다. 전 세계적으로, '자유주의 기독교' 유산에 속하는 사람은 스스로 '그리스도인'이라고 부르는 사람들 가운데 극히 일부일 뿐이다. 그래서 확실히 자유주의 기독교와 영지주의 기독교는 다음의 공통점이 있다: 한동안 이 둘은 모든 것을 압도하는 것처럼 보였다. 그래서 마치 정통은 하나님의 계시를 얼마나 따르는가가 아니라 얼마나 대중적인 인기를 얻고 있는가로 판정할 수 있는 것처럼, 이 둘은 새로운 정통을 형성했다. 그리고 이 둘은 역사의 폐기장으로 떨어지게 될 것이다.

잠시 곁길로 빠져, 이러한 관찰에는 어김없이 미묘한 뉘앙스를 덧붙일 필요가 있다. 앙리 블로쉐가 지적했다시피, 아직도 많은 자유주의 교회들이 번성하고 있다.[6] 더 중요한 것은 특히 유럽의 출판사들이 종교 지침서나 종교 윤리학 개론서를 쓸 저자들을 찾을 때, 거의 언제나 자유주의 전통 안에 있는 사람들에게 접근한다는 점이다. 확실히 대학교의 신학과 교수들과 종교학 교수들은 똑같이 자유주의 기독교 전통에 속한 사람들을 임용한다. 더욱 나쁜 것은, 특히 복음주의 안에서 일부가 이 방향으로 나가려는 유혹을 끊임없이 받고 있다. 여기서 몇 가지 조건을 달아 두어야 할 것 같다.

(1) 나는 '고전적 자유주의 신학'(classic liberal theology)을 기독교와 다소 모호한 관계를 맺고 있는 모든 형태의 불신앙이라고 말하는 것이 아니다. 내가 말하는 것은 (예수 그리스도의 성육신과 대속의 죽음과 부활을 포함한) 구속사의 위대한 전환점을 기꺼이 옆으로 제쳐 두면서도, 기독교는 인류에게 매우 귀중한 것을 제공하고, 확신하고 옹호할 가치가 있으며, '근본주의자들'이나 외부인들은 이해할 수 없고 오로지 자유주의 신학만 이해할 수 있는 것이라고 확신하는, 그런 불신앙이다.

고전적 자유주의 신학자들은 역사적 기독교 고백주의(historic Christian confessionalism)의 기본 요소들을 '현대적' 틀에 맞추기 위해 재구성하려고 한다. 그리고 이렇게 하는 것이 기독교의 선한 것을 온전히 유지하는 유일한 길이라고 확신한다. 이들과 대조적으로, 오늘날 많은 학자들은 성경의 스토리 라인에 들어 있는 전환점들을 제쳐 둔다는 점에서 '자유주의적' 자세를 택한다. 그렇지만 대체로 이들 현대 학자들은 자신들이 옹호하는 '기독교'의 근본적 가치를 주장하는 일에는 훨씬 더 주저한다. 고전적이고 경건한 자유주의 학자는 점차 시들어 가고 있으며, 자유주의적이기만 할 뿐 조금도 경건하지 않은 학자들이 그 자리를 대체하고 있다. 이것이 바로 서구 문화의 많은 부분을 지배하고 있으며 갈수록 증가하고 있는 양극화(polarization)의 일면이다. 이러한 새로운 자유주의는 다원주의(pluralism)로 더 강하게 소개되는 경우가 많다. 그래서 "문화 안에 있는 그리스도"를 생각할 준비가 되었다는 것은, 단지 '문화 안에 있는 알라', '문화 안에 있는 부처', 일반화된 '문화 안에 있는 영성' 등을 기꺼이 인정한다는 의미다.

(2) 유럽적 인식들, 특히 프랑스의 유럽적 인식들은 변함없이 북미의 인식과는 당당히 다르게 진행되고 있다. 이유는 상당히 많다. 그리고 그 이유들 가운데 일부는 이 책의 5장에서 상세하게 다루게 될 것이다. 여기서는 다음의 사실을 염두에 두는 것이 좋을 것이다. 미국에는 다른 모든 신학교들을 합친 것보다 더 많은 복음주의 전통에 속한 신학교에서 공부하는 목회학 과정 신학생들이 있으며, 고백적 신학교들 가운데 가장 우수한 신학교들은 전통적 자유주의 신학교들과 신학 교수들만큼 학문적으로 뛰어나다는 사실을 말이다.

(3) 다소 쇠퇴하고 있는 고전적 자유주의 신학과 니버의 "문화의 그리스도" 유형이 유사하다고 지적하는 사람들도 있다. 예를 들어, 데이비드 웰스(David Wells)는 열린 유신론이 "한물 간, 의심 받는 문화의 그리스도 입장—이 입장이 자유주의 프로테스탄트를 그토록 유감스런 결말로 몰고 갔다—과 야합했다"고 날카롭게 비판한다.[7]

이 문제로 되돌아가 니버의 분석을 보면, 영지주의와 자유주의는 그의 5중 유형론에서 두 번째 유형, "문화의 그리스도"의 핵심 지지층을 이룬다. 냉정하게 말해서 어떤 기독교 운동도 결코 '기독교'라는 수식어를 붙일 수 없다는 결론을 내리게 된다면[8] 두 번째 항목에 남아 있을 만한 것은 많지 않다. 이 두 번째 항목을 구해 낼 수 있을지는 더 두고 볼 일이다.

어쨌든, 종합을 하려는 시도 때문에 니버는 스스로 그렇게 기초가 튼튼하지 않은 특히 한 가지 유형을 부담으로 떠안은 것 같다. 우리는 차라리 다섯 가지 유형보다 네 가지 유형을 구상해야 하지 않을까?

성경을 다루는 니버의 방식

니버의 저작에서 가장 매력적인 특징 가운데 하나는, 다섯 가지 유형의 실례를 전체적으로 혹은 부분적으로 역사 속에서 찾아내기 전에, 바로 성경에서 찾으려고 노력한다는 점이다. 다섯 가지 유형을 성경에 기초하려는 그의 노력은 두 번째 유형에서는 그리 성공하지 못했다. "문화의 그리스도" 유형은 성경에 충분히 관심을 보이지 않고 두 가지 지배적인 운동들, 곧 영지주의와 자유주의—이 운동들은 그 자체로는 성경에 거의 기초하지 않고 있다—로 건너뛴다. 이 사실을 두고 내가 말하고자 하는 것은 이 운동들이 성경의 스토리 라인에 있는 위대한 전환점과는 거리가 있다는 사실이다.

니버가 성경을 다루는 데 있어서 별로 만족스럽지 못한 다른 요소들도 있다. 그 가운데 가장 주목할 만한 요소는, 아마도 다섯 번째 유형, "문화의 변혁자 그리스도"를 변호하면서 요한복음을 읽는 그의 방식이다. 모든 것이 로고스에 의해 지음을 받았으며 어느 것 하나도 그분 없이 지어진 것은 없다(요 1:1-3)고 말할 때, 니버는 "요한은 이 세상에 존재하는 것이 무엇이든지 선하다는 것을 이보다 더 강력하게 말할 수는 없었을 것이다"라고 말한다(C 197). 그러나 이 말은 이렇게 기술해야 더 정확하다. "요한은 로고스가 원래 만드신 것은 무엇이든지 선하다는 것을 이보다 더 이상 강력하게 말할 수는 없을 것이다." 왜냐하면 요한의 논증에서 이러한 선언은 세상의 악을 드러내는 장치가 되기 때문이다. 세상이 로고스를 영접하지 못하는 것이 가장 추악한 죄가 되는 이유는 세상이 로고스에 의해 지음을 받았기 때문이다. "그가 세상에 계셨으며 세상은 그로 말미암아 지은 바 되었으되 세상이 그를 알지 못하였고"(1:10). 그래서 우리는 다시 지독한 반역으로 돌아가는데, 니버는 "문화에 대립하는 그리스도" 유형과 이원론 유형("역설적 관계에 있는 그리스도와 문화")에 이러한 인식이 더 만연해 있다고 본다. 사실, 요한이 "하나님이 세상을 이처럼 사랑하사 독생자를 주셨으니"(요3:16)라고 확언했을 때, 우리는 세상이 크고 다양하고 아름답게 창조되었기 때문이 아니라 세상이 그처럼 악하기 때문에 하나님의 사랑에 감사하도록 초청받은 것이다.[9]

요한에게 "출생, 먹고 마시는 것, 바람, 물, 빵과 포도주…는 영적인 생명의 실재를 가리키는 상징들로 사용될 뿐만 아니라 그 모두가 영적인 의미로 가득 차 있다"는(C 197) 니버의 주장은 옳지만 오해하기 쉬운 부분이 있다. 이것은 물론 사실이다. 그러나 다른 복음서 기자들도 동일한 방식으로, 공중의 새와 들판의 꽃들을 언급하는 것을 포함하여, 상징들을 사용한다. 도둑을 언급하는 것도 사실이라고 말하는 사람도 있을 수 있다. 예수님은 밤에 도둑같이 오실 것이다. 그렇지만 이것은 도둑의 동기나 탐욕이나 사악함을 언급하려는 것이 아니라, 예수님이 예기치 않게 오신다는 점을 가리키려는 것이다. 그래서 니버의 주장은, 적어도 일부 피상적인 수준에서는 사실이지만, 다음과 같은 점에서 오해를 불러일으킬 소지가 있다: 니버가 자연에 존재하는 요소들을 은유적으로 사용하는 것은 요한복음에 묘사되어 있는 종말론과 관계가 있다. 그래서 니버가 원하는 것은 복음의 은혜로 말미암아 모든 것이 선하게 변화될 것이라는, 문화에 대한 변혁주의적 접근법이라는 것을 알 수 있다.

사실, 요한복음은 신약성경의 일부 다른 문서들보다 더욱 종말론적으로 묘사된다. 그러나 요한의 궁극적인 소망은 세상의 점진적인 변혁에 있지 않고 최후의 대격변에 있다. 예수님은 제자들이 당신과 함께 있을 곳을 마련하러 가신다(요 14). 그리고 예수님이 돌아오실 때 인자가 모든 사람들의 무덤을 여시고 생명의 부활과 심판의 부활을 일으키실 것이다(요 5:28-29). 예수님은 마지막 날에 죽음으로부터 당신의 백성들을 일으키실 것이다(요 6:39-40).

물론, 니버는 텍스트를 아주 주의해서 읽는 독자이기 때문에 요한복음에서 그가 짜낼 수 있는 것은 모두—사실 그 안에 있는 것보다 더 많이—짜낸 뒤에도, 결국 이렇게 양보한다. "우리는 요한복음을 전적으로 개종론적인 문서로 해석해서는 안 된다. 이 복음서는 많은 주제에 대해 침묵할 뿐 아니라, 그 보편주의적 색채 안에 특수주의적 성향이 포함되어 있기 때문이다"(C 31). 정말 그렇다. 그러나 한편으로는 개종론적 패러다임을, 적어도 니버가 존재했으면 하고 바랐던 이념적 형태로라도, 성경 안에서 발견할 수는 있는지 질문하는 사람들이 있을 것이다. 니버가 주장할 수 있는 최상의 것은, 성경에는 보편주의적 경향이나 주제가 존재한다는 것 정도이다. 이러한 경향이나 주제로부터 니버는 다섯 번째 유형을 구성해 냈다. 비록 이러한 사상의 맥락 속에서 가장 많이 활용할 수 있는 신약성경 문서들도 이 유형을 지지하지 않음에도 말이다. 왜냐하면, 그것의 가장 순수한 형태라 할지라도, 너무 '특수하기' 때문에, 그리고 우리가 추가할 수 있다면, 미래주의적 종말론(futurist eschatology)에, 그리고 '세상'의 반역과 우상숭배라는 종합적 비전에 지나치게 빠졌기 때문이다. 더 나아가, 니버에 따르면 이 다섯 번째 유형에서 신약성경 이후부터 모리스 이전까지 가장 모범이 되는 인물은, 아우구스티누스와 칼뱅이다. 아우구스티누스와 칼뱅은 개종론적 유형을 일관되게 따르지는 않았기 때문에 니버에게는 실망스런 인물들이다. 니버가 보기에 개종론적 유형의 영웅은 모리스이다. 그는 개종론 유형을 통해 보편주의로 나아가기 때문이다. 그렇지만 이것은 신약성경의 어떤 문서가 이러한 발전을 지지하기 때문이 아니라 "믿지 않을 수 없다"라고 모리스가 단언했기 때문이다.[10] 성경적으로 정당한 근거를 가진다면, 그것이 무엇이든 때때로 출현하는 보편주의적인 요소나 모티프와 조화를 이룰 것이다. 그렇지만 이런 자세를 지지하는 신약성경 문서는 존재하지 않는다. 요한복음조차도 모든 표현을 다 담아낼 수 있다고 주장하는 보편주의적 경향을 허용하지 않을 것이다. 왜냐하면, 요한복음은 또한 '특수한' 경향들을 드러내고 있기 때문이다.[11]

그리고 방법론적으로 이 다섯 번째 유형이, 니버 스스로 자유주의 신학의 다양한 형식들을 비난한다는 점에서 비판을 비껴가기는 힘들다. 자유주의 신학자들은 종종 예수에 관한 성경적 가르침 가운데 한 가지 입장에 집착한다. 그들은 그 입장을 가장 호소력 있다고 생각하고, 그래서 그것을 전체로 확대한다. 다섯 번째 유형에서, 니버도 동일한 덫에 걸려들었다: 니버는 그가 어떤 비판도 가하지 않는 유일한 유형인 개종론적 패러다임이 널리 퍼지기를 바랐다. 비록 어떤 신약성경 문서에서도, 모리스 이전의 그 어떤 교회 역사 인물에게서도 이 유형의 가장 순수한 형식을 발견할 수 없었음에도 말이다. 모리스도

이 유형을 성경이나 성경의 문서와 조화시키지 않고, 한 가지 주제를 절대화하여 그것을 기초로 삼아 이 유형을 정당화했다. 그러나 혹자는 이 주제가 제대로 이해는 된 것인지, 즉 그 주제가 동일한 저자가 쓴 다른 저작들과 날카롭게 대립했을 때, 그것이 신약성경 기자의 의도와 일치하는지 의문을 품을 것이다. 그래서 우리 역시 니버의 다섯 번째 유형이, 모리스의 자유주의 신학을 제외하고 최소한 니버가 선호했던 순수한 형식으로라도 보증받을 수 있는지 의심하지 않을 수 없다.

앞으로 확인할 것이지만, 두 번째 유형보다도 이 다섯 번째 유형에 관해 할 이야기가 더 많다. 그러나 니버가 완전한 형식으로 존재하기를 바랐던 다섯 번째 유형에 대해서는 할 말이 그렇게 많지 않다.

니버의 역사적 인물 연구

니버의 저작에서 가장 매력적인 특징 가운데 하나는, 수많은 역사적 인물들에 대한 그의 참신한 논의다. 그러나 이러한 인물들이 니버의 다섯 가지 유형들에 적용되는 방식에는 여러 가지 문제가 있다.

니버는 이 다섯 가지 유형들은 이상화된 것이며 실제로 역사적 인물들이나 운동들은 이러한 패러다임에서 두 개 이상의 전혀 다른 요소들을 선택하여 병합할 수 있다고 몇 차례 솔직하게 말했다. 그렇지만 몇 가지 부분에서 이 별개의 유형들이 그리스도와 문화의 관계에 관한 최선의 사고방식인지, 대부분의 사례들에서 역사적인 인물들은 혼합을 선호하는 것인지 의문을 제기하는 사람들이 있다.

아우구스티누스와 칼뱅이 개종론적 이상을 그 결말까지 따라가지 않기 때문만이 아니다. 테르툴리아누스도 "문화에 대립하는 그리스도" 패러다임을 수용할 때 일관된 태도를 보이지 않았다. 또한 순교자 저스틴과 알렉산드리아의 클레멘트는 종합론 유형을 일관되게 추구하지는 않았다. 사실, 몇 사람은 둘 또는 세 가지의 유형에 등장하기도 한다. 모리스는 "문화의 그리스도" 패러다임의 증인으로도, 개종론 유형("문화의 변혁자 그리스도")을 가장 잘 체화한 인물로도 제시된다. 적어도 몇 가지 경우에서는 개별 유형들이 순수한 형태로 거의 유지되지 않고 있으며, 그리고 아마도 순수한 형태로 존재하는 것이 적절하지 않다고 의심하는 사람들도 있다. 그렇다면 하나의 유형을 가장 순수한 형태로 채택하는 것보다 이 유형들을 혼합하는 것이 성경적 계시에 더 충실하다고 생각할 수 있을까?

우리는 이 문제를 다음과 같이 다른 방식으로 다룰 수 있다.

니버와 정경

니버가 다섯 가지 유형 곧 "전형적인 기독교적 해답들"을 제시하기 위해 성경에 호소하는 것은, 자신의 주장을 기독교 신앙의 기본 문서에 기초하려고 했다는 점에서 칭찬할 만한 시도다. 하지만 우리는 그 시도가 특정한 측면에서 실패한 것을 이미 보았다. 니버의 두 번째 유형은 분명히 역사적 운동에 기초하지만, 그 운동에 기독교적 진정성이 있는지 의심스럽고 어떤 성경적 근거도 없다. 다섯 번째 유형, "문화의 변혁자 그리스도"는 제한적으로는 신약성경에 기초하고 있지만, 그가 기대했던 만큼 강력한 유형으로 받아들여지지는 않는다.

그러나 그 쟁점은 개별적인 사례를 넘어선다. 문제는 정경이 어떻게 기능해야 하는지에 대해서 두 가지 상당히 다른 관점들이 존재한다는 것이다.

(1) 니버의 관점은, 여전히 일부 학문적인 집단에서는 상당히 일반적인데, 성경 일반 특히 신약성경이 우리에게 다수의 개별 패러다임을 제시한다는 것이다. 우리가 선택한 유형이 이러한 패러다임들 가운데 어떤 하나와, 또는 아마도 그것들 가운데 몇 가지의 조합과 조화를 이룬다면, 우리는 성경에 충실해 보인다. 따라서 정경의 '법칙'은 총체적인 정경의 목소리라기보다는 허용 가능한 패러다임들의 경계선이다.[12] 이러한 패러다임들은 초기 기독교 운동들에 대한 학문적 개념들—요한 공동체, 바울 교회, 마태 공동체 등—을 뜻하는 경우가 많다. 논쟁이 가장 치열할 때 이러한 개별 공동체들은 해석학적으로 상대방의 출입을 서로 금지한다. 하나의 신약 문서가 다른 신약 문서에 문학적으로 어떻게 의존하고 있는지를 탐구할 때 실용적인 필요에서 넘나드는 경우를 제외하고 말이다(예를 들어, 야고보는 마태를 알고 있는가? 요한은 마가로부터 차용했는가? 그리고, 따라서 요한 공동체는 마가 공동체에 관하여 무엇인가를 알고 있는가?).

그래서 니버는 갈라디아서와 요한일서가 "문화에 대립하는 그리스도" 유형의 훌륭한 모범이라는 것을 발견한다. 그리고 요한복음은 "문화를 변혁하는 그리스도" 유형(즉, 개종론 모델)의 훌륭한 모범(아마도 충분히 훌륭하지는 않더라도)이라는 것을 발견한다.

(2) 혹은, 그리스도인들은 성경 일반, 특별히 신약성경의 다양성을 인정한다. 그러나 또한 성경은 **전체로서** 정경을 이룬다. 그리고 이 정경의 '법칙'은, 허용 가능한 선택사항의 경계선이 아니라, 총체적인 정경의 가르침이다. 이러한 입장—이것이 기독교 신학의 역사적 입장이다—을 변호하는 사람들은 성경을 "단조롭게 하는 것"을 피하기 위해 애쓴다. 그들은 성경 안의 문학적 장르들의 차이점들을 전적으로 인정하고(예를 들어, 서신, 담화, 복음, 우화, 비유, 잠언, 묵시, 애가, 노래, 계보, 역사, 예언), 또한 이러한 문학적 형식들이 다른 방식으로 수사적 호소를 하는 것도 인정한다.[13] 그들은 언약의 건너편에 변화가 존재한다는 것을 이해한다: 결국, 오늘날 대부분의 그리스도인들은 제칠일 안식교 교인들이 아니며, 정결 음식만 먹어야 한다고 생각하지도 않으며, 시온 산에 성전이 재건되는 것을 보기를 열망하여 욤 키푸르에 황소나 염소를 제물로 바치려고도 하지 않는다.

성경의 서로 다른 부분들이 **어떻게 정확히** 일치를 이루는지는 늘 중요한 논쟁거리였다: 이에 대한 답들도 다양한 축을 따라 다양하게 나온다. 중세적 해석의 4중 체계(fourfold method)부터, 다양한 형식의 세대주의, 언약 신학, 루터교까지 다양한 그룹에서 다양한 답변들을 내놓았다. 그러나 역사적인 고백적 기독교는 일단 그러한 문제들이

해결되었고, 어떻게 성경이 하나일 수 있는지 최소한 특수한 기독교 그룹이 만족할 만큼은 알고, 성경이 '말씀하는' 것에 관하여—단지 성경적 전통의 일부가 말하는 것이 아니라—말할 수 있다고 이미 주장했다.

더 나아가, 그런 그리스도인들은 신약 기자들이 서로 다른 주제와 강조점들을 갖고 있으며(마가는 누가를 정확하게는 알지 못한다), 서로 다른 개인적인 어휘들과 문체들을 사용하며(각 기자들은 그 나름의 '방언'을 사용한다고 언어학자들은 말한다), 서로 다른 신약성경들은 상당히 다른 자리에서 신학적 강조와 윤리적 우선순위를 설정한다는 것을 인식한다. 로마의 그리스도인들은 이러한 책들을 히브리 그리스도인들과는 다르게 읽는다는 것을 인정하면서도, 그 책들 뒤에 하나님께서 서 계신다고 인정할 것이다. 1세기에 그리스도인들은 '마태의 복음', '마가의 복음' 같은 말을 하지 않았다는 것이 이제는 널리 인정되고 있다. 오히려, 그들은 하나의 복음을, 예수 그리스도의 복음을, 마태와 마가와 누가와 요한의 **증언을 통하여** 이야기했다.[14] 신약성경 전체에서도 마찬가지이다. 마음을 열고 읽으면, 풍부하게 다양한 것들이 상호보완적이며, 역사적으로 특수한 것들에 대한 관심을 한순간도 약화하지 않으면서도, 성경 본문의 정경적 기능이 우리에게 이 모든 목소리들을 경청하면서 적절하게 통합하라고 권고하는 소리를 듣게 된다.

정경에 대한 이 두 가지 관점은 서로 상당히 다르다. 그래서 이것들은 우리의 주제와 직접적인 관계가 있다. 니버가 갈라디아서를

"문화에 대립하는 그리스도" 유형의 탁월한 모범으로 제시한다는 점을 우리는 기억한다. 그러나 갈라디아서를 쓴 동일한 바울은 또한 상당히 덜 대립적인 로마서 13장도 썼다. 로마서 13장의 반대편에 있는 요한계시록은 그리스도와 사탄 사이, 새 예루살렘과 바빌론 사이, 그리스도의 신부와 음녀들 사이, 간단히 말해서 그리스도와 문화 사이의 거대한 대립을 설정한다. 그렇다면 우리는 로마서 13장을 쓴 바울이 요한계시록을 요한의 입장이라며 거부할 것이라고 가정할 수 있을까? 바울이 자신이 갈라디아 교회에 보낸 목회 서신을 부인할까? 동일인 요한이 요한일서와 요한복음을 모두 썼다고 추정한다면, 그렇다면 요한은 그 두 권을 쓸 때, 한 번은 "문화에 대립하는 그리스도"를 지지하고, 다른 한 번은 "문화의 변혁자 그리스도"를 어느 정도 지지하는, 그리스도와 문화의 관계에 대하여 두 가지 별개의 패러다임을 생각하고 있었던 것일까?

　나는 여기서 정경의 기능에 대한 두 번째 관점을 자세하게 변호하지 않겠다. 그럼에도, 나는 이 관점이야말로 유일하게 지지를 얻을 수 있는 관점이며, 가장 길고 가장 훌륭한 보증서를 가지고 있다고 주장한다. 이 주장이 옳다면, 니버의 5중 패러다임은 분명히 수정되어야 한다. 우리는 니버의 5중 구조 안에 있는 각 유형이 신약성경의 개별 문서들에 근거했고, 그래서 이 유형들을 개별적으로 보증한 정경이 이 유형들을 모두 지지한다고 확신한 나머지, 자신이 선호하는 유형을 골라잡을 수 있다고 생각해서는 안 된다. 오히려, 우리는 그리스도와 문화의 관계를 총체적으로 이해해야 한다. 이는 곧 우리가 이러한 시도를 통해 특수한 환경들에 따라 어떤 상황에서는 이런 요소들을, 또 다른 상황에서는 저런 요소들을 강조할 수 있다는 것을 충분히 알고 있어야 한다는 것이다.

남부 수단 그리스도인들과 워싱턴 D. C.에 사는 그리스도인들에게 그리스도와 문화의 관계에 대한 서로 다른 패러다임을 택하라고 말할 수 있을까? 성경은 몇 가지 상호 별개의 유형들을 설정하고 있으니, 각자 최선으로 생각되는 유형을 골라잡을 수 있다고 말할 수 있을까? 아니면, 그러한 관계에 보다 종합적인 비전을, 곧 정경이 규정한 비전을 (물론 완벽한 종합은 없다는 것을 인정하면서) 만들어 내기 위하여 노력해야 할까? 적절한 다양성을 보증하기 위해 이러한 다른 두 문화적 환경 안에서 충분히 풍부하고 유연하게 종합적 비전을 만들어 내어야 한다는 것을 주장하면서 말이다.[15]

성경신학의
타협할 수 없는 것들

그리스도와 문화의 관계를 생각할 때 구속사의 중요한 전환점들을 고려해야 한다고 나는 여러 번 말했다. 이것은 소극적일 뿐만 아니라 적극적인 판단 기준이기도 하다. 다시 말해 기독교 진영 안에 있다면, 창조, 타락, 성육신, 예수님의 죽음과 부활, 성령 강림, 그리고 최후의 심판과 종말이라는 진리를 인정해야 하며, 또한 이 주제와 관련한 현실에 대해 **적극적인** 태도로 생각해야 한다. 이 논제를 보다 개인적으로 적용해 보자. 한편으로, 누군가가 자신을 예수님께 충성하는 사람으로 판단하더라도, 그 사람이 그토록 간절히 부르는 그 예수가 순화되고 선택적으로 구성된 예수이기 때문에 성경과는 관계가 없다면, 그러한 충성이 **기독교적**이라고는 말하기 어려울 것이다. 그러나 다른 한편으로는 이러한 획기적인 구속사의 전환점과, 그리스도와 문화의 관계에 관한 우리의 사고방식이 어떤 관계가 있는지 자세히 설명할 필요가 있다.

이에 관한 논의를 더 개진하기 전에, 우선 주목해야 할 것이 두 가지 있다.

(1) '성경신학'은 뜨거운 논쟁을 불러일으키고 있는 표현이다.[16] 일부는 이 표현을 성경 단권이나 전권의 신학(예를 들어, 마태의 신학, 바울의 신학)을 가리키는 용어로 사용한다. 또 일부는 이것을, 주제적으로나 공시적으로 구성되는 경향이 있는 조직신학과 구별하여, 성경을 통시적으로 연구하는 신학을 가리키기 위해 사용한다. 후자의 범주에는 더욱 정밀한 두 가지 생각이 들어 있다. 누군가 '성경신학'이라는 표현을 듣는다면, 그들은 성경 전반에서, 또는 성경의 대부분에서 다양한 주제들—말하자면, 남은 자들, 성전, 희생, 제사장, 왕국, 언약 등—을 찾아낼 수 있을 것이라고 생각하며, 이러한 주제들이 정경을 하나로 묶는 끈을 이룬다고 생각한다. 또 어떤 사람들은 내가 '구속

사의 중요한 전환점'이라고 부른 것을 깊이 생각한다. 물론, 성경을 현상학적으로 연구하는 데 열정을 보이고 있는 사람들과 전체 뒤에는 한분 하나님이 계신다는 것을 거부하는 사람들은 후자의 의미에서 성경신학이 가능하다는 것을 의심한다. 그런 의미에서 본다면 성경신학은 성경을 구성하고 있는 풍부한 다양성을 무의미하게 만드는 결과를 낳는다고 그들은 말한다. 현재의 연구에서는 우리의 목적을 위하여, 그들이 의심하고 있는 이 문제는 놔두고 이 중요한 전환점들 가운데 몇 가지를 개관할 것이다.[17]

(2) 말할 필요도 없이, 다음에 오는 주제들—창조나 타락, 이스라엘과 율법, 그리스도와 새 언약, 천국과 지옥—은 아주 간단한 스케치일 뿐이다. 중요하고 복잡한 문제들을 이렇게 신속하게 다루는 까닭은, 이런 주제들에 관하여 한꺼번에 이야기하고 이러한 주제들이 문화에 대한 기독교적 토론에 갖는 의미를 암시함으로써 무엇인가를 얻을 수 있기 때문이다. 사실, 이 장의 마지막 부분에서 분명하게 말하겠지만, 이러한 모든 주제에 관하여 동시에 생각해 봄으로써 우리는 그리스도와 교회의 관계에 관한 서로 매우 다른 유형들을 고안해 내는 위험을 피할 수 있으며, 아주 다른 맥락 안에서도 적용될 수 있는 하나의 복합적인 실재를 제시할 수 있다.

창조와 타락

하나님이 만물을 창조하셨다. 그리고 하나님은 만물을 선하게 만드셨다. 하나님은 당신의 형상과 모습으로 인간을 만드셨다. 우리가 모두 똑같이 하나님의 자녀라는 이 사실 때문에 우리는 노예제도, 서로를 깎아 내리는 행위, '반 인간, 반 원숭이' 같은 역겨운 관념에 반대한다. 창조는 우리가 창조주 하나님에 대한 행동에 책임을 져야 하는 근거가 된다. 우리는 하나님 안에서 기뻐해야 하고, 하나님을 섬겨야 하고, 하나님을 신뢰해야 하고, 하나님께 순종해야 한다. 하나님은 완벽하게 선하실 뿐만 아니라, 하나님이 당신을 위하여 우리를 지으셨고 우리를 기르시며, 따라서 우리는 하나님께 빚진 자들이기 때문이다. 하나님이 창조하신 만물의 영광은 계속해서 하나님의 존재와 권능을 증언한다. 이 영광 안에 죽음과 재앙이 실존하고 있음에도, 그것은 계속해서 경외를 불러일으킨다. 하나님이 우리를 몸을 가진 존재로 만드셨다는 사실은 우리의 중요한 본성을 알려 주고 역사의 종말에 만물의 정점이 있음을 나타낸다. 우리는 몸을 가진 존재로서 하나님을 알고 사랑하고 기쁘시게 하기 위하여 창조되었으며, 언젠가는 부활한 몸을 가진 존재로 하나님을 알고 사랑하고 기쁘시게 할 것이다. 더 나아가, 하나님의 형상을 간직하고 있는 존재로서 우리는 창조 질서 안에 있는 나머지 피조물에 대한 특별한 책임이 있다. 우리는 창조 질서와 하나이며 창조 질서 안에서 구별되는 위치에 있으므로, 그것을 다스리고 돌보아야 할 책임이 있다.

우리는 창조된 존재이면서 또한 타락한 존재이다. 타락은 단지 어떤 독재를 타도한 것이 아니다. 이것은 창조주에 대항한 피조물의 반역이다. 이것은 창조주의 자리를 찬탈하려는 끔찍한 범행이다. "나는 하나님이 될 것이다"라는 대경실색할 정도로 교만하고 허망한 부르짖음으로, 실제로 죽음으로 끝날 뿐만 아니라 모든 관계를 파괴한다. 죽음 그 자체에는 여러 가지 얼굴이 있다. 우리는 하나님을 위하여 죽는다. 우리는 육체적으로 죽는다(창세기 5장의 계보에 지겹도록 반복되는 "그는… 죽었더라"는 말에서 똑똑히 볼 수 있다). 우리는 두 번째 죽음을 맞는다. 자기중심성에 마음을 빼앗겨 버린 우리는 다른 사람들을 지배하거나 조종하려는 욕망이 있다. 여기에서 울타리가, 강간이, 탐욕이, 원한이, 분노가, 전쟁이 시작된다.

그런데 이 모든 악의 중심에는 바로 우상숭배가 있다. 우상숭배는 하나님을 하나님으로 섬기지 않는 것이다. 이것은 피조물이 하찮은 주먹을 창조주의 면전에서 휘두르면서 이렇게 말하는 것이다. "당신이 내 방식대로 보지 않으신다면, 나는 나의 신을 만들겠소! 내가 직접 신이 되겠소!" 하나님의 분노를 불러일으키며 가장 빈번하게 발생하는 죄는 살인도, 강탈도, 그 어떤 만행도 아닌, 하나님을 보좌에서 끌어 내리는 우상숭배라는 것은 그리 이상한 일이 아니다. 이런 이유 때문에 모든 죄 가운데서 우상숭배에 가장 크게 마음이 상하신 쪽은 하나님이시다. 이 점을 다윗은 아주 잘 이해하고 있었다. "내가 주께만 범죄하여 주의 목전에 악을 행하였사오니 주께서 말씀하실 때에 의로우시다 하고 주께서 심판하실 때에 순전하시다 하리이다"(시 51:4). 예수님은 가장 중요한 계명이 마음과 영혼과 뜻과 힘을 다하여 하나님을 사랑하는 것임을 잘 알고 계셨다(막 12:28-34, 참조 신 6장). 따라서 당연히 가장 큰 죄는 마음과 영혼과 뜻과 힘을 다하여 하나님을 사랑하지 않는 것이다. 이 죄는 다른 어떤 죄를 짓든 언제나 짓게 되는 죄다. 두 번째로 중요한 계명은 이웃을 자신과 같이 사랑하는 것이다. 죄를 가장 가증스럽게 만드는 것은 무엇보다도 그것이 하나님의 마음을 상하게 하기 때문이다. 우리의 죄 때문에 언제나 가장 마음이 상한 쪽은 하나님이시다. 더 나아가, 이 계명은 첫 번째 계명에 기초한다. 예수님께서 레위기 19장 18절에서 인용한 말씀이 이 점을 분명하게 이야기한다. "네 이웃 사랑하기를 네 자신과 같이 사랑하라 나는 여호와이니라." 경험이 성경의 증언을 확증한다. 우리는 하나님의 형상을 가진 사람들에게 죄를 지으면 곧 하나님께도 죄를 짓게 된다. 그리고 우리가 하나님을 사랑하면, 곧 하나님의 형상을 지닌 사람들을 사랑하게 된다(이는 요한일서가 거듭 실증하는 통찰이다).

타락은 전능하신 하나님에 대한 최악의 반역이기 때문에 그 결과도 보편적이고 파멸적이다. 우리는 하나님과 화해해야 한다. 왜냐하면 그분은 우리의 창조주일 뿐만 아니라, 우리의 심판자로서 우리 앞에 지금 서 계시는 유일하신 하나님이시기 때문이다. 성경 전체의 이야기는 우리가 하나님으로부터 끊임없이 멀어지는 모습을 보여 준다. 구약성경 전체를 훑어보라. 유독 하나님의 분노를 불러일으키는 것이 무엇인가? 분명하다. 그것은 우상숭배다. 하나님을 모독하거나 모욕하거나 하나님으로 섬기지 않거나 하나님의 자리에 다른 것을 갖다 놓는 모든 것이 우상숭배다. 그리고 하나님은 주권적 심판자이시기 때문에, 인간 존재는 결국 하나님과 화해해야 하며 그렇지 않으면 하나님을 잃게 된다.

신약성경도 하나님의 분노를 비슷하게 강조하며, 분노 아래에서 멸망할 운명을 지닌 우리를 구할 유일한 길은 하나님의 독생자의 죽음이라고 역설한다. "친히 나무에 달려 그 몸으로 우리 죄를 담당하셨으니 이는 우리로 죄에 대하여 죽고 의에 대하여 살게 하려 하심이라"(벧전 2:24). 절대적 양자택일만이 있다. "아들을 믿는 자에게는 영생이 있고 아들에게 순종하지 아니하는 자는 영생을 보지 못하고 도리어 하나님의 진노가 그 위에 머물러 있느니라"(요 3:36). 불행한 사실은 우리는 본성상 분노를 사는 것이 당연하다는 것이다(엡 2:3). 이 분노는 '불꽃'으로 묘사되고 있다. 그때 예수님께서 친히 말씀하신다. "하나님을 모르는 자들과 우리 주 예수의 복음에 복종하지 않는 자들에게 형벌을 내리시리니 이런 자들은 주의 얼굴과 그의 힘의 영광을 떠나 영원한 멸망의 형벌을 받으리로다"(살후 1:7-9). 우리를 우상숭배하게 만드는 것들 때문에 "하나님의 진노가 불순종의 아들들에게 임한다"(엡 5:6).

우리의 유일한 희망은 그리스도이시다. "그리스도께서 우리를 위하여 저주를 받은바 되사 율법의 저주에서 우리를 속량하셨으니 기록된바 나무에 달린 자마다 저주 아래에 있는 자라 하였음이라"(갈 3:13). 이 복된 소식의 영광은 우리 앞에 분노하며 서 계신 바로 그 하나님이, 또한 사랑 가운데 우리 앞에 서 계신다는 것이다. 왜냐하면 하나님은 이런 분이시기 때문이다. "긍휼이 풍성하신 하나님이 우리를 사랑하신 그 큰 사랑을 인하여 허물로 죽은 우리를 그리스도와 함께 살리셨고 너희는 은혜로 구원을 받은 것이라"(엡 2:4-5).

성경의 이야기가 보여 주듯이, 죄의 비참함은 더욱 더 선명해진다. 죄는 우상숭배이며 전형적인 오만일 뿐만 아니라, 하나님이 만들어 놓으신 법을 위반하는 것이다. 하나님이 당신의 피조물들에게 욕구를 주실 때, 죄는 타락의 거미줄을 친다. 죄는 사회적인 것이다. 비록 죄는 무엇보다도 하나님께 대한 반항이지만, 그것은 또한 다른 사람들의 삶에 영향을 미친다. 가슴과 머리로 짓는 비밀스런 죄조차도 다른 사람들에게 나쁜 영향을 끼친다. 부지불식간에 나를 변화시킴으로써, 이러한 죄들은 내가 다른 사람들과 맺고 있는 관계를 변화시킨다.

예를 들어, 비밀스럽게 자라난 욕망은 남자 또는 여자가 배우자나 다른 사람들과 맺고 있는 관계에 이내 영향을 주게 된다. 이것이 바로 하나님의 심판이 하나님을 증오하는 사람들의 삼 대, 사 대까지 임하는 한 가지 이유다(출 20:5). 죄는 사회적인 것이다. 심판은 모든 세대의 죽음으로 임할 뿐만 아니라, 홍수라고 하는 철저한 유죄 선고로(창 7-8), 반복되는 전쟁과 유행병과 기근으로(예를 들어, 사사기, 바빌론 유수), 그리고 궁극적으로는, 예수님께서 그렇게 많이 말씀하신 대로, 지옥 그 자체로 임한다. 죄는 우리 존재, 우리의 의지와 감정, 다른 사람과 맺고 있는 관계, 우리의 몸과 우리의 마음을 좀먹는다. 죄를 지은 사람들은 죄책감에 직면한다. 그래서 그들에게는 하나님께 용서와 화해 그 이상을(비록 하나님은 그보다 결코 덜 주시지 않지만) 구해야 한다. 왜냐하면 죄의 결과들은 너무나 널리 퍼지기 때문이다. 죄를 지은 사람들에게는 또한 중생과 변화가 필요하다.

그렇지만 타락이 마지막은 아니다. 이미 창세기 3장에, 희망의 신호가 있다. 하나님이 친히 반역자들을 고소하신다. 하나님은 또한 친히 그들에게 언젠가 사탄의 머리를 부술 후손을 주시겠다고 약속하신다. 하나님은 친히 그들에게 옷을 입혀 그들의 벗은 몸을 가려 주신다. 하나님은 "부모가 지은 죄 때문에 삼 대, 사 대까지 그 자손들에게" 벌을 내리시는 질투하시는 하나님일 뿐만 아니라, 또한 "당신을 사랑하고 당신의 계명을 지키는 사람들에게는 수천 대까지 사랑을" 보여 주신다(출 20:6)는 사실은 이루 말할 수 없이 큰 위안이 된다.

마찬가지로, 아무리 가증스럽고 철저한 죄라 할지라도—개인적인 우상숭배이든 아니면 폴 포트나 아우슈비츠 같은 만행이든—하나님이 개입하셔서 악을 누르시고, 당신의 '일반은총'을 모든 사람들에게 두루 보여 주시며, 그렇게 하심으로 비참한 반역의 한가운데서조차 사람들에게 하나님의 영광과 선하심의 빛을 비추신다. 하나님은 여전히 당신의 태양과 비를 의로운 사람들과 의롭지 못한 사람들에게 보내신다. 하나님은 여전히 의사의 손을 인도하시고 가난한 사람들에게 힘을 주신다. 석양은 여전히 우리를 놀라게 하고, 아기의 미소는 우리의 마음을 훔친다. 인종과 계급을 초월하여 모든 인간 존재에게서 친절과 자기희생의 행동들이 발견되는 것은, 우리가 선과 악의 단순한 조합물이기 때문이 아니라 우리의 깊은 반역의 마음 한 가운데조차 하나님이 우리를 누르시고 당신의 영광과 선하심을 보여 주시기 때문이다.

자신의 학문적 배경이 되었던 고전적 신학적 자유주의의 올가미를 탈출한 한 학자의 증언을 여기서 소개해도 양해가 될 것 같다. 포사이스(P. T. Forsyth)는 이렇게 증언한다.

> 당신의 거룩하심과 은혜의 계시로—위대한 신학자들이 내가 성경에서 이것을 발견할 수 있도록 가르쳐 주었다—하나님은 중요하고 긴급하고 신랄한 모든 학문적 질문들을 덮어 버리시고 기꺼이 내가 나의 죄를 깨닫게 해 주셨다. 그래서 나는 기독교인에서 신자로, 사랑을 사랑하는 사람에서 은총의 대상으로 바뀌었다. 처음에 나는 교회에 필요한 것은 계몽된 교육과 자유주의 신학이라고 생각했지만, 이제 교회에 필요한 것은 복음화라는 것을 알게 되었다.[18]

그리스도와 문화의 관계를 생각하는 그리스도인이라면, 반드시 이 세상은 하나님의 세상이라는 사실을, 이 타락한 세상은 영광으로 빛나면서 동시에 수치가 넘쳐나는 세상이라는 사실을, 그리고 인간 문화의 모든 표현은 우리가 하나님의 형상으로 창조되었다는 것을 드러내는 동시에, 하나님에 대한 인간의 반역으로 왜곡되고 좀먹었다는 것을 보여 준다는 사실을 깊이 새겨야 한다.

이스라엘과 율법

아브라함을 부르신 사건과 그의 이름이 지니고 있는 언약을 생각할 여유를 남겨 두는 것도 유익할 것 같다. 어떤 개인들, 곧 아브라함과 사라를, 그리고 이들을 통하여 한 종족과 한 민족을 부르신 사건에 하나님의 주권적인 은총의 선택이 드러나지만, 결국 이 특수성은 아브라함과 그의 씨를 통하여 이 땅의 모든 민족들이 축복을 받을 것이라는 약속으로 나타난다. 또한 멜기세덱의 이상한 역할(창 14:18-20)—멜기세덱이 묘사한 이상적인 왕·제사장, 그리고 시편 110편과 히브리서 7장에서 언급하고 있는 그가 차지하고 있는 자리—을 깊이 생각해 보아도 유익할 것이다.

그보다도 우리는 출애굽, 이스라엘 백성을 한 민족으로 세우시는 것, 율법을 주시는 것, 언젠가 '옛 언약'으로 불릴 것을 세우시는 것, 약속의 땅으로 인도하시는 것에 눈을 돌려 본다. 우리가 관심을 둘 이러한 사건들의 다양한 면들 가운데서 다섯 가지를 선정해 보았다.

(1) 아브라함을 부르실 때처럼, 하나님은 사랑으로 당신의 백성을 선택하신다(신 7, 10). 이 사례에서, 하나님은 그들을 구출하시고, 그들을 노예에서 구하시고, 그들을 당신의 소유로 삼으신다. 그러나 구약의 대부분에 걸쳐 이스라엘이 하나님 백성의 중심을 이룬다면, 우리는 니느웨를 향한 하나님의 자비를 제대로 이해할 수 없을 것이다(요

나가 그랬다). 또한 언젠가 이스라엘의 전형적인 대적들인 앗수르와 애굽조차도 하나님의 백성이 될 것이라는 이사야의 약속(사 19:19-25, 참고. 시 87), 그리고 모압 출신임에도 불구하고 다윗 왕조의 계보에서 룻이 차지한 역할을 제대로 이해할 수 없을 것이다.

(2) 하나님이 주시는 율법은 모든 생명에 미친다. 그래서 무엇보다도 하나님의 백성은 삶의 모든 차원에서 하나님의 백성으로 남아 있어야 한다. 율법은 그들의 도덕성을, 그들이 먹고 마시는 것을, 그들이 사는 곳을, 그들의 모든 관계를, 그들의 모든 예배와 예식을 좌우한다. 율법에는 온통 보복의 약속과 위협이 넘쳐난다. 그 결과로 율법은 그 백성이 이 언약의 요구들에 순종하지 않으면 잠시도 살 수 없다는 것을 보여 준다. 이스라엘의 변덕에도 불구하고 축복과 평화를 약속하는 언약은 죄의식을 증폭시키고 근본적인 우상숭배를 세세한 범죄로 드러낸다.

(3) 언약의 핵심은 도덕법이라고 생각하는 경향이 있지만, 우리는 성막, 제사장, 희생제사, 그리고 개인적이고 집단적인 제의와 찬양을 생각할 여지를 충분히 남겨 두어야 한다. 당연히 가장 중요한 질문은 범죄하고 타락한 백성을 어떻게 하나님께서 받아들이셨는가이다. 자비로우신 하나님은 중재자들, 희생들, 상징을 담은 형식과 유형을 갖춘 적절한 구조를 주심으로써 거룩은 결코 당연한 것이 아니라는 것을, 또한 동시에 아직 이루어지지 않은 더 중요한 현실들을 보여 주심으로써 거룩에 이를 수 있다는 것을 알려 주신다. 그밖에 다른 모

든 것 역시 이 원리로부터 흘러나온다. 이것이 없다면, 다른 모든 축복들은 환상일 뿐이다. 사실, 이 제사장 구조는 옛 언약에서 근본적인 것이기 때문에 만약 이 구조가 바뀌었다면, 언약 자체가 바뀌었을 것이다(이 점을 히브리서 기자는 아주 잘 이해했다. 히 7:11-28).

(4) 이스라엘은 **신정국가**를 이루었다. 이스라엘에서, 오늘날 우리가 생각하는 '국가'와 '교회'의 분리, 즉 국가의 세속적 통치자와 국가의 종교적 집단의 지도자가 분리되었다는 암시는 없다.[19] 물론 고대 이스라엘은 왕의 역할과 대제사장의 역할을 구분했다. 고대 근동이 제사장왕을 선호했다는 사실을 고려하면 아주 주목할 만한 사실이다.[20] 그러나 모든 이스라엘 사람들은 하나 되어 하나님의 언약 백성을 이루었다. 그리고 왕과 대제사장 둘 다 우리가 신약성경에서 발견하는 것과는 매우 다른 방식으로, 언약의 성실을(따라서 '종교'를) 시켜야 하는 책임을 졌다. 하나님은 가이사의 배후에 서 계신다. 그러나 가이사는 하나님의 언약 백성을 양육할 특별한 책임을 갖고 있지는 않다. 그리고 가이사가 통치하는 영역 안에 있는 백성이 모두 하나님의 언약 백성인 것이 아님도 분명하다. 고대 이스라엘에서, 하나님은 대리인—제사장, 왕(사울 이후로), 그리고 제사장과 왕에게 하나님의 말씀을 전하는 선지자들—을 세우셔서 당신의 백성을 다스릴 수도 있었다. 그들은 하나님의 이름으로 행동하고 하나님의 대리인으로서 이 부족 구조 안에서 기능했다. 이상적으로 말하면, 이스라엘의 문화는 하나님의 영광을 반영하고 하나님의 진리와 하나님의 성품을 드

러내야 했다. 그러한 통치 제도 아래에서 하나님과 문화 사이의 충돌은 곧 백성들이 의도적이고 가증스럽게 스스로 하나님으로부터 멀리 떠나는 것을 의미할 수 있었다. 그러한 반역은 결국 사사 시대에 심판의 순환을 초래했다. 궁극적으로 그러한 반역의 결과는 유배였다. 그리고 여전히 제멋대로인 당신의 백성을 회복하시겠다는 하나님의 약속은 타락했을 때부터 시작된 은총 가운데 나타났다.

(5) 우리는 이스라엘 백성의 이야기가 그 자체로 아브라함과 그의 씨에 관한 더 큰 이야기로 구체화되며(이 점을 바울은 갈 3장에서 지적한다), 이 이야기는 또한 인간의 창조와 타락이라는 더욱 큰 이야기로 구체화된다(바울이 롬 1:18-3:32, 5:1-19에서 지적한다)는 것을 잊지 말아야 한다.

우리는 부득이 이러한 실재를 통해 그리스도와 문화와의 관계를 어떻게 설정해야 하는지 숙고해야 한다. 그런데, 이것이 신정 체제를 지지하는 근거일까?

그리스도와 새 언약

여섯 가지 견해를 여기서 제안하겠다.

(1) 영원한 말씀의 성육신(요 1:1-18)은 신약성경의 많은 권고의 기초를 이룬다. 예수님은 자기 정당화에 앞서 다른 사람들을 섬기기 위하여 자신을 버리신 최고의 본이다(빌 2:5-11).[21] 이러한 요소는 예수님이 당신을 인류와 동일시하는 데 필수적인 요소다. 예수님은 성육신하셔서 천사들이 아니라 사람들을 구하셨다(히 2장). 또한 성육신은

예수님께서 우리와 함께 "[장막에] 거하시매"(요 1:14)라는 의미다. 그는 우리와 함께 거하시며 또한 우리의 장막이 되시며 우리의 성전이 되시며(요 2:19-22) 하나님과 사람들의 위대한 만남의 장소가 되신다. 이사야 9장 같은 이상한 본문을 궁극적으로 '해결'할 수 있는 핵심이 바로 여기에 있다. 그 약속된 사람은 다윗의 가문에서 나시며 오래 전부터 기다려 온 왕이자 동시에 모사, 전능하신 하나님, 영원히 살아 계신 아버지, 평화의 왕이라 불리는 분이다. 알라의 메시지를 전달하는 최후의 예언자로 온 이슬람의 무함마드처럼, 예수님은 아버지의 메시지를 전달하시기 위해 온 것이 아니다. 오히려, 중요한 방식으로, 예수님은 메시지를 전달할 뿐만 아니라 메시지 그 자체이며, 말씀 그 자체이다.

(2) 예수님은 하나님 나라를 선포하시고 시작하신다. 어떤 의미에서 하나님은 우주의 왕이시지만, 또 다른 의미에서 하나님은 다윗의 '자손'을 통하여 당신의 주권을 행사하시는 이스라엘의 왕이다. 위대한 왕은 다윗과 그의 후손들이 아니라, 바로 여호와 그분이시다(시 48). 예수님이 오래 전부터 기다려 왔으며 오래 전부터 예언되었던 나라를 선포하실 때, '나라'는 맥락에 따라서 다양한 의미를 가진다. 즉, 전문가들이 말하듯이, '나라'는 주변 환경에 의해 결정적으로 형성되는, 긴장을 불러일으키는 상징이 된다. 종종 '하나님 나라'는 '하나님의 통치'로 가장 잘 표현되는데, '나라'는 정적인 의미보다는 동적인 의미를 띠며, '나라'(kingdom)보다는 '통치권'(kingdominion)

이 훨씬 더 일반적이다. 신약성경에서, 이 나라는 왕으로 태어난 아기와 함께 온다(마 2). 이 나라는 또한 예수님께서 공생애를 시작함으로써 시작되었다는 선언과 함께 온다. 이 나라는 예수님의 제자들의 이적과 설교 가운데서 나타난다(눅 10:1-24). 예수님의 비유들 속에서, 이 나라는 선과 악을 포괄한다. 하나님의 신적 주권을 포함하고, 밀과 잡초가 둘 다 자라는 곳까지 확장된다(마 4). 하지만 또한 이 나라에 들어가는 것은 엄격하게 제한되며, 하나님의 역동적 통치를 받는 영역—여기에는 영원한 생명이 있다—이 된다(요 3:3, 5). 예수님은 죽으시고 다시 살아나시며, 승천하셔서 하나님 우편에 앉으신다. 그리고 승천하시기에 앞서, 하늘과 땅의 모든 권세가 당신의 것이라고 선언하신다(마 28:18). 실로 여기에서 예수님의 절대적인 통치를 엿볼 수 있다. 바울이 말했듯이, 하나님의 모든 주권은 예수님을 통하여 전달된다(고전 15:25-28). 그럼에도 불구하고, 예수님의 통치는 현재 다투고 있는 중이다. 그날이 오면 이러한 다툼은 더 이상 없을 것이다. 그 나라는 이미 새벽을 맞았다. 그러나 여전히 그 나라는 왕이 돌아오실 날을 기다린다.

하나님 나라가 이렇게 다양하게 사용되기 때문에 우리는 이 안에서 발생하는 긴장과 늘 싸워야 한다. 하나님 나라가 이미 현존한다('실현된' 또는 '시작된' 종말론)는 사실과 하나님 나라가 마지막 날에 실현될 것이라는 약속 사이의 긴장이 가장 중요하다. 이 나라는 둘 중 어떤 경우에서도 입헌군주국이 아니다. 예수님만이 최상의 '열왕의 신적 권리'의 수준에 오르신다. 실로, 마지막 날에는, 모두가 무릎을 꿇을 것이다. 바로 지금, 예수님을 '주'로 고백하는 것은 그의 주권적 권리들의 정당성을 인정하고 그를 섬기겠다고 맹세하는 것이다. 더 나아가, 예수님이 바라보시는 그 나라는 더 이상 이스라엘에 제한되지 않는다. 이스라엘과는 별개다. 많은 사람들이 동방과 서방으로부터 와서 아브라함과 다른 족장들과 함께 그 나라에 참여할 것이고 그 나라의 더 확실한 상속자들은 바깥으로 내쫓기게 된다(마 8:10-12).

(3) 사복음서가 긴 서문이 달린 고난과 부활의 내러티브라고 불리는 데는 그만한 이유가 있다. 사복음서의 스토리 라인이 고난과 부활이라는 방향으로 흘러가기 때문이다. 십자가와 부활을 우선적으로 언급하지 않고 사복음서를 해석하는 것은 무책임하다고밖에 할 수 없다. 더 나아가, 정경의 더 큰 틀 안에서, 예수님의 죽음은 구약 희생제사(특히 유월절과 속죄일의 희생제사)의 '완성'과 긴밀하게 연결되어 있으며, 예수님의 부활은 희생제사를 종결한다.

예수님은 자신의 죽음을 많은 사람들의 대속물로 이해했다(막 10:45, 마 20:28). 최후의 만찬 때 예수님께서 하신 말씀은 당신의 죽음, 곧 피를 흘리시고 당신의 몸을 나눔으로써 새 언약이 시작될 뿐만 아니라 죄를 사면하게 됨을 이해하셨다는 것을 보여 준다. 사도 바울이 자신이 한 일은 십자가를 설교하는 데 집중하는 것이라고 주장한 것은 그리 이상하지 않다(고전 2:1-5). 그리고 바울은 이 십자가를, 하나님께서 당신의 아들을 통하여 죄를 없애며 우리에게 향할 분노를 거두시기 위한 당신의 계획으로 이해했다(롬 3:21-26). 마찬가지로, 사도 베드로 역시 십자가에서 다른 사람을 향한 자기희생적 섬김의 모델과 그리스도가 친히 우리의 죄를 지신 그 독특한 희생을 모두 보고 있다(벧전 2:24). 오늘날 이런 주장들의 능력을 듣기 위해서는 의지를 기울여 노력해야 한다. 왜냐하면 이러한 말들이 너무나 잘 알려진 나머지, 잘못 알려지고 잘못 기억되고 있기 때문이다. 그러나 십자가가 저주와 증오의 상징이었던 시기에, 예수님을 하나님의 저주를 받을 악인으로 여기거나 그들의 죄를 대신 짊어지지신 분임을 어렴풋이나마 깨닫기 시작해야 했을 때는 그렇지 않았다.

어떤 형태의 기독교라 할지라도 십자가의 복음 속에서 그 형태를 찾아야 한다는 것은 타협할 수 없는 문제다. 1세기 유대인과 그리스인들이 모두 그랬던 것처럼, 이러한 원리들에 의문을 제기하는 목소리가 있는 한, 그것은 더 넓은 문화로부터 상당한 주목을 받을 것이다. 특히 그것이 십자가의 '어리석음'을 멸시할 때는 더욱 그렇다. 그러나 하나님의 어리석음은 인간의 모든 지혜들보다 더 지혜롭다. 이런 문제에 대해 강력한 권위들이 주장을 늘어놓는 문화로부터 그리스도인들은 본보기를 찾을 여유가 없다.

(4) 예수님은 죽음의 피로 새 언약을 세웠다(눅 22:20, 고전 11:23-26). 하나님 나라의 방식이 왕국 이스라엘의 한계를 넘어서듯이, 예수의 피로 세워진 새 언약의 방식은 시내 산에서 세워진 옛 언약을 넘어선다.

(5) 예수님의 죽음과 부활, 세상이 시작되기 전 아버지와 함께 누

렸던 영광의 자리로 '들려 올라간' 것이, 아버지와 아들이 새 언약 공동체에 부어 주신 보혜사 성령의 기초가 되었다. 바울의 용법에 따르면, 성령은 약속된 유산의 상속이다. 여기에서 종말의 막이 오르는데, 이 종말은 변화, 일치, 계시라는 제한적이지만 실제적인 방식으로 일어난다. 간단히 말해서, 하나님의 현존과 능력의 경험 안에서 일어난다. 성령은 세상이 죄를 지었음을 선고하는 한편, 새 언약 아래 있는 하나님의 백성을 구성한다. 그리고 이 백성은, 피로 산 이 교회는, 그리스도의 결의와 승리만큼이나 확실한 미래를 가진다. 주님은 선언하셨다. "내가 내 교회를 세울 것이다. 죽음의 문이 이것을 이기지 못할 것이다"(마 16:18). 신약성경에서 나타난 교회의 함의는 다음과 같다. 하나님의 새 언약 백성의 근거지는 특정 민족 안에 있지 않고—이스라엘도 아니고 다른 민족도 아니다—모든 방언과 종족과 사람과 민족으로부터 온 사람들로 이루어진, 민족을 초월한 공동체 안에 있다. 물론 이러한 의미는 그리스도인들이 다른 모든 사람들과 더불어 가지고 있는 공통된 인간성을 간과하지는 않는다. 그럼에도 불구하고 이 사실은 기독교적 증언—어디에 있든 모든 민족, 모든 사람들에 대한—의 보편적인 영역을 세운다. 이 세상에서는 기독교 공동체와 다른 모든 공동체들 사이에 긴장이 계속될 것이라는 사실을 확실히 해두면서 말이다. 그래서 다시 한 번, 또 다른 문을 통해 우리는 그리스도와 문화의 관계를 그리는 도전에 접근한다.

(6) 바로 이 지점에서 우리는 간략하게 예수님의 말씀을 숙고해야

한다. "가이사의 것은 가이사에게, 하나님의 것은 하나님께 바치라"(마 22:21, 막 12:17, 눅 20:25). 이 말씀의 맥락을 살펴보는 것이 중요하다. 일부 바리새인과 헤롯 당원들은—악당들의 이상한 조합이다—가이사에게 로마제국의 세금을 바치는 것이 합당한지 예수님께 묻는다. 함정이다. 만약 예수님이 바쳐도 된다고 대답하시면, 유대인 청중 가운데서 많은 사람들로부터 소원해질 위험이 있다. 그들이 로마 황제를 혐오하고 있었으며 황제—황제의 상이 그 은화에 새겨져 있다—는 어느 정도 신성한 존재로 숭배를 받고 있었기 때문이었다. 세금을 내는 그 돈이 데나리온이었다면, 거기에는 당시 통치자였던 티베리우스의 상이 새겨져 있었을 것이고, 라틴어로 "티베리우스 아우구스투스 카이사르, 신성한 아우구스투스의 아들"(TI CAESAR DIVI AVG F AVGVSTVS)이라고 새겨져 있었을 것이다. 그런 세금을, 그런 군주에게, 그런 돈으로 내는 것을 인정한다는 것은 우상숭배에 해당하는 것으로 여겨졌다. 반대로, 만약 예수님이 세금을 내라고 대답하신다면 로마인들의 눈에는 봉기를 선동하는 것으로 보일 수도 있었다.

예수님은 세금으로 내게 되어 있는 그 돈을 가져와 보라고 말씀하신다. 예수님은 그것을 들고 이렇게 물으신다. "이것은 누구의 얼굴이고, 누구라고 쓰여 있느냐?" 어쩔 수 없이, 그들은 "가이사의 것"이라고 대답한다. 바로 그때 예수님은 그 유명한 말씀을 하셨다. "가이사의 것은 가이사에게, 하나님의 것은 하나님께 바치라."

당시 예수님의 답변은 덫을 피하고 대적자들을 할 말 없게 만든,

아주 탁월한 대응이었다. 그러나 예수님의 답변에는 두 가지 더 고차원적인 수준이 있다. 우리는 그 수준들을 파악하여 예수님의 말씀이 우리의 주제와 어떤 관계가 있는지 이해해야 한다.

첫 번째는 역사를 거슬러 올라가 종교와 국가가 어디에서나 뒤얽혀 있던 때를 떠올려 보면 가장 분명하게 파악될 것이다. 물론 고대 이스라엘도 그랬다. 적어도 역사상으로, 이스라엘은(우리가 알고 있듯이) 신정국가였다. 이교도 세계에서도 마찬가지였다. 대부분 그 사람들의 신은 그 도시의 신이어야 했다. 로마인들이 새로운 영토를 획득했을 때, 그들은 신을 서로 바꾸었다. 지역 신들을 로마의 판테온에 수용하고 지방들은 일부 로마 신들을 수용해야 한다고 주장했던 것이다. 이것은 지방 고유의 신들을 향한 충성심을 무너뜨리는 효과를 발휘했다. 반란이 일어나면 그 다양한 신들이 어느 편에서 싸울 것인지 덜 분명해질 것이었다. 그러나 그곳 어디에도 모든 신들로부터 벗어나, 국가와 종교가 서로 구별된—설사 겹치는 부분이 있더라도—우리가 세속 국가라고 부르는 그런 국가는 없었다. 그러나 분명히 예수님은 그것을 지지하신다. 적어도, 예수님이 특정 국가와 동일시되지 않는, 국가를 초월하고 문화를 초월하는 공동체를 머릿속에 그리고 있다면, 예수님은 현재 권력을 쥐고 있는 가이사가 마땅히 받아야 할 것이 무엇이든 그에게 줄 의무를 미리 고려하신다.

우리는 5장에서 이것을 좀더 자세히 다룰 것이다. 확실히 예수님의 이 말씀은 수세기 동안 교회와 국가 사이에 끊임없이 전개되는 긴장의 뿌리들 가운데 하나—유일한 뿌리는 아니라 하더라도—이다. 더 나아가, 사물을 보는 이와 같은 방식은 기독교와 이슬람을 구별하는 가장 중요한 특징 가운데 하나다. 이슬람은 교회와 국가를 구별할 수 있는 어떤 전통도 가지고 있지 않다. 사실, **움마**(ummah), 즉 사람들 자체는 알라에 대한 충성심으로 결속되어 있으며 적어도 이론상으로는 어떤 국가보다도 더 중요하다. 그러나 국가의 역할은, 결국 알라의 율법에 머리 숙이는 것이다.

그러나 우리는 예수님의 말씀이 하나님과 가이사 사이, 또는 교회와 국가 사이, 또는 그리스도와 문화 사이의 절대적인 이분법을 지지한다고 생각해서는 안 된다. 그래서 이제 **두 번째**로 자세히 살펴보아야 할 것이 있다. 예수님이 "이것은 누구의 얼굴이고, 누구라고 쓰여 있느냐?"라고 물으실 때, 성경을 잘 알고 있는 사람들은 모든 인간이 하나님의 형상과 모습으로 창조되었다는 것을 떠올릴 것이다(창 1:26). 더 나아가, 하나님의 백성은 그들에게 새긴 하나님의 율법의 비명을 가지고 있다(참고. 출 13:9, 잠언 7:3, 사 44:5, 렘 31:33). 만약 우리가 하나님의 형상이 새겨진 것을 하나님께 돌려드린다면, 우리는 우리 자신을 모두 하나님께 드려야 한다.[22] 예수님의 저 유명한 말씀은 하나님이 종교의 권리를 독점하는 것이 아니라, 하나님이 언제나 가이사를 이긴다는 의미다. 우리는 가이사에게 세금을 내야 한다. 그러나 우리는 모든 것을, 우리의 존재 자체를 하나님께 빚지고 있다. "예수님의 제자들이 지켜야 할 시민적 의무들이 무엇이든, 하나님께 그들이 져야 할 책임들 안에서 그 의무들을 이해해야 한다. 하나님을 향한 그들의 의무는 그들 자신을 요구하기 때문이다."[23]

바울은 이러한 현실들을 이해하고 있다. 사실, 그리스도인들이 가이사에게 세금을 내야 하고 존경을 표해야 하며 다른 통치자들에게도 마땅한 의무를 다해야 한다고 강조할 때라도, 그 권위들 자체가 하나님의 권위에 대한 대안이 되거나 하나님과 경쟁하는 것은 아니다. 그들은 어떤 권위를 가질 수 있는가? 그들은 **하나님의** 종이다 (13:4). 모든 권위들은 하나님이 세우신 것이다(13:1). 이 점을 인정하면 우리는 하나님의 계시가 지닌 본질을 복잡하게 토론해야 한다. 이 토론은 나중에 다룰 것이다.

그렇지만 바로 여기서 우리는 깨닫는다. 예수님과 복음이 도래함으로써 하나님 백성의 영역은 가이사의 국가나 다른 국가와 다르다는 정치적인 현실과 관련하여, 예수님은 가이사의 권위와 하나님의 권위를 구별하여 가르치셨지만, 하나님과 가이사가 동일한 권위를 지녔다는 것은 인정하지 않으신다. 우리의 소유와 우리의 존재는 모두 하나님의 것이다. 하나님은 결코 하나님 되심을 포기하지 않으신다. 그러나 우리가 이 점을 말하는 순간, 우리는 다음의 사실을 되새겨야 한다. 예수님께서 이러한 진리를 확언하셨지만, 국가의 신정이나 모든 국가들에 대한 중세 교황의 권리 주장을 은밀하게 재도입하지 않으신다는 사실을 말이다. 예수님은 또한 동일하게 가이사, 곧 이교적이고 우상을 숭배하는 가이사 역시 자신의 의무를 다해야 한다고 단언하신다. 이와 관련한 일부 주제는 이 책의 나머지 부분에서 다루도록 하겠다.

얻어야 할 천국과 두려워해야 할 지옥

신약성경은 우리에게 바로 지금 책임 있는 사람이 되라고 가르치고 있으면서도 죽은 후에, 예수님이 다시 오시는 때에 관심을 집중하라고 거듭 강조한다. 우리는 보물을 이 땅에 쌓아 두어서는 안 된다. 세상에 있는 모든 것은 단지 잠시 동안 존재할 뿐이기 때문이다. 좀이 먹고 녹이 슬며, 도둑이 훔쳐 간다. 우리가 하늘에 쌓아 두는 것은 영원할 것이다(마 6:19-21). 궁극의 영광은 새 하늘과 새 땅, 부활한 몸, 언제나 영원히 보좌에 앉아 계시는 분과 함께, 어린 양이신 분과 함께 누리는 그치지 않는 기쁨이다(계시록에 계속하여 나타나고 있듯이). 그리고 두려워하고 반드시 피해야 할 것은 두 번째 죽음이다(계 20-22).

여기에서 의미하는 바는 현재 그리스도와 문화의 관계는 최종 상태가 아니라는 것이다. 현재의 관계는 영원에 비추어 평가되어야 한다. 더 나아가 여기에는, 이미 시작되었지만 아직 완성되지 않은 나라에 우리가 살고 있는 한, 이 땅에 유토피아는 존재하지 않을 것이라는 뜻이 담겨 있다.[24] 완전함이 이루어지면, 더불어 완성(consummation)에 이를 것이다. 곧, 그리스도가 도래하고 복음의 은총이 완성될 것이다. 요컨대 기독교적 관점에서 본다면, 다른 곳에서는 유토피아를 찾을 수 없다. 현재 우리 존재가 종말의 완전한 영광과 선하심을 희미하게나마 볼 수 있도록 허락되었지만, 하나님의 은혜로 공동체(이 공동체의 기원과, 권위와, 임무는 이 세상에만 속한 것이 아니다) 속에서 살아가고 섬기고 있지만, 우리는 스스로 자신을 완성할 수 있다고 생각할 만큼 순진하지 않다. 이것이 우리가 새 예루살렘에서 살 때까지는 해결되지 않을 긴장과 더불어 살고 있다는 의미다.

니버에 대한 추가 고찰

이 장을 마무리하기 위해서, 마지막 의견 네 가지를 말해야 할 것 같다.

(1) 앞에서 제시한 성경적·신학적 논점들이 우리의 사고를 **동시에** 그리고 **언제나** 제어해야 한다. 바로 이런 까닭에서 나는 이 논점들을 '성경신학의 타협할 수 없는 것들'이라고 부른다. 성경에서 몇 가지 요소를 뽑아내어 어떤 구성을 만들어 내고, 여기에 기초하여 그리스도와 문화의 관계 유형을 형성하여 그것을 기독교적으로 선택할 수 있는 것들 중 **하나**라고 부르는 것은 좋지 않다.

적어도 몇몇 경우에서, 바로 이러한 일을 니버가 했다. 예를 들면, 그는 "문화의 변혁자 그리스도" 모델을 이상적인 것으로 제시하면서, 종말을 전혀 고려하지 않는다. 그가 본 아우구스티누스와 칼뱅의 약점이 도리어 강점이 된다. 요컨대 아우구스티누스와 칼뱅은 '성경신학의 타협할 수 없는 것들' **모두를** 통합하려고 시도하고 있다. 바로 '성경신학의 타협할 수 없는 것들' 때문에 두 사람은 니버의 개종론 모델의 '순수한' 형식을 받아들일 수 없다. 물론, 모리스는 이 모델을 채택한다. 모리스는 몇몇 성경적·신학적 사실들을 아무렇지 않게 포기했기 때문이다.

또 한편, 우리가 타락이 내포하고 있는 의미와 구속받은 공동체가 지니고 있는 독특한 속성을 극대화한 후 그 공동체가 박해를 받는 상황을 설정한다면, "문화에 대립하는 그리스도" 유형이 만들어진다. 심리학적으로 이해할 만하다. 그러나 이것을 **선택항목들 가운데 하나**로 생각하는 것이 유익할까? 다른 대안들을 생각해 보는 것이 더 낫지 않을까? 예컨대 이러한 사실이다. 하나님은 창조 질서 전체에 주권을 행사하신다는 사실, 우리 자신은 항상 하나님의 은혜가 필요한 죄인이기 때문에 다른 사람들에게 빵을 구걸하는 거지에 지나지 않는다는 사실, 복음이 사람들을 부패하고 어두운 세상에서 소금과 빛의 역할을 시작하도록 변화시킨다는 사실, 하나님에 대한 반역이 지배적인 문화 속에서조차도 하나님의 일반은총은 좋은 선물이라는 사실, 그리고 마지막 날에 정의가 이루어질 뿐만 아니라 이루어지는 것을 보게 될 것이라는 사실 말이다. 달리 말하면, 이러한 전체를 인식한다면, 즉 우리가 전체 가운데서 볼 수 있는 범위가 이것뿐이라는 것을 안다면, 박해라는 실존적 현실들 때문에 "문화에 대립하는 그리스도" 유형의 어떤 요소들을 강조할 수 있는 여지는 있을 것이다. 박해받는 그리스도인들조차도 자신들이 '취하고 있는' 그리스도와 문화의 관계가 전부라고 생각할 만큼 어리석지는 않을 것이다. 이 문제를 순전히 이론적이고, '만약'이라는 방식으로 제기해 본다면, 만약 테르툴리아누스가 주후 325년 로마나 주후 2005년 파리로 이주해 있었더라면 자신의 주장을 펼 수 있었을까? 다른 말로 하면, 그리스도와 문화의 관계 속 특정 요소들이 구체적인 실존적 상황에서 특별히 강조될 필요가 있다는 것을 인정하면서, 그리스도와 문화의 관계에 보다 총체적인 재고를 권고한다면 지혜롭지 못한 행동일까?

간단히 말해서, 니버의 다섯 가지 유형들 가운데 일부는, 그리고 아마도 모두는, 성경적·신학적 발전이 이룬 보다 폭넓은 현실들을 성찰함으로써 어느 정도 손질해야 할 필요가 있다. 성도들이 함께 찬양할 때 음악은 어떻게 사용해야 하는지 또는 사용하지 않아야 하는지를 두고 루터 파와 칼뱅주의자들이 상당히 다른 관점을 채택할 때, 루터 파는 "역설적 관계에 있는 그리스도와 문화"를 생각하고, 칼뱅주의자들은 "문화의 변혁자 그리스도"를 생각한다고 말하는 것이 둘의 차이를 분석하는 최선의 방식일까? 나는 그렇게 생각하지 않는다. 여기서 '문화'라는 말은 두 가지 다른 방식으로 사용되고 있다. "역설적 관계에 있는 그리스도와 문화" 유형에서, '문화'는 그리스도가 전혀 없는 문화이며, 여기에는 세상과 그리스도인들 모두 깊이 자리 잡고 있다. 그러나 '문화'가 이런 의미를 띤다면, 칼뱅주의자들은 루터 파 못지않게 인간의 부패를 확신한다. 니버가 칼뱅과 그의 후예들에게서 모범을 찾은 "문화의 변혁자 그리스도" 유형에는, 그리스도인들의 존재와 영향력이 세상을 바꿀 것이라는 기대가 들어 있다. 루터도 마찬가지일 것이다. 그리고 칼뱅과 루터 모두 그러한 차이점들이 하나님 앞에서 용납되거나 용납되지 않는 자격을 부여하는 것은 아니라고 주장할 것이다. 신학적 차이들은 물론 계속 존재할 것이다. 우리가 '성경신학의 타협할 수 없는 것들'을 **모두** 통합하려고 하고, 그 표현방식이 때때로 달라지는 것을 고찰해 나가면, 니버가 제시하는 별개의 유형들이 때때로 너무 유형화되어 그리스도와 문화에 관한 근본적이고 기초적인 성경적 가정들을 가리지나 않을지 의심하지 않을 수 없다.

나는 이미 니버의 다섯 번째 유형인 개종론 즉, "문화의 변혁자 그리스도"가, 니버가 원했던 순수한 형태로는 발견되지 않는다고 지적한 바 있다. 이 유형의 순수한 형식들은 성경신학의 일부 전제들을 인정하지 않기 때문이다. 앞에서 나는 영지주의와 자유주의 신학자들에게서 가장 좋은 사례를 발견할 수 있는 니버의 두 번째 유형, "문화의 그리스도"는 성경신학의 중요한 전환점들을 사실상 포기한다고 지적했다. 그렇다면 우리는 니버의 두 번째 유형의 모든 흔적을 포기해야 할까? 이 유형이 매우 많은 성경적 '전제'를 포기하는 데 사용된다면 우리는 반드시 그렇게 해야 한다. 그럼에도 불구하고, 이 "문화의 그리스도"는 성경신학의 요소들을 포기하지 않고, 고도로 수정된 형식으로 구성될 수 있다. 자비로우신 하나님은 당신의 흔적과 당신의 길을 모든 문화에 남겨 주신다. 돈 리처드슨(Don Richardson)

의 유명한 *Peace Child*(평화의 자녀) 같은 몇몇 선교학적 설명들의 요점이 바로 이것이다.[25] 복음을 수용하면 어떤 문화든 상당한 변화를 겪게 될 것이지만(그리고 여기서 우리가 니버를 논외로 하더라도), 그 문화 안에는 복음이 호소력 있게 다가갈 만한 요소들이 존재하기 마련이다.

(2) 유추 하나를 통해 이 첫 번째 요지를 분명히 할 수 있을 것이다. 일부 신학자들은 교회사를 거쳐 형성되어 온 구속 이론의 서로 다른 '모델'—예를 들어, 도덕적 통치 이론, 대속 이론 등—을 인정한다. 그리고 각자의 모델의 근거를 신약성경 안에서 찾는다. 그러나 이것은 **방법론적으로** 결함이 있다. 아벨라르의 예에서 이미 우리가 보았듯이 몇몇 역사적인 인물들이 다른 모델들을 **모두 버리고** 하나의 구속 '모델'을 제의했을 때, 거기에는 보통 더 큰 신학적 논제가 작동하고 있다. 그러나 보다 지혜롭게 이 문제에 접근하기 위해서는 근본적인 문서들, 즉 신약성경이나 기타 성경 문서들이 구속을 다양하고 상호보완적으로 이야기한다는 사실을 인정해야 한다. 구속에 관해 서로 다른 별개의 '모델들'을 말해서는 안 되고 하나의 구속에 내재되어 있는 다른 측면들에 관해서 이야기해야 한다. 다른 측면들이 어떻게 모순되지 않고 서로 연결되는지(예를 들어, 벧전 2장처럼), 그리고 구속의 한 측면이 다른 측면을 바르게 조직하는지, 아니면 드러내는지, 아니면 제어하는지, 그래서 다른 것보다 나은지 알아내고자 시도하면서 말이다.[26]

여기서도 마찬가지다. 그리스도와 문화의 관계에 관한 개별적인 유형들이나 패러다임들이나 모델들을 구별하지 않고, 대신에 전체의 서로 다른 측면들을 지혜롭게 통합하려는 생각을 한다면 우리는 더욱 지혜로운 사람이 될 것이다. 좀더 풀어서 다시 말하면, 어떤 이유 때문에 우리가 계속 그리스도와 문화의 관계에서 서로 다른 모델들을 생각한다면, 그 모델은 우리가 받아들이거나 거부하는 **대안적인** 모델들이 아니라는 사실을 강조해야 한다. 오히려, 우리는 어떤 의미에서 그것들이 성경에 기초해 있는지 물어야 한다. 그리고 성경 안에서 그 모델들의 상호관계와, 언제 어떻게 그것들이 성경 안에서 예시된 서로 다른 환경들 아래서 강조될 수 있는지 숙고해야 한다.

(3) 전체 창조 질서를 주관하시는 하나님의 주권, 즉 "가이사의 것은 가이사에게, 하나님의 것은 하나님께 바치라"고 했던 예수님의 말씀에 전제되어 있는 주권을 우리가 강조하는 것은, 아직 끝나지 않은 일의 다른 측면을 상기시키는 것이다. 즉, 그리스도와 문화의 유형이 모든 측면에서 대립하는 것은 아니다. 그리스도인들이든 아니든, 포스트모던들은 '그리스도'가 전적으로 문화 **안에서** 드러난다고 주장한다. 반면 그리스도인들은 모든 문화가 어떤 의미에서 그리스도의 주권 **아래** 있다고 주장한다. 문제를 바라보는 이 두 가지 방식 때문에, '그리스도'와 '문화'라는 이 두 가지 핵심 용어가 모든 면에서 서로 대립하는 것이 아닐 경우, "그리스도와 문화"라는 표현이 무슨 의미인지 탐구해야 하는 시급한 과제가 생겨났다. 달리 말하면, '그리스도'와 '문화'라는 두 용어는 서로에 대하여 절대적으로

대립하는 자리에 놓여 있을 수 없다. 그리스도인들이 문화의 일부를 구성하고 있을 뿐만 아니라, 하늘과 땅에 있는 모든 권세가 그리스도에게 있으며, 모든 문화가 그의 통치 아래 있기 때문이다.

그렇지만 구별은 해야 한다. 그리스도의 통치에 원칙적으로 기꺼이 자신을 맡긴 사람, 예수 그리스도의 주 되심을 고백하는 사람, 예수님의 말씀대로 살고자 하는 사람을 우리는 오직 구속 받은 공동체 안에서만 발견할 수 있다. 자신을 그리스도인이라 부르고 왕이신 예수님께 충성하겠다고 맹세한 사람들이 종종 그의 권위에 맞서 반역하는, 그래서 죄에 빠지는 것은 측량할 수 없을 정도로 심각한 비극이요 약점이다. 비록 그렇다 하더라도, 이 문화는 전체 문화의 나머지 부분으로부터 구별할 수 있다. 그렇게 우리는, 어떤 의미에서 문화 자체—실로, 세대를 이어 내려가면서 셀 수 없을 정도로 다양하게 분포되어 있는 언어, 상징, 종교, 철학, 세계관, 관습, 그리고 조형물을 포함한 모든 문화—는 그리스도의 권위 아래 있다고 주장하면서도, 다른 의미에서 진정한 그리스도인들은 어떤 특수한 문화 속의 구체적인 한 부분을 구성한다.

이 긴장은 신약성경이 하나님의 통치를 이야기하는 서로 다른 방식들과 밀접한 관계가 있다. 그리스도는 기독교적인 것, 비기독교적인 것, 반기독교적인 것을 포함한 모든 것을 다스리신다. 이렇게 포괄적인 의미로 그리스도의 통치를 숙고할 때, 우리는 당신의 백성들에게 미치는 예수님의 통치보다는 신비한 신의 섭리에 초점을 맞춘다. 많은 문화들이 그리스도의 권위에 도전하고 그의 계시에 복종하지 않기 때문이다. 많은 문화들은 그리스도의 소리를 듣지 않아도 되는 자유를 주장하며, 적어도 그의 소리에서 자신이 원하는 것을 선택하거나 거부할 수 있는 자유가 있다고 주장한다. 그럼에도 불구하고, 성경적 관점에서 볼 때 그리스도는 모든 권위로 당신의 발아래에 있는 마지막 대적, 죽음 자체를 굴복시킬 때까지 통치하실 것이다. 도전을 받거나 심지어 거부당하기까지 하더라도, 바로 이 권위가 하나님의 계획들을 이루기 위하여 작동한다.

하나님이 창조하신 세상은 하나님이 이 세상 안에 만들어 놓으신 모든 영광을 결코 다 상실할 수 없다(시 8). 그리고 하나님은 계속 선을 행하시며 좋은 선물을 베푸신다. 우선 하나님은 당신의 햇살과 당신의 비를 의로운 사람과 의롭지 않은 사람에게 내려 주신다. 하나님은 정부들에게 악으로 가득 찬 세상에서 무질서의 위험을 줄이라고 명하신다. 하나님은 우리가 회개할 때까지 당신의 인내를 보여 주신다. 이른바 '자연' 세계의 모든 잠재력(예술, 음악, 관리의 은사, 다양성, 창조적 재능 등 모두)은 하나님의 부르심에 의해 존재하게 되었으며 부활하신 그리스도의 권위 아래에서 작동한다.

그렇지만 모든 것이 부패했다. 우리는 창조적 재능으로 파괴의 무기를 만든다. 우리가 받은 관리의 은사는 개인의 능력과 자기 과시에 이용된다. 우리의 예술은 지독하게 추잡해지고 있으며 체계라고는 전혀 없는 것에 법석을 떤다. 우리의 민족주의는 하나님의 의지를 우리 종족의 비전에 너무나 쉽게 일치시킨다. 우리의 민주주의는 '사람의 소리는 하나님의 소리'라고 주장하는 위험에 빠진다.[27] 그리고 우리의 자유주의는 자유의 추구를 하나님에 대한 추구와 혼동하는 경향이 있다. 이러한 자유의 비전은 불행스럽고 아이러니하게도, 우리를 새로운 우상의 노예로 만들어 버린다. 따라서 "그리스도와 문화"의 '문화'라는 말은 그리스도의 권위를 벗어날 수 없으면서도, 그것을 거부하는 하위문화를 가리키는 말이라고 할 수 있다. 이러한 용법에서, 문화는 빈번히 그리스도와 그리스도인들을 무시한다. 문화는 때로 노골적으로 그리스도와 그리스도인들을 부정한다. 때로 문화는 그리스도와 그리스도인들을 박해한다. 때로 문화는 아주 선택적으로 그리스도와 그리스도인들을 승인하거나 불허한다. 그리고 그리스도인들의 반응은 가지각색의 문화적 입장에 맞게 (때로는 지혜롭게, 때로는 어리석게) 적응한다.

이러한 긴장 속에서 우리가 느끼는 불편함은 마지막 날까지 해소되지 않을 것이다. 우리는 예수 그리스도의 재림을, 새 하늘과 새 땅의 창조를, 부활의 새벽을, 완전함의 영광을, 거룩함의 아름다움을 기다린다. 그날까지는, 우리는 긴장 가운데 있는 백성이다. 한편으로, 우리는 보다 넓은 문화에 속해 있음을 깨닫는다. 다른 한편으로, 우리는 완성된 하나님 나라의 문화에 속해 있다. 이 나라는 이미 우리 가운데 시작되었다. 우리의 진정한 도시는 새 예루살렘이다. 그러면서도 우리는 여전히 파리나 부다페스트나 뉴욕에 속해 있다. 그러면서도 우리는 또한 완성을 기다리고, 만유의 하나님이 우리의 하나님이심을 즐거이 고백하고, 하나님께 영광을 돌리고 하나님의 통치를 인정하며 하나님의 구원의 증인이 되도록 부름을 받았다. 복음이 선포됨으로써, 우리는 모든 언어와 민족으로부터 온 남자들과 여자들의 회심을 고대한다. 그리고 구속받은 인간으로서 우리는 우리가 살고 있는 이 도시의 평안을 구한다(렘 29:7). 새 예루살렘이 하늘로부터 올 때까지 말이다. 계시록은 이렇게 기록하고 있다. "만국이 그 빛 가운데로 다니고 땅의 왕들이 자기 영광을 가지고 그리로 들어가리라"(계 21:24).

(4) 그리스도와 문화의 관계를 언급한 성경 말씀들 가운데 어떤 측면이 강조되어야 하는지는, 적어도 부분적으로는 그리스도인들이 살고 있는 구체적이고도 역사적인 환경에 달려 있다고 나는 거듭 말했다. 박해를 받고 있는가? 왜? 민주주의 국가에서 살고 있는가? 그렇다면, 어떤 종류의 민주주의인가? 민주주의는 반드시 좋은 것일까, 아니면 나쁠 수도 있을까? 세속주의는 민주주의의 불가피한 산물인가? 아마도 가장 순수한 실용주의 외에도, '국가 교회'를 지지하는 어떤 근거가 있는가? 이와 같은 문제들에 대해 얼마간 잠정적인 탐구를 하지 않는다면, 더 깊은 논의로 나아갈 수 없다는 것을 앞으로 발견하게 될 것이다.

1) *Rechtgläubigkeit und Ketzerei im ältesten Christentum* (Tübingen: Mohr Siebeck, 1934). 이 책은 35년 전에 영역되어 나왔다: *Orthodoxy and Heresy in Earliest Christianity*(Philadelphia: Fortress, 1971).

2) Bart D. Ehrman, *Lost Christianities: The Battles for Scripture and the Faiths We Never Knew*(Oxford: Oxford University Press, 2003)를 예로 들 수 있다. 이 책은 상당히 과장된 주장을 하고 있으며 이 주제에 관한 문서 비평과의 상호작용을 사실상 무시한다.

3) 바우어에 대한 가장 예리한 비평들 가운데 가장 최근의 것 한 가지만 들면, Paul Trebilco, "Christian Communities in Western Asia Minor into the Early Second Century: Ignatius and Others as Witnesses Against Bauer," *Journal of the Evangelical Theological Society* 49(2006): 17-44.

4) *Themelios* 2/1(1976): 5-14. H. E. W. Turner, *The Pattern of New Testament Truth: A study in the Relations between Orthodoxy and Heresy in the Early Church*(London: A. R. Mowbray & Co., 1954); Daniel J. Harrington, "The Reception of Walter Bauer's *Orthodoxy and Heresy in Earliest Christianity* During the Last Decade," *Harvard Theological Review* 77 (1980): 289-299; Michel Desjardins, "Bauer and Beyond: On Recent Scholarly Discussions Αἵρεσις in the Early Christian Era," *The Second Century* 8 (1991): 65-82.

5) J. Gresham Machen, *Christianity and Liberalism*(Grand Rapids: Eerdmans, 1923).

6) "Discerner au sein de la culture," *Théologie Évangélique* 4/2 (2005): 49.

7) David F. Wells, *Above all Earthly Pow'rs: Christ in a Postmodern World*(Grand Rapids: Eerdmans, 2005), 248.

8) 물론 영지주의나 자유주의 운동에서 유용한 통찰이나 유익한 학문적 업적이 전혀 나오지 않았다는 의미가 아님을 덧붙여 둔다. 일반은총의 선물과 축복은 어디에나 있다. 예를 들어, 자유주의 신학은 '역사'란 무엇인가에 대한(역사적 계시에 기초하고 있다고 주장하는 종교에게 이 질문의 중요성은 절대 작지 않다) 상당히 통찰력 있는 사고를 자극했으며 중요한 철학들도 많이 남겼다. 다만, 구속사의 위대한 전환점들을 회피하는 사고 구조들을 갖고 있는 운동들은 유익한 기독교적 사고라고 할 수 없다는 사실만 지적해 두겠다.

9) D. A. Carson, *The Difficult Doctrine of the Love of God*(Wheaton: Crossway, 2000)의 논의를 볼 것.

10) 위의 책, 28쪽 볼 것.

11) 보편주의의 역사를 간편하게 볼 수 있는 것으로는 Richard Bauckham, "Universalism: a historical survey," *Themelios* 4/2(1979): 48-54.

12) 그래서, 예를 들어 James D. G. Dunn(*Unity and Diversity in the New Testament: An Inquiry into the Character of Earliest Christianity*[Philadelphia: Westminster, 1977], 376)은 신약성경이 "기독교의 다양성을 정경화" 한다고 주장한다.

13) 참고, Kevin J. Vanhoozer, "The Semantics of Biblical Literature," in Carson and Woodbridge, *Hermeneutics, Authority, and Canon*, D. A. Carson and John D. Woodbridge(Grand Rapids: Zondervan, 1986) 엮음, 42-105.

14) 예를 들면, Martin Hengel, *The Four Gospels and the One Gospel of Jesus Christ: An Investigation of the Collection and Origin of the Canonical Gospels*(Harrisburg: Trinity Press International, 2000); Ronald A. Piper, "The One, the Four and the Many," *The Written Gospel*, Markus Bockmuehl and Donald A. Hagner 엮음(Cambridge: Cambridge University Press, 2005), 254-273.

15) 참고, Lesslie Newbigin, *The Gospel in a Pluralist Society*(Grand Rapids: Eerdmans, 1989), 38: "기독교 역사는 우리에게 한 쌍의 렌즈를 제공한다. … 이것을 보라는 것이 아니라, 이것을 통해서 보라는 것이다."

16) 성경신학이라는 표현에 대한 요약과 평가는 다음 책을 볼 것: D. A. Carson, "New Testament Theology," *Dictionary of the Later New Testament and Its Developments*, Ralph P. Martin and Peter H. Davids 엮음(Downers Grove: InterVarsity, 1997), 797-814. 이와 관련한 좀더 많은 논의를 위해서는 다음 책들을 보면 된다: Brian S. Rosner, T. Desmond Alexander, Graeme Goldsworthy, and D. A. Carson 엮음, *New Dictionary of Biblical Theology* (Leicester/ Downers Grover: InterVarsity, 2000); 그리고 특히 James Barr, *The Concept of Biblical Theology: An Old Testament Perspective*(Minneapolis: Fortress, 1999)와 Yarbrough, Robert W., "James Barr and the Future of Revelation in History in New Testament Theology," *Bulletin for Biblical Research* 14(2004): 105-126.

17) 전환점의 개수는 다소 불명확한 용어 때문에 논란을 피할 수 없다는 것을 덧붙여 둔다. 이 문제는 이론이 아니라 규모를 기초로 해결된다: 멀리서 보던 대상을 가까이서 보면, 그 규모가 달라진다. 또한, 이후에 간략하게 논의할 전환점들은 그리스도와 문화의 관계에 대한 논의에서 갖는 뚜렷한 함의 때문에 선택된 것들이라고 할 수 있다. 전통적인 구조를 갖춘 조직신학의 관점에서 니버를 비판적으로 분석한 것들 가운데 가장 날카로운 것으로 나는 John Frame의 *Christ and Culture: Lectures Given at the Pensacola Theological Institute, July 23-27, 2001*의 제2장을 들겠다. 이 글은 2007년 3월 5일 인터넷에서 입수한 것이다. (http://www.thirdmill.org/newfiles/joh_frame/Frame.Apologetics2004.ChristandCulture.pdf)

18) P. T. Forsyth, *Positive Preaching and the Modern Mind*, 3판(1949; Carlisle: Paternoster, 1998), 177. Graham Cole이 이 인용 부분을 내게 소개해 주었다.

19) 초고에서 나는 '교회의 분리'까지만 이야기했다. 그래서 고대 이스라엘에서 왕과 대제사장들 사이의 분명한 권력의 분립을 간과했다는 비판을 받을 수 있었다. 명확하지 못한 부분을 지적해 주어 뒤의 문장을 첨가할 수 있도록 조언을 해준 앙리 블로쉐에게 감사한다.

20) 멜기세덱이 이에 해당한다: 창 14:18-20; 참고. 시 110.

21) 이 말은 성육신이 근본적인 토대가 되어 우리가 다른 문화에 '성육신'하여 우리의 선교 사명을 수행한다는 말과는 아주 다른 것이다. 거론되는 이야기가 무엇인지 나는 이해한다. 그리고 그 이야기는 존중할 만하고 좋은 문제를 제기한다. 그러나 그런 어법에 문제들이 없지 않다. Andreas J. Köstenberger의 중요한 논의를 볼 것: *The Missions of Jesus and the Disciples According to the Fourth Gospel: With Implications for the Fourth Gospel's Purpose and the Mission of the Contemporary Church*(Grand Rapids: Eerdmans, 1998).

22) 이 설명을 읽기 쉽게 제시한 것으로는 David T. Ball, "What Jesus Really Meant by 'Render unto Caesar,'" *Bible Review* 19/2(April 2003): 14-17, 52.

23) Ball, "What Jesus Really Meant by 'Render unto Caesar,'" 17. 면밀하게 검토하면 그리 잘 버티지 못할, 이 본문에 대한 아주 독창적인 해석들을 더 이상 거론할 필요는 없을 것이다. 그런 종류의 해석을 하나 예를 들자면, 이 본문을 마르크스주의적으로 독해한 Alan H. Cadwallader, "In Go(l)d We Trust: Literary and Economic Currency Exchange in the Debate over Caesar's Coin"(Mark 12:13-17), *Biblical Interpretation* 14(2006): 486-507이 있다.

24) 6장에서 더 논의할 것이다.

25) *Peace Child* (Venture: Regal Books, 1975).

26) 재미있다고 해야 할지 황당하다고 해야 할지, 직접적인 콘텍스트에서도 정경적인 콘텍스트에서도 벗어난 그런 성경 독해의 사례는 아주 많다. "젊은 독신 성인 남자 예수"(Jesus as a Young, Single, Adult Male)라는 설교 제목을 본 적이 있는데, 이것도 "비호감, 한부모, 임신 위험이 있는 십대"(A Teenage, Unwanted, Single-Parent, At Risk Pregnancy)라는 성탄 설교에 비하면 아무것도 아니다. 생각이 있는 목회자라면 이런 제목들이 나타내고 있는 삶의 상황들을 설교해야 한다는 것을 부인하지 않을 것이다. 그렇지만 인간의 모든 필요들을 설교하기 위해, 예수님만이 가지고 계신 속성과 역할을 제거한 고립적인 성경 독해를 한다면, 과연 최선의 설교를 할 수 있을지 의문이다.

27) vox populi, vox Dei

3
문화 그리고 포스트모더니즘

Refining Culture and
Redefining Postmodernism

구속사의 위대한 전환점들은 그리스도인인 우리가 그리스도와 문화의 관계를 바르게 이해하고자 할 때 반드시 고려해야 할 요소들이라고 나는 지금까지 계속 강조했다.

이 논의를 더욱 진전시키기 위해서, 이 장에서 나는 '문화'와 '포스트모더니즘'이라는 두 용어를 보다 더 숙고해 볼 것이다. 니버의 틀 안에서 '문화'의 의미는 일관적으로 그의 다섯 가지 유형들 전체를 관통하지 못한다는 것을 이미 확인했다. 논의에 들어가기 전에 잠시, 이 불일치를 다룰 것이다. 바로 앞장 마지막에서 나는 간략하게 이 논의가 나아가야 할 방향을 암시했다. 그러나 보다 더 상세한 설명이 필요하다. 이 장의 제목이 말해 주듯이, 나는 문화를 다듬고 싶지만 사실 나의 목표는 훨씬 더 온건하다. 나는 문화가 아니라 '문화'를 다듬고자 한다는 말이다. 즉, 나는 실재가 아니라 용어를 다듬고자 한다. '포스트모더니즘'이라는 표현은 서로 다른 세계에서 서로 다른 것을 의미하지만, 많은 사람들이 (특히 미국의) 문화를 평가할 때 이 운동을 고려해야 한다고 목소리를 높이고 있기 때문에 포스트모더니즘에 대해 더 탐구해야 할 필요가 있다. 그래서 나는 실제로 한 가지를 제안한다.

문화 다듬기

사실상 오늘날 문화의 본질에 관한 모든 진지한 논의들은 50년 이상 토론을 지배해 왔던 '고급문화'의 접근 방식을 포기한다. 대체로 니버는 이 변화의 일부였다. 그럼에도 불구하고, 현재 유행하는 더 정교하고 덜 엘리트적인 문화에 대한 정의들은 우리의 주제에 관한 (적절한) 몇 가지 중요한 질문들을 제기하는 데 도움이 된다. 나는 이것들 가운데 한두 가지를 이미 암시했지만, 이것들 가운데 네 가지를 질문 형식으로 제시해 보겠다.

(1) 각자 이런저런 독특한 요소들을 갖고 있는 '문화들'의 특수성(specificity)이라는 말에는, (추상적인 단수) '문화'에 관한 포괄적인 질문들

이 지나치게 이론적이라는 생각이 담겨 있는 것은 아닐까? 한 문화의 이런저런 요소들은 다른 어떤 문화의 이런저런 요소들과 중복되거나 때로는 충돌하는 것이 아닐까?

실제로, 얼마나 많은 사람들이 한 문화에 속해 있는지 확인하는 것은 불가능하다. 결국, 개인들은 자신들의 이런저런 요소들을 개인적인 방식으로 조합한다. 이러한 개인들은 이런 방식으로는 이렇게, 저런 방식으로는 저렇게 무리를 지을 것이다. 아니면, 어떤 방식으로 한 무리를 이룬 사람들이, 또 다른 방식으로는 전혀 모이지 않을 수도 있다. 그렇다면 (어느 정도 추상적이거나 이론적인 의미에서) '문화'는 무엇을 의미할까?

이 문제를 달리 제기해 보자. 조르주 데베룩스(Georges Devereux)는 주장하기를, 거의 모든 문화적 가치들은 갈등을 일으키면서 어떤 압력들—모든 행동에는 동일하고 반대되는 반작용이 존재한다는 일종의 뉴턴 운동의 제3법칙—에 반응하면서 유지 발전한다고 했다.[1] 우리는 모두 서로 다른 압력들(즉 '행동들')을 마주하기 때문에, 우리 모두는 서로 다른 '문화들'을 가지게 된다.

앙리 블로쉐(Henri Blocher)는 하나의 유비(analogy)를 든다.[2] 우리는 종종 언어는 문화의 한 요소라고 말한다. 그러나 페르낭 드 소쉬르(Ferdinand de Saussure) 이래, 언어학자들은 **랑그**(langue)와 **파롤**(parole)을 구분한다. 이것은 거칠게 능력(competence)과 실행(performance)으로 구분할 수 있다. 앵무새는 프랑스 말을 하고 있다고 말할 수는 있다. (그러나) 앵무새는 프랑스어 구사자라고 말한다면 오해의 소지가 많다. 어떤 사람이 영어를 배운다고 말한다면, 그를 영어 구사자(랑그)라고 말할 수 있지만, 그가 하는 영어는 추상적 의미의 영어, 즉 '영어'로 통칭되는 모든 것들의 총체가 아니다. 개인이 말하는 언어를 영어(랑그)라고 말할 수 있지만, 실제로 그 말은 그 개인의 실행(파롤)이다. 이 랑그와 파롤의 관계는 오랫동안 언어학자들의 관심을 끌고 있는 것 중 하나였다. 그렇다면 이제 언어가 문화의 한 요소라면, 특히 "문화에 대립하는 그리스도" 아래에서, 그리스도는 언어에 반대한다고 말할 수 있을까? 그렇다면, 이것은 무슨 뜻일까? 그리스도는 랑그에 반대한다고 말하는 것은 그리스도는 영어(또는 프랑스어, 또는 아랍어)에 반대한다고 말하는 것만큼 바보 같은 말이다. 언어가 문화의 한 요소를 이루고 있는 한, 언어는 랑그일 뿐만 아니라 파롤이라고도 생각해야 한다. 즉, 전체로서의 언어일 뿐만 아니라, 그 문화 안에 있는 굉장히 다양한 모든 사람들의 모든 말들, 언어들, 언어 행위들, 인쇄된 발언 등을 모든 개인들의 파롤의 표현으로 생각해야 한다. 어떤 경우 그리스도는 특수한 파롤들—예를 들어 증오, 인종차별 발언이나 우상숭배를 부추기는 말들—에 당연히 반대할 것이다.

그러나 이 경우, 우리는 특수성의 도전에 다시 돌아오게 된다. "랑그에 반대하는 그리스도"보다 "문화에 대립하는 그리스도"를 생각하는 것이 더 이치에 닿는가? 이 말은 너무 추상적인 것 아닌가? 우리가 문화를, 또는 문화의 본질적인 요소인 파롤을, 그 구성 요소의 수준으로 구체화할 때에야 우리는 "문화에 대립하는 그리스도"를 의미심장하게 말할 수 있다.

문화에 대한 이러한 비판의 몇 가지 측면들은 우리의 논점을 훨씬 빗나간다. 1장에서 제시한 모든 문화의 정의들은 한 개인의 믿음을 '문화'로 정의할 수 없도록 했다. 예를 들어, 레드필드(Redfield)의 "행동과 인공물에 구현된 공통의 이해"[3]나, 기어츠(Geertz)가 제시한 것과 같이 문화의 세대 이전을 이야기하는 정의들―"문화 개념은…상징들 안에 표현된 의미들이 역사적으로 전해 내려온 유형이며, 상징적 형식으로 표현된 전승 개념 체계이다. 이것을 수단으로 사람들은 삶에 관한 지식과 삶에 대한 태도들을 소통하고, 이어가고, 그리고 계발한다"[4]―을 다시 떠올려 보자. 물론, 다수가 공유하는 문화의 범위는 상당히 가변적일 수 있다. 프랑스 문화를 이야기할 수도 있지만, 또한 파리 문화를 이야기할 수도, 프랑스 리비에라(Riviera) 문화나, 유력한 프랑스 가문의 문화를 이야기할 수도 있다. 미국 문화를 이야기하면서, 이것을 프랑스 문화와 구분할 수 있다. 그러나 또한 서구 문화를 이야기하면서, 말하자면 중국 문화와 대비할 수도 있고, 프랑스와 미국을 한 우산 아래 넣을 수 있다. 미국 내에서는, 뉴욕 시, 미드웨스트, 루이지애나 하구, 켄터키 문화를 쉽게 이야기할 수 있다. 이렇게 다양한 문화들이 아주 흥미로운 방식으로 중첩될 수도 있다는 것을 우리는 기꺼이 받아들인다. 이런 의미에서, 나는 어떤 문화는 독특하고 이런저런 요소들로 가득 차 있다고 생각할 수 있으며, 그리고 이런 문화의 이러저러한 요소들은 저런 문화의 이러저러한 요소들과 불가피하게 같을 수도 있고 다를 수도 있다. 비록 '이런 저런 요소'라는 표현이 생색을 내는 말투이기는 하지만, 우리가 앞선 장들에서 이미 설정한 정의들을 유지한다면, '문화'를 고립된 개인의 수준으로 축소하는 것만은 할 수 없을 것이다. 현대의 거의 모든 논의에서 발전되었듯이, 문화는 본질적으로 공동체적이다. 그 공동체의 크기가 굉장히 다양하더라도 말이다.

언어학적 유비는 부분적으로 도움이 되지만, 또 부분적으로 오해의 소지가 있다. 랑그와 파롤 사이의 구별이 곧 문화를 추상적 의미(언어에서 랑그에 해당되는 정의와 유사한)에서 특수한 문화들로 낮추어야 한다는 것을 우리에게 상기시킨다는 점에서는 유용하다. "문화에 대립하는 그리스도"의 의미를 평가하고자 한다면, 추상적인 '문화'를 넘어서, 말하자면 스탈린의 러시아 문화, 또는 나치즘 문화나 선불교 문화나, 서구 전체의 문화를 생각하는 것이 유용하다. 그러나 언어학적 유비는 오해의 소지가 많다. 언어학자들은 보통 개인의 언어 실행을 파롤의 수준에서 생각하기 때문에 우리가 그와 같이 문화를 생각한다면 지나치게 초점이 좁아지기 때문이다. 물론 실행은 중요하다. 퀘벡 프랑스어는 프랑스의 프랑스어와는 구별될 수 있다. 13세기 파리 구(區, arrondissement)의 프랑스어는 또한 툴루즈의 프랑스어와는 구별되며, 몬트리올 대학교 강연에서 사용하는 프랑스어는 가스페(Gaspe) 지방에서 사용되는 프랑스어와 구별될 수 있다. 언어학자들은, 내가 이미 말했듯이, 개인의 수준으로 연구 범위를 좁힐 수 있다. 그러나 문화를 연구하는 사람들은 그렇게 할 수 없다. 만약 "문화에 대립하는 그리스도"가 무엇을 의미하는지 숙고하고자 할 때, 이것을 "평범한 사람들의 특수한 문화에 대립하는 그리스도"로 읽는 것은 이치에 맞지 않는다.

적극적인 측면에서 보자면, 개별 문화들(particular cultures)의 **구체성**(specificity)의 중요성과 관련된 이러한 질문들은 다음을 상기시킨다. 니버가 그리스도와 문화의 관계에 관한 다섯 가지 유형들 가운데 어떤 것에도 자신을 동일시하지 않았던 이유들 가운데 하나는 '문화'는 추상적으로는 결코 경험할 수 없다는 사실 때문이다. 문화에 대한 우리의 경험은 아주 구체적이다. 우리가 우리 자신의 경험으로부터, 우리와는 아주 다른 '문화'에 대한 가정들을 갖고 있는 사람들의 경험을 추정한다면—말하자면, 그리스도인들을 박해하는 폭력적 문화에서는 "문화에 대립하는 그리스도"가 가장 적절한 문화에 대한 가정이다—모델 선택에 대한 우리의 우선권을 옹호하는 데 상당히 어려움을 겪게 될 것이다. 신약성경 안에서 가장 초기의 그리스도인들이 '가이사'에 대해 접근할 때 보이는 차이점들은, 적어도 그 일부는 가이사에 대한 근본적으로 다른 경험들 때문이었다. 따라서 우리가 그리스도와 문화의 관계에 대해 이론적으로 폭넓게 이해하고자 한다면, 문화들의 특수성을 포용할 수 있을 정도로 복합적이고, 섬세하며, 유연해야 할 것이다.

(2) 세상 문화들이 다양하기 때문에 우리는 어떤 식으로든 어떤 문화가 우월하다거나 열등하다는 평가를 내릴 수 있는가?

이 질문은 이것 자체로도 물론 흥미롭다. 그러나 우리가 "문화에 대립하는 그리스도"가 어떤 경우에는 가장 좋은 범주일 수도 있고 또 어떤 경우에는 아닐 수도 있다는 가능성을 허용하고 있는 한, 이 질문은 어떤 문화들이 다른 문화들보다 더 나쁘다는 것을 (그리고 부수적으로 다른 어떤 문화가 더 낫다는 것을) 의미하지 않을까? 드러내 놓고 말하자면, 이웃 사람을 환대하는 것이 이웃 사람을 잡아먹는 것보다 더 낫다는 데 우리는 동의할 수 없을까?

식민지적 과거에 내재해 있는 우월적 태도에 대한 반작용으로, 문화인류학자들은 수십 년 동안 문화를 전적으로 중립적이고, 순수하게 기술적인 용어로 설명하려고 시도해 왔다. 때로 중립성을, 즉 도덕적 판단 없는 객관적 기술을 향한 이러한 열정 자체가 도덕적 판단이 되기도 한다: 어떠한 도덕적 판단도 거부하는 것이 가장 '선한' 문화인류학이다. 잉카의 유아 희생도 그냥 통과된다: 이 제도는 이 제도 아래에서 살았던 사람들에게 의미가 있는 것이다. 어떻게 우리가 그것을 비난할 수 있는가? 홀로코스트조차도 다양한 관점으로 생각해 봐야 한다: 독가스실에 끌려간 사람들에게는 상상할 수 없을 정도로 끔찍한 만행이지만, 아리안 우월주의자들에게 있어서 홀로코스트의 주된 잘못은 홀로코스트의 임무를 완수하기도 전에 이 일이 중단된 것이었다. 그것은 전적으로 보는 사람의 관점에 달려 있다.

내가 강연에서 이 문제를 제기했을 때, 이전에 프랑스 식민지였던 나라에서 온 한 유학생이 질의응답 시간에 어떤 문화가 다른 어떤 문화보다 우월하다고 생각하는지 질문한 적이 있다. 물론 좋은 질문이었다. 그렇지만 그 질문에는 아프리카의 서구 식민주의가 낳은 가정들과 긴장들이 두텁게 쌓여 있었다. 20세기 중엽, 프랑스령 서부 아프리카의 많은 곳에서 네그리튀드(la negritude)라고 불린 강력한 운동이 일어났다. 이 운동에서 프랑스령 서부 아프리카의 젊은 지성인들은 이른바 프랑스 유럽 문화의 우월성에 문제를 제기했다. 이렇게 서부 아프리카 문화를 위한 공간을 확보하려고 시도하면서 그들은 모든 문화를 상대화하는 것이 유용하다는 것을 발견했다.[5] 이것은 물론, 현재의 문화인류학의 가정들과 많은 부분에서 상당히 궤를 같이 한다. 그러나 만약 "문화에 대립하는 그리스도"를 이야기하는 여지를 마련하고자 한다면, 그리스도는 모든 문화들을 똑같이 반대할까, 아니면 어떤 것을 다른 어떤 것보다 훨씬 더 반대할까? 니버주의자들이 만든 범주들을 고찰하면서 우리는 괜한 골칫거리를 만들고 있는 것은 아닐까?

공개 질의응답 시간이 끝난 다음에 사적인 토론에서, 나는 그 아프리카 친구에게 같은 시대의 네덜란드 문화와 비교해서 나치 문화가 상대적으로 우월하다거나 열등한지, 누가 어떤 판단을 책임 있게 할 수 있다고 생각하는지 물어 보았다. 유대인을 숨겨 준다는 것이 얼마나 위험한 일인지 알면서도 가장 자비로운 마음을 갖고 그 일을 행한 시민들이 있는 네덜란드 문화와 비교해서 말이다. 그 학생은 잠시 생각하더니 그건 문화가 아니라 이데올로기의 문제라고 대답했다. 그러나 문화와 이데올로기를 이런 식으로 구별하는 것이야말로 '문화'에 대한 우리의 정의에서 허용되지 않는 것이다. 문화인류학자들이 자기네 주문— '어떤 문화도 다른 문화보다 우월하거나 열등하지 않다'—을 포기하지 않으려고 책임을 회피하는 핑계에 지나지 않는다.[6] 일부 집단에서는, 이것이 너무나 견고해서, 이 주문에 도전하는 문화는 어떤 것이라도 반드시 식민주의적이며 따라서 열등하다고 간주된다. 강력한 선교적 비전을 갖고 있는 문화 같은 것이 그런 예로, 자기네 입장 안에 있는 지독한 아이러니에 대해서는 전혀 알지 못하는 열등한 문화 취급을 받는다.[7]

문화적 열등성이나 우월성에 대해 어떤 평가를 내리든, 어느 누구도 그것이 현명하거나 통찰력이 있거나 진실이라고는 주장하지 않을 것이다. 사실은 이와는 너무나 다르다. 사실, 그러한 평가들 가운데 많은 것들은 가장 야만적인 형태의 인종주의, 식민주의, 극단적 민족주의를 부추기는 지렛대이다. 이 점을 다음과 같이 여섯 가지로 정리해 보겠다.

첫째, 문화에 대한 어떤 평가든지 그것은 가치들에 의존한다. 가치들은 다시 그 평가를 특징짓는 문화에 의해 형성되지만 말이다. 이 점은 마르크스주의나 기독교 신앙에서와 마찬가지로 일부 문화인류학자들의 철학적 유물론에서도 마찬가지다. 어떤 논점—말하자면, 홀로코스트는 거대한, 도저히 이해할 수 없는 악이다—에 대해 동의하는 사람들의 폭이 넓으면 넓을수록, 일치하는 평가의 폭도 넓어진다.

둘째, 기독교적 관점에서는 완전한 하나님으로부터 이탈한 모든 것은 악이다. 그것은 하나님에 대한 엄청난 도전이다. 그런 의미에서, 기독교적 관점에서는 "예수님은 주님이시다!"라고 기뻐하며 복종하는 노래를 부르지 않는 문화적 입장은 어떤 것이든지 동일한 심판에 떨어진다. 이런 의미에서, 타락한 이 세상에 존재하는 모든 문화는 악이다.

그러나 **셋째,** 똑같이 기독교적 관점에서 하나님은 당신의 '일반은총'으로 어느 곳에 있든 모든 사람들에게 셀 수 없이 많은 좋은 것들을 부어 주신다. 사람들이 하나님을 인정하지 않더라도, 사람들은 하나님이 주신 선물들을 누리며, 이러한 선물들은 그 자체로는 선하다 (약 1:17, "모든 선한 행위와 완전한 선물들은 빛들을 창조하신 하나님으로부터 위에서 내려오는 것입니다." 쉬운성경).

그리고 **넷째,** 선하신 하나님이 주시는 형벌이 존재한다고 기독교 계시가 분명하게 강조하듯이, 우리는 일부 문화적 입장들은 다른 문화적 입장들보다 더 비난받을 수 있다고 생각해야 한다. 원래 그런 것이든 아니면 특권을 가진 사람들의 책임이 증가한 때문이든, 아니면 다른 어떤 이유 때문이든 말이다. 우리는 단테가 묘사한, 심연으로 떨어지는 지옥의 이미지에 의지할 필요는 없다: 예수님은 친히 형벌의 상대적인 강도를 강조하시는데(예. 마 11:20-24, 눅 12:47-48), 이것은 서로 다른 문화들 안에 있는 선과 악의 상대적인 강도를 전제하는 것이기 때문이다.

다섯째, 니버의 다섯 가지 유형들 가운데 존재하는 차이점들은 결국 어떤 문화가 얼마나 악한지 측정하는 누군가의 평가에 달려 있다. 달리 말하면, 문화에 대한 그리스도의 입장 가운데 존재하는 차이점들은, 적어도 일부는 각 문화에 대한 누군가의 평가에 달렸다. 나는 하나님과 문화의 관계를 정밀하게 분석한다고 하더라도 어떤 문화의 도덕적 가치에 관한 그러한 상이한 평가들을 무시할 수 있다고는 생각하지 않는다. 그러한 평가들이 어렵고 임시적인 것임에 틀림없더라도 말이다.

여섯째, 우리 인간 존재는 선한 것들을, 모든 선한 것들을 부패시키는 어두운 본성을 갖고 있다. 한 가지 예를 보자. *After Babel* (바벨탑 이후)[8]에 있는 스타이너(Steiner)의 자극적인 견해를 거론하면서, 앙리 블로쉐는 바벨에 언어들을 부과한 것이 좋은 것인지 나쁜 것인지 질문을 던진다.[9] 나쁜 것이라면, 아마도 바벨 이전의 언어의 통일성은 좋은 것이었을 것이다. 하지만 바로 이 통일성 때문에 사람들은 바벨로 상징되는 거대한 반역을 꾀할 수 있었던 것이다. 통일성이 그렇게 나쁜 것이었다면, 아마도 다양성은 그 자체로 선한 것이다. 적어도, 다양한 언어가 생겨났다는 사실이 일종의 처벌이거나 제재였더라도, 언어의 다양성 그 자체로는 좋은 것인지 나쁜 것인지 분명하지 않다. 반역의 음모를 무너뜨렸다는 데서는 좋은 것이었다. 그러나 종종 서로 적대적으로 분리된 집단을 조성했다는 점에서는 나쁜 것이다. 달리 말하면, 우리 인간 존재는 통일성을 부패시켜 반역을 꾀할 수 있으며, 다양성을 부패시켜 전쟁을 일으킬 수 있다. 그렇지만, 오순절에 하나님은 일종의 바벨 이전 상황으로 회복할 수 있는 하나의 언어를 선물로 주지 않으셨다는 사실에 주목해야 한다. 오히려, 하나님은 많은 언어들을 선물로 주셨다. 그래서 하나의 메시지가 모두 적절한 언어들로 들릴 수 있도록 하셨고 다양성을 보존하도록 하셨다. 비록 요한계시록은 계속되는 반역의 중심 가운데 많은 언어들이 있음을 보여 주고 있지만(예. 계 10:11), 계시록은 또한 모든 종족, 민족, 나라, **그리고 언어**로 구성된 수많은 구속받은 백성들을 그리고 있다(예. 계 5:9, 7:9). 우리가 새 하늘과 새 땅에서 영광스러운 통일성을 즐기게 될 테지만 동시에 인종과 민족과 언어가 똑같이 영광스러운 다양성을 지니지 않을 것이라고 생각할 이유는 없다.[10] (우리가 중국말에 능숙하게 되는 데 수천 년이 걸린다고 화를 낼 사람은 없을 것이다!) 그때까지, 우리는 통일성을 부패시키고 다양성을 팔아먹을 수 있는 우리의 능력을 계속 갖고 있을 것이다. 종종 '좋은' 것으로 그려지는 바로 그 통일성과 다양성을 말이다.[11]

요약하면, 기독교적 관점에서는 창조세계의 다른 모든 국면과 마찬가지로 문화 역시 하나님의 심판 아래 있다고 말해야 할 것이다.

(3) 그러나 그리스도인들도 불가피하게 문화의 일부를 구성한다. '그리스도'와 '문화'의 관계를 구별하려고 시도할 때, 만약 두 가지

실체가 아니라 오직 하나의 실체가 존재하는 것이라면, 엄청난 오류를 일으킬 수 있지 않을까?

바로 이 질문을 앞에서도 살짝 던졌다. 이제 우리는 이 문제에 좀 더 깊이 다가가야 할 것이다. 우리에게 도전이 되는 점은 단지 성경과 기독교가 더 이상 서구에서 옛날처럼 문화를 형성하지 못한다는 것이 아니라[12] 그리스도인들 자신들이, 그래서 그들이 주장하는 그리스도가 문화의 일부일 수밖에 없다는 사실이다.[13] 그렇다면 '그리스도'와 '문화'는 마치 두 가지 실체인 것처럼 말하는 것은 비현실적이지 않을까?

대답은 '예'이기도 하고 '아니요'이기도 하다. 둘은 구분 가능한 실체들이다. 그러나 상호 배타적인 실체는 아니다. 넓은 미국 문화에서 히스패닉 계 미국인 문화를 구별해 낼 수 있지만, 그것은 여전히 미국 문화의 통합적 일부인 것처럼 말이다. 넓은 미국 문화는 히스패닉 계 미국인 문화에 영향을 끼치며, 그 역도 성립한다. 그리스도와 문화의 관계도 마찬가지다. ('그리스도와 문화' 형식 안에 있는 '그리스도'를 주장하는) 그리스도인들은 마찬가지로 보다 큰 문화로부터 구별 가능하며 그리고 그 일부다. 그리스도인들은 문화에 영향을 주며, 그 반대도 성립한다.

바로 이것이 콜린 그린(Colin Greene)이 주창한 모델이다. 그린은 '니버의 유형론'이 "그리스도와 문화가 '두 개의 복합적 실체'로, 서로 맞서는 경향성이 있다"고 비판한다. "반면에 [그가 말하기를] 우리는 보다 포괄적이고 해석학적이고 지성적인 틀 안에서 두 실체의 불가피한 상호작용과 상호의존을 주장하고 싶어 한다."14) 그린은 대신 "그리스도와 문화의 비판적 상호작용"—이것은 니버의 "문화의 변혁자 그리스도"와 유사하지만 분명하게 다르다—을 제시한다. "바로 이 새로운 모델은 파편화(fragmentation)와 다문화주의(multiculturalism)라고 하는 포스트모던적 경험을 포함한다. 니버의 연구는 바로 이 점을 다루지 못했다."15)

그린의 책은 통찰이 넘친다. 하지만 그 자신의 '새로운 모델'을 포함한 모델들에 대한 그린의 논의는 더 큰 혼동을 불러일으킨다. 우리는 이미 1장에서 니버 본인이 그리스도인들은 자신들이 터를 잡고 살고 있는 보다 큰 문화에 엮여 있을 수밖에 없다는 것을 잘 알고 있었다는 것을 확인했다. 비록 그가 그 통찰을 더욱 완벽하게 발전시키지 못했기 때문에 비판을 받는 것은 틀림없지만 말이다. 그러나 그리스도와 문화의 비판적 상호작용에 초점을 맞추고 있는 그린의 '새 모델'을 니버의 "문화의 변혁자 그리스도"와 유사하다고 말한다면 혼란을 일으킬 수 있다: 만약 '비판적 상호작용'(critical interaction)이 존재한다면, "그리스도를 변혁하는 문화"를 "문화를 변혁하는 그리스도"처럼 쉽게 말할 수 있다고 생각할 수도 있다. 물론, 파편화와 다문화주의는 오늘날 문화적 혼합의 일부를 이루고 있으며, 그 두 가지 용어 가운데 어떤 것도 니버가 그의 저작을 집필하고 있던 시기에는 토론의 중심에 있지 않았다. 그러나 왜 파편화나 다문화주의가 니버의 유형론을 위협하는지 이해하기 어렵다. 왜냐하면 니버의 유형론은 20세기의 문화적 현상에 걸쳐 있으며 21세기의 파편화와 다문화주의를 통합하기에 충분할 정도로 확실히 유연하다. 정확히 어떻게 양자의 발전이 통합될 것인지는 적어도 부분적으로 두 용어가 의미하는 바에 달려 있다. 예를 들어, '다문화주의'는 단순히 문화적이고 아마도 민족적인 다원주의를 가리킬 수 있다. 오늘날 많은 대도시에서 이것은 확연한 사실이다. 모든 민족, 언어, 나라의 백성들과 더불어 (계 5:9) 새 하늘과 새 땅을 고대하는 데 익숙한 그리스도인들에게, 성경적으로 충실한 기독교가 지배적인 문화 속에서 다문화주의는 굉장한 것으로 여겨질 수 있다. 다른 한편으로, 다문화주의가 좌파적인 사회적 의제와 관련된 슬로건으로, 즉, 모든 문화적 가치들과 종교적 주장들—모든 가치들은 상대화시켜야 한다는 교조주의적 주장을 제외하고—을 상대화시키는 용어로 사용되는 곳에서, 다문화주의는 기독교의 배타성에 반대하는 문화를 나타낸다. 그리고 이 경우 그리스도인들은 "문화에 대립하는 그리스도" 패러다임에 끌리게 될 것이다. 파편화에 대해서도 마찬가지로 생각할 수 있다. 그러나 파편화나 다문화주의를 이해한다 하더라도 그것이 왜 니버의 분석을 위협하는지는 명확하지 않다.

모든 문화는 끊임없이 변한다. 변화는 거의 무한한 요인들—새로운 이민, 국제적 사건들, 경제 추세, 교육 추세, 다양한 정치적 · 경제적 사상의 유행, 미디어의 발달, 대중오락, 그 문화의 사람들이 평화로운 시대에 사느냐 전시에 사느냐에 따라서—에 의해 일어날 수 있다. 필연적으로, 보다 넓은 문화 안에 있는 어떤 집단들은 다른 집단들과는 다른 방식으로 그런 변화에 반응할 것이다. 예를 들어, 일부는 새로운 이민의 유입에 기뻐할 수도 있다. 일부는 어떤 식으로든 그런 현상을 개탄할 수도 있지만 그들이 제공하는 값싼 노동력에는 욕심을 낼 것이다. 그리고 일부는 외국인 혐오증 때문에, 새롭게 발생하는 모든 질병들을 새로운 이주민들의 탓으로 돌릴 것이다. 그러한 다양한 반응들에 의해 새로운 유형들, 관계들과 상징들이 발생하게 된다. 그리고 이것들은 다음 세대로 전달된다. 따라서 **어떻게** 그 문화 안에 있는 사람들이 새로운 이민들에 반응할지는 집단들마다 다른 복잡한 신념과 이념들—이러한 신념과 이념들은 어떤 현상에 다양하게 반응하는 다양한 집단들의 권위로 기능한다—에 달려 있다. 상이한 집단들이 모든 문화적 변화에 어떻게 반응하는지도 비슷하게 이해될 수 있을 것이다.

분명히, 보다 넓은 문화의 일부를 구성하는 그리스도인들은 결코 그러한 문화적 변화로부터 벗어날 수 없다. 그들이 자신이 속해 있는 바로 그 문화 안의 지배적인 강조점들을 어떻게 생각하는지는, 그리고 그 문화 안에서 일어나는 변화들을 어떻게 생각하는지는, 대개 **그들의** 신념과 이념에 의해 결정될 것이다. 이러한 신념들과 이념들이 성경에 의해 본질적으로 형성되는 한, 그리스도인들의 '필터'와 가치평가 메커니즘과 반응은, 작든 크든 말하자면 쿠란이나 철학적 유물론이나 아니면 쾌락주의에 의해 그 본질이 형성된 신념들이나 이념들과는 다를 것이다.

따라서 보다 넓은 프랑스 문화의 이런저런 발전에 대해 프랑스 무슬림 공동체의 반작용을 이야기하는 것도 유익할 것 같다. 이러한 담론은 프랑스에 있는 모든 무슬림이 동일한 반작용은 하지 않을 것이라는 것을 인정한다. 마찬가지로, 이 담론은 보다 넓은 프랑스 문화 안에 있는 사람들이 모두 어떤 발전에 동의하거나 참여하지는 않는다는 것도 인정한다. 더 나아가, 이러한 무슬림들의 반응들을 서로 다른 두 가지 방식으로 유용하게 기술할 수도 있다는 것에 모두들 동의할 것이다. 이것은 일종의 서로 다른 방식으로 일반화하는 것이다: 어떤 사람은 그들을 하나의 넓은 프랑스 문화 **내부의** 무슬림 공동체의 반응이라고 말할 것이다. 이들은 무슬림이 프랑스 문화에서 중요한 부분을 구성한다고 이해한다. 그러나 이와는 달리, 어떤 사람은 그들을 보다 넓은(그러나 암묵적으로는 비무슬림적인) 프랑스 **문화**에 대한 프랑스 무슬림 **문화**의 반응이라고 말할 것이다. 즉, 그 둘을 포괄하고 있는 보다 넓은 프랑스 문화 내부에서 발생한 두 문화의 충돌이라는 것이다. 마찬가지로, 어떤 사람은 미국 안에 있는 그리스도인들이 보다 넓은 미국 문화 내부에서 문화적 발전을 어떻게 이해하는지 말할 수 있을 것이다. 모든 그리스도인들이 동일한 방식으로 사물을 보지는 않을 것이다. 이른바 문화 안의 발전은 동일한 방식으로 그 문화의 모든 부분들에 영향을 주지는 않는다. 미국 그리스도인들은 어떤 경우에는 불가피하게 바로 이러한 보다 넓은 문화의 일부이면서, 또한 일련의 하위문화들로 나눠질 수 있다고 말할 수 있다. 미국 기독교 (하위) 문화를, 보다 넓은 (비기독교) 미국 문화에 대립하여 말하는 것은, 일단 그 이상의 구분과 정렬이 가능함을 이해한다면 부적절하지 않다. 다시 한 번, 모든 적절한 단서들을 이해할 필요가 있지만, 확실히 그러한 담론은 비일관적이거나 무익하지 않다.[16] 똑같이 분명히, 이러한 단서를 모든 페이지에 다는 것은 지루한 일이 될 것이다.

프랑스나 미국(또는 다른 어떤) 문화 안에 있는 더 넓은 문화적 신념들의 다양성은 상이한 가치들, 선을 둘러싼 상이한 사상들, 상이한 권위의 목소리들, 그리고 상이한 목표들을 갖는다. 바로 이것 때문에 "그리스도와 문화"에 관하여 말할 수 있는 것이다. "그리스도와 문화" 공식은, 이 짝의 절반인 '그리스도' 편의 그리스도인들이 문화를 초월하거나 그들의 견해가 완벽하게 단일하다고 암시하기는커녕 (개인적인 차원이나 폭이 좁은 이데올로기적 차원에서가 아니라, 이 글에서 개진하듯이 포괄적인 '문화'의 차원으로) 그리스도인과 비그리스도인 사이에서 발생할 수 있는 관계들을 요약하는 쉬운 방식이다.

(4) 그러나 이렇게 많은 문화적 이슈들에 관한 이렇게 많은 상이한 '기독교적' 관점들이 존재하는데, 굳이 "그리스도와 문화"에 관하여 이야기하는 것은 쓸데없는 일 아닐까?

그러나 바로 그게 핵심이다. 니버를 비롯해서 (유사한 분석들에 몰두한 다른 사람들이) 이 다양성을 다수의 유형으로 범주화하려고 했다. 그러한 모든 사회적 범주들과 마찬가지로, 이것들은 이런저런 방식으로 이상화되고 단순화된다. 그러나 이를 통해 모두 그리스도와 문화 사이의 타당하고 지배적인 관계의 유형들을 서로 고립시키려는 경향이 생겨난다.

간단하게 비교해 보자. 그리스도와 문화의 관계에 관한 아미시의 관점은 칼뱅주의의 지배적인 관점과는 매우 다르다. 둘 다 그리스도인이라고 자임하지만, 하나는 미국 문화(의 나머지)로부터 본질적으로 퇴거해야 한다고 주창하고 있으며, 다른 하나는 문화를 매우 본질적으로 변혁해야 한다고 주창하고 있다. 우리가 포스트모던적인 입장―둘 중 어떤 하나의 입장에 특권을 주는 것을 거부하고 각자의 추종자들에게는 각자의 입장이 옳거나 진리라고 생각하는 것―을 선택하지 않는다면, 우리는 어떻게 외면상 기독교적 입장 하나를 선택하고 외면상 기독교적 입장 하나를 버려야 하는지 질문해야 한다.

이것을 비교하기 위해 나는 아미시가 주창하는 명백하게 극단적인 퇴거의 형식을 선택하긴 했지만, 보다 온건한 (그리고 보다 엄격하게 논증된) 문화적 퇴거 형식도 재세례 파 전통 안에는 여전히 존재한다. 존 요더(John H. Yoder) 같은 성경학자와 스탠리 하우어워스(Stanley Hauerwas) 같은 조직신학자가 주창한 것들 말이다.[17] '퇴거'라는 표현을 사용함으로써 나는 아미시나 그밖에 다른 재세례 파 전통이 문화로부터 퇴거하고 있다고 말하는 것이 아니다. 그러한 퇴거는 물론 불가능하다. 그들 자신들의 관점에서 볼 때, 재세례 파 전통 안에 있는 사람들은 대안 문화, 곧 급진적인 기독교 문화를 갖고 있는 공동체들을 세우고 있다.[18] 재세례 파는 보다 넓은 문화에 적극적으로 참여하게 되면 불가피하게 기독교적 주장을 타협해야 한다고 확신한다. 따라서 그런 의미에서, 어느 정도 그들은 그보다 넓은 문화로부터 '퇴거하고' 있다. 기독교적 신념에 충실할 수 있는 유일한 길은 이런저런 형식의 '퇴거'를 통하여 우월한 기독교적 문화를 만들어 내는 것이다.

물론, 문화에 대한 칼뱅주의자들의 관점 가운데서도 유사한 다양성을 발견하는 사람도 있다. 예를 들어, 누군가는 아브라함 카이퍼(Abraham Kuyper)와 클라스 쉴더(Klaas Schilder) 사이에서 날카로운 차이점들을 발견할 것이다.[19] 그러나 이러한 사상가들에게서 나타나는 공통점은, 모든 문화를 다스리는 그리스도의 권위를 바라보는 관점이다. 즉, 그리스도인들은 그들이 살고 있는 보다 넓은 문화 안에서 그리스도의 주장을 세우는 데 전심전력해야 하며, 그것은 퇴거하여 대항 모델을 세우는 것이 아니라 문화에 참여하여 그것을 변혁하는 것이라는 견해이다. 나는 이 문제를 마지막 두 장에서 다시 다룰 것이다.

여기서는 세 가지 논점을 언급할 것이다. 포스트모더니즘의 보다 폭넓은 도전은 몇 페이지 뒤에 가서 다루겠다.

첫째, 성경적인 구속사의 중요한 전환점들을 통합하려는 입장이 깊이 있는 기독교적 입장이 될 가능성이 가장 크다. 전환점들이란 이런 것들이다: 창조, 타락, 아브라함을 부르심, 출애굽과 율법을 주심,

왕을 세우고 선지자들이 일어남, 유수, 성육신, 그리스도의 사역과 죽음과 부활, 하나님 나라의 시작, 성령의 오심과 그에 따른 '이미'와 '아직' 사이의 지속적인 종말론적 긴장, 그리스도의 재림과 새 하늘과 새 땅의 고대. 이 목록을 확장하거나 축소할 수도 있을 것이다. 그러나 핵심 자체를 무시해서는 안 된다.

니버의 유형들 가운데 적어도 하나는 너무 '자유주의적'인 나머지 이러한 전환점들 가운데 하나 이상을 무시하고 있어서 우리 역시 그 입장을 실제로 무시해야 한다는 사실을 이미 확인했다. 이러한 전환점들을 경시하는 것이 문화를 바라보는 사람들의 시각을 어떻게 심각하게 왜곡하는지, 따라서 문화에 대한 대응 방식을 어떻게 왜곡하는지 쉽게 알 수 있다. 예를 들어, 만약 창조를 무시하면, 구원에 대한 유사 영지주의의 관점이 발전하기 쉬우며, 근본적으로 인간은 창조주에게 모든 것을 빚진 자들이라는 인간의 책임을 이해하기 어렵다. 우리가 빚진 자들이라는 의식을 잃어버리게 되는 것이다. 또 사람들은 '구원'을 전적으로 비육체적 관점에서만 바라보기 쉬운데, 그럴 경우 이 물질적인 세상에는 극악무도한 결과들이 발생할 수도 있다. 다시 말해서, 만약 타락이 축소된다면 (성경 전체에 걸쳐 발전된 타락의 방식들을 포함해서) 죄도 작아진다. 더 나쁜 것은, 우상숭배의 근본적인 속성—하나님을 무시하기, 마음과 영혼과 정신과 힘을 다해 하나님을 사랑하지 않음—이 스스로 신적인 형상을 갖게 되며, 이것은 다시 성경에 기술되어 있는 구원의 가장 핵심적이고 중심적인 측면의 하나, 말하자면 하나님의 방식으로 하나님과 화해하는 것을 해체한다. 성경이 죄에 관하여 말하고 있는 것을 빈약하게 이해한다면 불가피하게 성경이 말하는 것은 십자가에 의해 성취된다는 것—특히, 때때로 '형벌의 대속'(penal substitution)이라는 이름을 붙이는 십자가의 차원—역시 빈약하게 이해하게 된다. 이러한 단계들을 밟다 보면, 니버의 두 번째 범주, "문화의 그리스도"나 아니면 그의 세 번째 범주인 '종합적' 의미의 "문화 위의 그리스도"를 채택하기 쉽다.

말하자면, 출애굽과 율법을 통합하지 못하면 우리는 구약성경의 위대한 해방의 패러다임을, 하나님이 계시하시는 규범을, 하나님과 연결되어 있으며 동시에 하나님이 규정하시고 금지하신 것을 지키는 것과 연결되어 있는 거룩함의 개념을, 무엇인가로부터의 구원받음과 무엇인가로의 구원받음 사이의 긴장을, 하나님께 특별히 속해 있는 사람, 장막·성전, 제사장, 희생 제도에 드러난 완전한 언약적 구조를 상실하게 된다. 이것들은 모두 다양한 방식으로 바뀌어 신약성경에 다시 모습을 드러내고 있다. 이러한 요소들이 바로 이해되고 현대 그리스도인들의 자기 이해와 견해로 통합되어 그들의 **기독교** 문화에 대한 관점(예를 들어, 가장 강력한 정체성을 갖고 있는 하위집단의 문화)에 그리고 더 넓은 문화(그들의 나라, 지역, 민족 등등) 안에서, 그리고 이것들과의 관계에, 그들의 위치에 대한 관점에 모두 중요하게 기여하는 방식을 상상하기란 어렵지 않다.

성경적 구속사의 전환점들 가운데 한 가지 이상이 누락되거나 희석됨으로써, 기독교와 그리스도와 문화의 관계를 바라보는 관점이 어떻게 무뎌지고 뒤틀리는지 관찰하기 위해 이 전환점들 가운데 다른 것들을 모두 살펴보는 것은 어려운 일이 아닐 것이다. 사실, 이 책의 나머지 대부분은 어떻게 견고한 성경신학이 가장 터무니없는 엉터리 환원주의들로부터 그리스도인들을 지켜 낼 수 있는지 숙고한다. 그러나 이 말을 잠시라도, 순종 성경신학은 보편적 동의를 획득한 텍스트로 별로 힘들이지 않고 읽힐 수 있다는 주장으로 받아들여서는 안 된다. 나의 주장은 훨씬 온건하다: 구속사에서 중요한, 성경적으로 결정된 전환점들을 모두 통합하려는 입장은 깊이 있는 기독교적 입장이 될 수 있는 가능성이 가장 크다.

지금까지 **모든** 중요한 기독교적 가르침과 성경신학의 **모든** 중요한 전환점들에 대한 '상식을 벗어난' 해석들이 조장되어 왔고, 지금도 그렇게 되고 있으며, 그 결과로 복잡한 반증들이 제기되고 있다는 사실을 잊어서는 안 된다. 문제는, 현대적 환경에서 이러한 상식을 벗어난 해석들이 일부 관찰자들에게 다음과 같은 확신을 심어 준다는 사실이다: 모든 교리적 문제들은 "열려 있다." 따라서 엄격한 성경신학은 불가능하며, 성경에 기초를 둔 세계관을 형성하는 것 역시 불가능하다. 그러므로 이러한 현상이 나타나는 곳에서 그 결과는 지극히 편협하다. 이에 대한 반론은 이 장의 두 번째 부분에서 일부 논의될 것이다. 그럼에도 불구하고, 성경신학을 종합하고자 노력하는 데 헌신적인 그리스도인들은, 그 발전이 아무리 미약하고 아무리 그 결과들 가운데 교정해야 할 부분이 있더라도, 상식에 맞지 않는 해석들이 끝없이 존재한다는 사실에 위협을 느껴서는 안 된다.

예를 들어, 볼프하르트 판넨베르크(Wolfhart Pannenberg)는 창조부터 완성까지 '일직선상의' 확장을 지지하면서, 타락(창 3장)을 인류를 파멸시킬 잘못이나 가증스런 반역의 시작으로 보기보다는 창조가 전개되는 하나의 요소로 해석한다. 창세기 3장의 '실제 핵심'은 죽음의 기원을, 해산과 노동의 본질적 고통을 설명하는 것이다. 따라서 판넨베르크에게서, 타락은 '실제' 반역이 아니라 기원 설화들에 대한 비평적 평가를 위한 장치로 기능한다.[20] 판넨베르크가 창세기 3장에 접근한 방식은 그가 '완성되지 않은 것'과 '구속받지 않은 것'을 연결할 때, 악을 인간 독립—인간 독립은 '피조물을 위한 [하나님의] 목적의 조건'이다—에 의해 필연적으로 일어난 '위험'으로 우선적으로 다룰 때, 그리고 그의 신정론이 완전히 종말론적일 때, 더욱 악화된다.[21] 판넨베르크는 조직신학자이기 때문에, 적어도 일관성 있는 그림을 그리려고 노력하는데, 그 그림은 그가 생각한 것보다 훨씬 더 오경의 맥락으로부터 멀어졌다. 물론 바울에게서 멀어진 것은 말할 필요조차 없다(특히 롬 5:12-21, 고전 15:21-22, 45-49).

더욱 심각한 문제가 판넨베르크에게서 발견되는데,[22] 그는 창세기 3장을 상당히 '유연하게' 읽을 뿐만 아니라 구약과 신약성경 기자들이 인간의 반역의 경과와 하나님의 반응에 대해 근본적으로 충돌하는 전망들을 제시한다고 주장한다. 나는 이러한 사례들을 잘못된 경향들의 예시로 언급한다. 그리고 구속사의 모든 중요한 성경적 전환점들—창조, 타락, 아브라함을 부르심 등을 포함한—을 통합하려는 입장은 깊이 있는 기독교적 입장이 될 수 있는 가능성이 가장 크다고 주장한다.

둘째, 구속사의 다양한 전환점들 사이에서 균형을 잡으려는 입장이 가장 깊이 있는 기독교적 입장이 될 수 있다. 달리 말하면, 이것은 단순히 모든 전환점들을 다 포함하는 문제가 아니라, 그것들을 하나로 조리 있게 배치하는 문제이다. 동방 정교회는 서방 교회보다 성육신에 훨씬 더 높은 위치를 부여한다. 결과적으로 동방 교회는 서방 교회에 비해 십자가의 위치를 축소한다. 이러한 강조점으로부터 다양한 문화적 자기 이해들이 나타난다. 어떤 그리스도인은 성경을 종합할 때, 복음전도에 지배적인 강조점을 두고, 사회 개선은 보다 먼 사명으로 둔다. 반면 어떤 그리스도인은 이러한 우선순위를 뒤집는다. 확실히, 이러한 강조점들이 누군가가 그리스도와 (보다 넓은) 문화의 '적절한' 관계를 이해하는 데 영향을 미칠 것이다.

셋째, 틀림없이 현대 그리스도인들은 그들 각자가 살고 있는 위치에 따라서 성경 속에서 강조하고 싶은 이야기가 달라질 것이다. 남부 수단이나 북부 나이지리아에서 거센 탄압을 받고 있는 그리스도인들은 스위스 제네바, 캐나다 밴쿠버, 오클라호마 툴사—이 도시들은 차례로 굉장히 국제화된 도시, 고도로 세속화된 태평양 연안 도시, 그리고 자신이 그리스도인이라고 인정하지 않는 사람을 찾기가 어려운 바이블 벨트 도시다—에 있는 그들의 형제자매들과는 틀림없이 다른 관점을 발전시킬 것이다. 오슬로나 헬싱키의 그리스도인들이 바라보는 보다 넓은 문화와 상호작용하는 방법과 그 문화를 증언하는 방법은, 빈곤이 만연해 있는 아이티나 엄청난 에이즈 감염자와 어마어마한 고아가 있는 요하네스버그의 그리스도인들의 방식과는 어느 정도 다른 우선순위들을 갖고 있을 것임이 틀림없다. 그러나 그들이 어디에 살더라도 폭넓은 지식을 가진 사람이라면 그들의 관점이, 그리스도와 (더 넓은) 문화의 관계를 바라보는 신뢰할 만한 유일한 생각이라고 주장하지 않을 것이다. 오히려, 그들은 동시에 구속사의 모든 전환점들과 씨름하려고 애써야 한다. 자신들의 문화적 위치 때문에 특정한 성경적 강조점들을 더 우선시할 수밖에 없다는 것을 인정하면서도 말이다.

이렇게 이해하게 되면, 다음과 같은 세 가지가 가능해진다. (a) 성경의 **말씀**에 대한 보다 큰 비교문화적이고 기독교적인 의견 일치, (b) 특정한 주변 문화들의 요구에 대한 유연한 적응, 그리고 (c) 보다 넓은 문화가 변할 때—말하자면, 탄압이 멈추고, 콘스탄티누스 혁명이 일어나고, 교회가 야만적인 탄압에 의해서가 아니라 권력의 유혹에 의해서 더 큰 위기에 처할 때—성경의 스토리 라인의 포괄성과 그 강조점의 다양성으로 인해 그리스도인들은 세상에 존재하는 자신을 생각하는 방식을 재구성하고, 형성하고, 교정하게 된다는 사고방식. 따라서 당연히 구속사의 포괄적인 전환점들을 인정할 뿐만 아니라 그 자신의 시대를 잘 읽고 어떻게 그 문화적 환경에 대응하는 것이 최선이며 주도권을 쥐는 것인지 고민하는 것이 가장 깊이 있는 기독교적 입장이 될 가능성이 크다.

요약해 보자. 기어츠가 제시한 문화의 정의를 한 번 더 떠올려 보자. "문화 개념은… 상징들 안에 표현된 의미들이 역사적으로 전해 내려온 유형이며, 상징적 형식으로 표현된 전승 개념 체계이다. 이것을 수단으로 사람들은 삶에 관한 지식과 삶에 대한 태도들을 소통하고, 이어가고, 그리고 계발한다."[23] 문화는 개인이 소유하는 것이 아니다. 개인이 특정한 문화를 구현하더라도 말이다. 분명히, 특수한 문화의 자리는 다양하며 다른 문화들과 중복될 수 있다. 그러나 이것이 하나의 문화가 다른 문화와 유용하게 비교되거나 대조될 수 없다는 것을 의미하지는 않는다.[24] 그리스도인들은 자의식을 가지고 성경을 바라본다. 특히 기독교적 그룹 안에서 '전수되어 내려온 의미 유형'으로 해석하면서 말이다.

그렇지만 한편으로 그 그룹 안에서 '전수되어 내려온 의미 유형'의 일부는 그들의 부르키나파소나 파고파고의 시민이라는 사실과 더 연관되어 있을 수 있다. 그들은 불가피하게 그들 자신을 그들의 동료 시민들과의 연속성 안에서, 그리고 불연속성 안에서 발견할 것이다. 그리고 그 동료 시민들은 그들의 기독교적 유산과 신념을 공유하지 않는 사람들이다. 똑같이, 그들은 상당히 상이한 문화 안에서 생활하고 있는 지구상의 다른 지역 그리스도인들과 연속성을 갖고 있거나,

불연속성을 갖고 있다는 것을 발견하게 될 것이다. 이러한 이유 때문에 우리는 (특정 유형의) 기독교와 (다른) 문화들 사이의 관계에 대하여 유효하게 이야기할 수 있다. 또는, 여러 가지 단서 조건들을 고려해서 말한다면, 우리는 그리스도와 문화에 관하여 생각할 수 있다고 말할 수 있을 것이다.

더 나아가, 기독교적 의미와 가치의 유산은 우리로 하여금 모든 것들을 달리 보게 하시는 하나님의 계시에 따라 결정된다.[25] 자주 인용되는 루이스(C. S. Lewis)의 말처럼, "나는 태양이 뜨는 것을 믿는 것처럼 기독교를 믿는다. 내가 태양을 보기 때문만이 아니라, 태양으로 내가 다른 모든 것들을 볼 수 있기 때문이다."[26] 바로 이런 이유 때문에, 그리스도와 문화에 대한 고찰이 유익하고 의미 있는 일이라고 기대할 수 있는 것이다: 이것은 사물을 보는 다른 방식에 대한, 사물을 보는 다른 전망에 대한 고찰이다. 우리가 동일한 사물을 보고 있을 때도 말이다.

포스트모더니즘 재정의하기

이 토론은 겉보기에 기독교적인 어떤 문화가 다른 어떤 기독교적인 문화만큼 기독교적이라고 정당하게 주장할 수 있는지, 여전히 여지를 남겨두고 있다. 그렇게 주장할 수 없다면, 그리스도와 문화에 관한 토론이 할 수 있는 최선은, 선택항목들에 관하여 이야기하는 것이다. 물론, 니버는 바로 그런 일을 한다. 그러나 그리스도인들이 성경은 (많은 사람들이 좋아하는 종교개혁의 표현을 빌려) '규범을 만드는 규범'(norming norm)이라는 데 동의한다면, 우리는 더 포괄적인 종합—특정한 시대와 장소에 있는 그리스도와 문화의 관계가 **어떤지**에 대한 기술뿐만 아니라, 성경에 비추었을 때 그 관계가 **어떠해야 하는지**까지—을 시도하고 있어야 한다. 그러한 노력은 틀림없이 **성경 안에** 있는 다양성을 설명하기에 충분할 정도로 유연한 종합을 낳을 것이다; 이것은 또한 다양한 입장들을 하나로 묶을 수 있을 만큼 통합되어야 한다. 그렇지 않다면 성경이 이러한 문제들에 대하여 우리를 바로잡을 희망은 그리 많지 않다; 성경이 '규범을 만드는 규범'으로서 기능할 희망은 그리 많지 않다.

이러한 탐구를 어렵게 만드는 것들 가운데 하나는 (적어도 영어를 사용하는 세계에서는) 그러한 종합들이 불가능하다는 인식이 널리 퍼져 있다는 사실이다. 포스트모더니즘은 그러한 종합들을 진부한 것으로 몰아가고 있다. 한 가지를 다시 언급할 필요가 있을 것 같다. 북미에서 '포스트모더니즘'은 해로울 정도로 활기가 있으며, 거기서 상보적이고 때로는 경쟁적인 많은 정의를 가지고 있다. 프랑스에서는 이것이 거의 사장된 범주인데 반해서 말이다. 프랑스에서 포스트모더니즘은 텍스트에 대한 특정한 문학적, 비평적 읽기와 단단하게 연결되어 있었는데, 그러한 읽기가 더 이상은 유행하지도 않고 있으며, 철학 학파들의 관심도 받지 못하고 있다: 대부분의 유럽에서 지배적인, 분석적 철학 전통은 포스트모더니즘의 환원주의들에 전혀 밀리지 않았다.

더 나아가, 프랑수아 리오타르(François Lyotard)의 영향 때문에 포스트모더니즘은 여타의 '이즘'(ism) 이상으로 일관성 있게 논의되지 못했다. 리오타르는 독자들에게 일체의 '큰 그림'(big picture)이나 '메타 내러티브'(metanarratives)에 대해 깊이 의심하라고 가르쳤다. 아주 최근 한 유능한 철학자가 쓴 프랑스 저작은, '포스트모더니티'(postmodernity)를 하나의 현상으로 이야기할 수는 있지만[27] '포스트모더니즘'(postmodernism)은 확실하게 이야기할 수 없다고 말한다.

이와 대조적으로 미국에서는, 포스트모더니즘이 거의 모든 인간 영역에 영향을 끼치는 구호가 되었다. 물론 유럽 사상의 일부 흐름은 근본적으로 반형이상학적(anti-metaphysical)이며, 이런 태도가 프랑스에서는 그렇게 잘 통하지 않더라도 미국에서는 포스트모더니즘이라는 딱지가 붙을 것이라는 말은 해 두어야 할 것 같다. 더 중요한 것은, 글로벌 커뮤니케이션의 힘 덕분에, 굉장히 다양한 '포스트모더니즘'의 형식들이 프랑스어권 서부 아프리카와 타이완, 타이베이 같은 다양한 지역—이런 곳에서 나는 '포스트모던 교회들에서의 사역'을 주제로 강연을 해 달라는 요청을 받았다—에서 나타나고 있다는 사실이다.

복음주의 공동체 안에서조차도, 포스트모더니즘의 위치와 의미에 관한 목소리들이 다양하게 자라고 있다.[28] 복음주의 공동체를 넘어 더 넓게는, 포스트모더니즘에 대한 분명하고 때때로 신랄한 경보가 잦아들 기미가 전혀 보이지 않고 있다. 지안니 바티모(Gianni Vattimo), 리처드 로티(Richard Rotty), 산티아고 자발라(Santiago Zabala)의 최근 저작 *The Future of Religion*(종교의 미래)[29]은 유럽과 미국의 합작 프로젝트인데, 심도 있는 반형이상학적 저작이다. 그들은 말하기를, 종교 일반과 특히 기독교는 '존재신학'(onto-theology)과 '사실주의'(realism), '객관주의'(objectivism)를 포기해야 하는 처지에 있으며, 그 결과 한때 공동의 광장을 관리하던 기독교의 역량은 사라지고 있다. 기독교의 기능은 단순히 사적인 안정을 제공하는 것이며, 역량껏 시민적 의무(civic duty)를 행하고 시민적 덕성(civic virtue)을 보여 주는 것이다.

이 저자들은 어떻게 기독교가 이러한 지점에 도달했는지는 서로 동의하지 않는다. 로티는 기독교가 진보적인 계몽주의의 압력 때문에 전복되고 있다고 생각하는 반면에 바티모는 그 변화가 기독교 자체의 메시지에서 비롯된다고 생각한다. 기독교의 '실제 메시지'는 (포스트모던적 허무주의와 일치하는) 사랑을 제외하고는 형이상학과 아무런 관계도 없다. 그러나 그들은 중심 논제에 관해서는 동의한다. 그리고 그들이 옳다면, 그리스도와 문화의 관계를 토론하는 것은 틀림없이 부적절한 것이다.

포스트모던적 방향 전환을 기쁘게 받아들이는 사람들도 있다. 다만, 그들은 포스트모더니즘이 진정한 하나님의 실재에 관해서는 이야기하기를 주저한다는 것을 지적하고, 형이상학에 똑같이 의구심을 나타내며, 앞으로 나아가는 유일한 길은 화이트헤드(Whitehead), 하트숀(Hartshorne), 그리고 오그덴(Ogden)의 사상으로 회귀하는 것이라고 주장한다.[30] 틀림없이, 모든 구조가 지식 자체보다 지식을 추구하는 인간에 관해 이야기하는 것이 아니냐는 의구심이 많이 생기는 상황에서는, 한 걸음 더 나아가 실재는 우리 자신들이 구성하는 것이라고 결론 내리기가 훨씬 쉽다. 리프킨(Rifkin)이 이 점을 다음과 같이 아주 잘 담아내고 있다.

> 우리는 다른 사람의 집에서 더 이상 손님으로 느끼지 않으며 따라서 우리의 행동을 이미 존재하고 있는 우주의 규칙에 맞출 의무도 더 이상 느끼지 않는다. 이것은 이제 우리의 피조물이다. 우리가 규칙을 만든다. 우리가 실재의 한계를 정한다. 우리가 세계를 창조하며, 그렇기 때문에 우리는 더 이상 외부의 힘으로부터 은혜를 입고 있다고 느끼지 않는다. 우리는 더 이상 우리의 행동을 정당화할 필요가 없다. 우리는 이제 우주의 건축가이기 때문이다. 우리는 우리 바깥에 있는 어떤 것에도 책임을 지지 않는다. 우리가 왕국이요, 힘이요, 그리고 영광이기 때문이다. 영원히.[31]

프랑케(Franke) 같은 대체로 기독교적인 작가의 보다 차분한 산문에서조차도[32] 이 문제는 날카롭다. 항상 그것들은 우리의 유한성,

우리의 문화적 자리, 그리고 지식을 추구하는 인간의 환경특수성에 더 많은 강조점을 두고, 신적 계시의 내용에는 (그 내용이 인간의 문화적 상황 내에서 그리고 그 안에서 많은 것을 드러내더라도) 강조점을 덜 둔다. 그 결과가 어떨지 예측할 수 있다. 신적 계시의 권위는 점진적으로 익숙해지는 한편 이 신적 계시가 문화를 어떻게 **비판할** 수 있는지는 거의 말하지 않게 된다.

틀림없이, 이 입장은 강력한 논박을 끌어내고 있다. 프랑케의 가장 최근의 책은 폴 헬름(Paul Helm)의 강렬한 비판을 받았다.[33] 그리고 그 비평은 논쟁의 돌풍을 일으켰다.[34] 일부는 때때로 가장 강력한 포스트모던한 목소리들에 대한 통렬한 고발에 가담했다. '객관적 진리'의 자리와 그것을 알 수 있다는 가능성을 지키려는 의도였다.[35] 적어도 표면상으로 미국에서는 모더니즘과 포스트모더니즘, 근본주의와 포스트근본주의 사이에서 양보하지 않는 대립—오직 승자와 패자만 존재하여 '아무도 포로를 두지 않는' 전쟁—이 시작된 것처럼 보인다.

그러나 또 다른 길이 존재한다. 순화된 모더니즘과 '부드러운'(soft) 포스트모더니즘의 주장이 상당히 유사하다는 점을 실제로 발견하게 될지도 모른다. 순화된 또는 온건한 모더니즘은 진리를 추구하지만 우리 인간이 모르는 것이 얼마나 많은지, 우리가 우리의 정신을 얼마나 자주 바꾸는지, 그리고 왜 우리가 안다고 주장하는지 인정한다. 부드러운 포스트모더니즘은 특정한 관점으로부터—우리는 모두 관점주의자(perspectivalists)이다. 관점주의자들은 이 사실을 인정하는 쪽과 그렇지 않은 쪽으로 나누어지지만 말이다―사물을 볼 수밖에 없다는 것을 진심으로 인정하지만 우리 인간이 알 수 있는 실재가 우리 외부에 존재한다는 것도 인정한다. 우리가 실재를 철저히 또는 완벽하게 알 수 없고 오로지 우리 자신의 관점으로밖에는 알 수 없지만 말이다. 우리 인간은 진리에 조금씩 다가선다. 다시 말해 진리에 점진적으로 접근한다. 우리가 진리를 알 수 없다는 진리를 주장하는 것은 자기모순이다.[36] 이러한 모더니즘과 이러한 부드러운 포스트모더니즘을 나란히 놓고 보면 둘은 서로 닮았다는 것을 알 수 있다. 둘은 단지 다른 것을 강조하고 있을 뿐이다.

사실, 항상 자인하는 것은 아니지만, 스스로를 온건한 기초주의자(moderate foundationalists)로 생각하는 작가들과, 스스로를 반대편에서 이 중심에 접근하고 있는 조심스런 포스트기초주의자(postfoundationalists)라고 생각하는 작가들이 존재한다. 그렌츠(Grenz)와 프랑케의 책 *Beyond Foundationalism*(기초주의를 넘어서)[37]의 가장 놀라운 요소들 가운데 하나는 바로 이 온건한 기초주의, 즉 부드러운 포스트모던 문학에 관하여 전혀 언급하지 않는다는 점이다. 물론 이것과 대화를 주고받지도 않는다.[38] 그들이 풍자하듯이, 기초주의는 그들에게는 단지 희생자에 지나지 않는다. 그리고 이 점은 일부 포스트모던 작가들 사이에서도 꽤 공통적으로 발견된다. 그들이 모더니즘과 모더니즘이 수반하는 기초주의를 (보통 이것의 가장 극단적인 형식만을 갖고서) 악마화할 수 없다면, 그들은 자신의 입지를 방어할 수 없다고 생각하는 것 같다.

그러나 부드러운 기초주의자가 존재하듯이, 온건한 또는 부드러운 포스트기초주의자도 존재한다. 앨빈 플랜팅가(Alvin Plantinga)는 기초주의를 멀리하기 시작하면서도, 하나님에 대한 믿음은 적절한 기초가 될 수 있다고 조심스럽게 주장함으로써 일부가 생각하는 것보다는 포스트기초주의가 더 유연할 수 있다는 것을 보여 준다.[39] 사실 필립스(D. Z. Phillips)는 이 사례에서 훨씬 더 나아가 플랜팅가가 기초주의를 비판함으로써 그가 거부하기 시작한 것의 손아귀로부터 결코 제대로 벗어날 수 없다고 주장한다.[40] 케빈 밴후저(Kevin Vanhoozer)는 포스트모더니즘의 다양한 형식들의 강점들을 잘 알고 있지만 텍스트들을 통해 전달되는 의미와 진리를 보전하기 위한 길을 찾는다.[41] 과학은 '축소된'(deflationary) 또는 '최소의 그리고 조각난 현실주의'(minimal and piecemeal realism)에 관하여 말하는 법을 배워 왔다.[42]

보다 폭넓게, 크리스쳔 스미스(Christian Smith)는 '관점주의적 사실주의'(perspectivalist realism)를 채택한다: "사물이 언제나 인간의 구성과 해석인 것은 아니다; 인간의 의식 속에는 그것에 대한 균형 잡힌 실재의 대상이 존재한다. 그것은 인간에게 재료(materials)를 제공하고, 인간들은 다시 이것을 해석하여 그들에게 실재인 것을 구성한다."[43]

에스더 미크(Esther Meek)의 최근 책은[44] 지식에 대한 순전히 합리주의적인 접근과 회의주의로 흘러가는 포스트모던 경향에 대한 사려 깊은 비판을 함께 제공한다. 그렇지만 이 책은 희망과 지식의 즐거움이 가득한 복잡한 인식론으로 끝내고 만다. 한편으로 그녀는 일반적인 서구적 입장을 이렇게 비판한다. "사람들은 지식이 자신이 확신하는 무엇인가여야 하며, 틀릴 것 없어야 한다고 생각하며, 그렇지 않은 것은 지식이 아니라고 생각한다."[45] 그리고 결국 이러한 입장은 '안다'(to know)라는 동사와 이것과 같은 어원의 말들을 성공의 단어(a success word)로 만든다. 곧 우리가 그 단어를 사용할 때 우리는 성공적으로 올바른 진리를 획득했다는 생각을 품게 된다."[46] 진리를 추구한다는 것은 곧장 무오류성과 절대적 확실성을 추구하는 것이 된다.

그 결과는, 미크에 대한 탤봇(Talbot)의 유효한 비평에서 찾을 수 있다: "고전 철학과 현대 철학 둘 다 회의주의 상태에서 시작하여 확실성을 획득하려는 시도를 거친 다음 그것을 달성하는 데 실패한 결과 다시 회의주의로 돌아가는 과정을 거친다."[47]

이 사실에 비추어 볼 때, 포스트모더니즘이 "절대적 진리는, 절대적 메타내러티브는, 거대한 이야기는, 하나의 길은 존재하지 않는다"고 주장하는 것은 단순히 "회의주의에 대한 최신의 항복"에 지나지 않는다.[48] 그러나 인간이 지닌 알 수 있는 능력을 말하기 위해서 필요한 것이 무엇인지에 관해서 보다 온건한 입장을 채택함으로써, 그리고 인간이 아는 모든 것을 자세히 알기 위해서는 수많은 능력, 감각, 해석, 문화적 실재들이 필요하다는 것을 인정함으로써, 인간이 '아는 것'을 이야기하는 것은 전적으로 적절한 것으로 남아 있다.

미크의 모든 주장을 따르든 따르지 않든, 모더니즘과 포스트모더니즘 사이에서 발생하는 논쟁 가운데 많은 부분들은 실제로 구태의연하고 단순하고 지나치게 환원주의적이라는 사실 한 가지는 분명하게 알 수 있다. 북미의 많은 지역에서 이 문제가 여전히 심각하다는 사실을 보여 주는 예는, 최근 미시간에서 있었던 유명한 '이머징 교회'(emerging church) 지도자와 보다 '전통적인' 기독교 사상가 사이에서 벌어진 논쟁이다. 이 논쟁은 한쪽이 다른 한쪽에게 질문하는 형식으로 진행됐다. 보다 '전통적인' 기독교 사상가는 실제로 그의 질문들을 두 달 앞서 던졌다. 그 질문들 가운데 하나는 바로 이것이었다. "당신은 진정한 기독교에 필수적인 신념들을 열거할 수 있겠습니까? 할 수 있다면, 그것들은 어떤 것들입니까?" '이머징 교회' 지도자는 잠시 헛기침을 하면서 머뭇거리다가 이윽고 바른 실천(orthopraxy)을 위해서는 필요하지만 진리나 믿음은 요구하지 않는 몇 가지를 열거했다. 진리에 관하여 말할 때 이같이 망설이는 태도는 성경의 기자들에게서는 도저히 찾아볼 수 없는 것이다.[49]

여기는 포스트모더니즘에 관한 방대한 목록들을 길게 나열하는 자리가 아니다. 이 연구의 목적으로는, 전지하신 하나님의 무제한적인 지식에 견주었을 때 인간의 지식은 제한적이고 조건적이라 하더라도, 인간의 지식을 이야기할 수 있을 정도로 넓은 지적인 공간은 존재한다는 사실을 확인하는 것으로 충분하다. 더 나아가, 내가 제안하는 방식으로 그리스도와 문화에 관하여 이야기하기 위해서는, 기독교의 본질적이고 특수한 진리들을 이야기할 수 있어야 하는 것은 물론이고 성경의 스토리 라인과 메타내러티브, 큰 그림을 이야기할 수 있어야 한다. 이 문제를 소극적인 방식으로 말하면 이것이다: 우리는 가장 강한 어조로 큰 그림은 존재하지 않는다는 사상을 거부해야 한다. 이 주제에 관하여 내가 읽은 가장 놀랍고 통찰력 있는 짧은 분석 중 하나는 이안 로즈(Ian Rose)의 것이다.[50] C. S. 루이스의 『스크루테이프의 편지』의 전통 안에 있는 로즈는 지옥 군대는 오늘날 모든 사람들에게 큰 그림은 존재하지 않는다는 것을 확신시켜 주는 방법을 가르치는 일을 하고 있다고 묘사한다. 그 이유는 큰 거짓말(one Big Lie) 하나면 기독교를 충분히 무너뜨릴 수 있기 때문이라는 것이다. 이 거짓말은 "하나님은 죽었다"라는 어리석은 주장보다는 훨씬 놀랍지 않은 것이다. 그래서 이 거짓말은 더 신빙성이 가고 그만큼 더 파괴적이다.

간단히 말해서, '부드러운' 포스트모더니즘은 세상에 두 종류의 관점주의자들, 두 종류의 포스트모더니즘이 있다는 폭넓은 동의를 얻기 쉽다: 이것을 인정하는 쪽과 인정하지 않는 쪽. 우리의 한계성과 타락은 이러한 결론으로 우리를 이끈다. 우리는 거울을 통하여 어렴풋하지만 본다. 그럼에도 불구하고, 우리는 본다. 순화되지 않은 포스트모더니즘이 거친 상대주의에게 자기주장을 확대해 나가고 큰 그림을 알 수 있는 가능성을 부인한다면, 그것은 우상숭배이며 반기독교적일 뿐 아니라 자기모순과 어리석음에 빠지는 것이다.

세계관들에 관한 우려

최근 몇 년, 상당히 많은 저자들이 '세계관' 일반과 특수하게는 '기독교 세계관'을 비웃고 있다. 일부는 유한한 인간은 결코 세계에 대한 참된 관점을 가질 수 없다는 근거를 제시하면서 세계관을 의심한다. 그리고 만약 우리가 세계를 바라보는 참된 관점을 가질 수 없다면, 우리의 '세계관'은 우리가 숭배하려고 세운 우상에 불과하지 않은가? 그리고 우리가 그런 세계관을 다른 사람들에게, 심지어 다른 문화권에 살고 있는 다른 그리스도인들에게 강요한다면, 무엇보다도 분명한 우상숭배가 아닌가? 때때로 이것보다 더 현학적으로 공격하지만[51] 이러한 주장들에서 절대로 벗어나지는 않는다.

'세계관'은, 결국, '세계'에 관한, 모든 실재에 관한 관점일 뿐이다. 세계관은 전체를 보려고 시도한다는 의미에서만 포괄적이다. 그러나 나의 지식으로는, 어느 누구도 세계관이 "세상에 관한 참된 관점을 획득한다"고 말할 수 없다. 바로 이것이 허수아비를 세우며 자주 되풀이되는 포스트모던의 속임수이다: 누군가 참된 견해를 획득하든가 아니면 타당한 세계관 같은 것은 존재하지 않든가.[52] 참된 견해를 '획득한다'는 바로 이 관념은 무엇인가의 품위를 떨어뜨리고 길들인다는 말로 들린다. 더 나쁜 것은, 만약 '참된 관점'이 완벽이라는 관념을 내포한다면, 즉 실재 그 자체에 완벽하게 일치하는, 모든 실재에 대한 견해를 내포한다면, 이런 의미의 '세계관'은 분명하게 전지하신 하나님만이 누리실 수 있는 특권이다. 그러나 기준이 너무 높게 놓여 있다. 인간은 실재의 '전체'를 볼 수 있는, 작지만 전적으로 일관성 있는 의식이 존재한다. 사실 이것이 바로 성경의 스토리 라인이 제공하는 것이다. 세계관은 신성에 관한 질문(하나님이 존재한다면, 그분은 어떤 분인가?), 기원에 관한 질문(나는 어디로부터 왔는가?), 의미에 관한 질문(나는 누구인가?), 악에 관한 질문(왜 이토록 많은 고난이 있는가? 만사가 제대로 안 된다면, 왜 그런가?), 구원에 관한 질문(무엇이 문제이고, 그 문제는 어떻게 해결할 수 있는가?), **목적**에 관한 질문(나는 왜 여기에 있는가? 미래는 어떻게 될 것인가?)을 다룰 수 있을 만큼 충분히 포괄적이어야 한다. 모든 원자보다 작은 모든 쿼크를 확인할 수 있다는 의미가 아니다. 하나님에 관하여 모든 것을 말할 수 있다는 것이 아니다. 이것은 단지 전체의 모양을 볼 수 있을 만큼 넓은 시각을 가질 수 있다는 말이다. 그리고 바로 이것이 성경이 제시하는 것임에 틀림없다고 내가 주장하는 바다.

나는 인식론적 문제를 다루려고 하지 않았다. 즉, 성경에 기초한 세계관에 다다를 수 있는 길을 보여 주는 상세한 지도를 제시하려고 하지 않았다. 이러한 성찰은 또 다른 프로젝트에 속한다. 그럼에도 불구하고 기독교 세계관, 기독교 신학적 시각은 하나의 신념 체계 이상이어야 (이것이 결코 그 이하는 아니더라도) 한다는 말은 하고 넘어가야 할 것 같다. 이것은 또한 그러한 신념들에 맞춰서 자의식을 갖고 생각하고 행동하는 의지력을 포함한다. 성경의 스토리 라인은 결국 예수 그리스도의 복음의 중심인데, 우리가 적극적으로 소중히 품고 추구하는 **최고선**(summum bonum)을 세운다. 이것이 바로 요한이 진리를 믿는 것과 진리를 행하는 것을 둘 다 말할 수 있었던 이유이다.

라쉬케(Raschke)와 더불어, 이러한 포스트모던 시대에 우리는 세계관을 '넘어' 하나님은 전적인 타자이므로 우리는 그분을 오직 믿음으로만 받아들일 수 있다고 인정하는 입장으로 '넘어' 가야 할 필요가 있다는 주장과, 이러한 반응이 오직 믿음[53]을 강조하는 종교개혁과 전적으로 일치하는 것이라는 주장은 몇 가지 차원에서, 몇 가지 면에서 혼란을 불러일으킨다. 특히, 재차 이것은 '세계관'을 어떤 토론에서도 인정할 수 없는 것으로 왜곡했다. 결국, 성경의 스토리 라인을 진지하게 취급하려는 이 시도는 하나님에 관하여 알 수 없는 상당한 공간을 남겨 둔다.

모더니스트들 역시, 신명기 29장 29절("감추어진 일은 우리 하나님 여호와께 속하였거니와 나타난 일은 영원히 우리와 우리 자손에게 속하였나니"), 로마서 11장의 끝부분("깊도다 하나님의 지혜와 지식의 풍성함이여, 그의 판단은 헤아리지 못할 것이며 그의 길은 찾지 못할 것이로다"), 그리고 비슷한 여러 구절들을 읽는다. 더욱 중요한 것은 성경에 따르면 믿음은 무엇보다도 **진리를 똑똑하게 읽고 변호함으로써** 자라고 강해질 때가 많다. 성령의 능력에 의해 강화되고 육성된 하나님을 향한 신뢰는, 그분에 관하여 알지 못하는 부분보다는 그분이 당신 스스로를 드러내신 부분 안에 기초한다. (다시 말하자면) 초자연적인 행동들, 그중에서도 으뜸이 되는 예수님의 부활 안에서뿐만 아니라, 약속의 말씀과 교훈 안에서—이것들은 믿어야 하는 것이고 행동의 기초가 되어야 하는 것이다—말이다. 믿음에 대한 라쉬케의 견해는 종교개혁보다는 불트만적 실존주의(Bultmannian existentialism)⁵⁴⁾와 더 많은 공통점을 가지고 있다. 말할 필요도 없이 신약성경과는 더욱 멀어진다.

종종 칼뱅의 주장을 경건하게 언급하면서, 하나님에 대한 인식불가(unknowability) 또는 불가해성(incomprehensibility)을 주장하는 포스트모던의 취향은 몇 가지 근본적 차이점들을 습관적으로 간과한다. 특히 칼뱅이 말한 "하나님은 불가해하다"의 의미와 칸트가 말한 "하나님은 불가해하다"의 의미 사이에는 엄청난 간격이 있다. 칼뱅이 이 말을 했을 때는, 하나님은 측정할 수 없을 정도로 인간을 초월하시지만, 인간이 하나님에 관한 진리들(true things)을 전혀 모른다는 것을 의미하지 않는다. 그뿐만 아니라 하나님은 당신의 형상을 지닌 인간들에게 당신에 관한 진리를 드러내시기까지 하셨다. 가지계(noumental world)와 현상계(phenomenal world) 사이의 칸트적 구별은 매우 다른 방향으로 나아가며, 결국 하나님에 대한 우리의 개념은 질서를 세우는 우리의 지적 능력에서 비롯되는 것으로 끝난다. 우리의 지적 구성물과 실재 사이에는 아주 불확실한 연관성만 있다고 결론 내린다.⁵⁵⁾

칼뱅의 이름으로, 하나님에 대한 불가지성이라는 칸트적 견해를 축복하는 것은 시대착오와 교묘한 속임수 사이에 있는 어떤 것에 지나지 않는다. 더 나아가, 우리가 하나님을 은유적인 언어로 늘 이야기하더라도, 몇 가지 기초적인 구분을 해야 우리는 몇 가지 함정을 피할 수 있다.[56] 누군가는 은유를 사용하여 진리를 말할 수 있다.[57] 더구나 하나님이 성경 속에서 자신을 드러내시는 것을 언급하기 위해, 성경이 필수적으로 은유를 곳곳에 배치했다면, 우리는 거기에서 일의적 유비(univocal analogy)와 다의적 유비(equivocal analogy)를 구별하는 것이 좋다. 따라서 "하나님은 존재한다" 같은 진술은, 그리스도인들에게는 **은유적** 진술이 아니라(즉, 이것은 인간 창조성의 산물이 아니다), **일의적 유비적** 단언이다. 영적인 존재 '하나님'은 우리가 '존재한다'라고 말하는 것과 같은 많은 방식으로 '존재한다'라고 표현될 수 있다. 이와 대조적으로, "하나님은 우리의 하늘 아버지시다"라는 진술은 **다의적 유비적** 진술이다. 즉, 비록 하나님은 우리가 '아버지'라고 할 때 의미하는 그대로는 아니지만, **두루 말하자면** 하나님은 그분의 자녀 된 사람들에게 '하늘에 계신 아버지'이다.[58]

요약하자면, 문화에 관한 작금의 논의나 포스트모던 사상의 어떤 경향에 대한 작금의 의존 때문에 그리스도와 문화에 관한 우리의 성찰을 단념해서는 안 된다고 나는 이 장에서 주장해 왔다. 틀림없는 사실은 어떤 그리스도인도 어떤 의미에서 그의 종족이나 언어나 민족이나 집단의 보다 넓은 문화에 속해 있다는 것이다. 그럼에도 불구하고, 성경의 스토리 라인이 틀을 잡아 실재에 대한 전망을 강하게든 약하게든 충실하게 붙들고 있기 때문에, 그리스도인들의 세계관은, 실재에 대한 전망과 그것을 향한 신뢰와 순종을 받아들이지 않는 사람들의 다양한 세계관들—세계에 대한 시각—과 반드시 갈등을 빚는다. 모든 세계관의 한계와 본질상의 교정 가능성(corrigibility), 다른 세계관들과의 중복의 종류와 정도 등을 끊임없이 되풀이한다면 토론은 참을 수 없을 정도로 지겨워질 것이다. 나는 이런 말을 계속 되풀이할 수는 없다. "그리스도와 문화"라는 말로, 실제로 내가 의미하는 것은 "기독교적 문화와 그 주위에 있는 문화가 맺고 있는 관계로서 모든 기독교적 문화는 반드시 그 문화 주위의 문화에 의해 형성된다. 기독교 문화가 주위 문화의 일부를 이루고 있으면서도, 성경과 성경의 스토리 라인—기독교적 문화들은 자신들의 권리를 이것에 근거하여 주장하며, 그리스도인들에게 이 권위 있는 텍스트는 규범을 정하는 권위로서, 보다 넓은 문화 안에 있는 다른 요소들의 압력에 그들이 근본적으로 맞설 수 있도록 해준다—을 충실하게 공유하고 있기 때문에 세계의 다른 곳에 있는 기독교 문화들과 강력하게 연결되어 있다." 우리는 일반적으로 단서를 붙여 상당히 경제적으로 그리스도와 문화에 관하여 이야기할 것이지만, 이러한 넓은 사고들이 무시되지 않는 방식을 사용할 것이다.

여기서 성경 복음에 맞서는 몇 가지 큰 전망들을 고찰해 보는 것이 도움이 될 것 같다. 그러한 과정은 왜 그리스도와 문화를 깊이 생각하는 것이 가치 있는 일인지 보여 준다. 각 경우에서 나는 선에 대한 관점들이, 성경의 스토리 라인 안에 기초를 두고 있는 기독교적 관점과 상호작용하고 경쟁하는 몇 가지 방식들을 기술할 것이다. 이렇게 서로 다른 선에 대한 전망들이 서로 다른 문화적 그룹들을 형성하는 한, 우리는 서로 경쟁하는 문화들을, 더 정확하게 말하면 그리스도와 문화를 토론할 것이다. 이것이 바로 다음 장의 목적이다. 그러나 포스트모더니즘을 둘러싼 현재의 논쟁들 속의 인식론적인 문제들에 몰두하는 사람들에게는 다음 몇 쪽이 그들의 지적 욕구를 해소하거나 만족시키지는 못할 것이다.

(인식론적으로) 한 걸음 더

포스트모더니즘과 관련한 인식론적 쟁점들에 관한 논쟁들은, 북미에서 너무나 첨예하게 나타나 그 복잡한 양상을 조금 더 면밀하게 조사하는 것도 적절해 보인다. 인식론, 포스트모더니즘, 신앙이라는 문제를 다루는 현재의 논쟁들에 관심이 없는 독자라면, 이 몇 쪽을 그냥 건너뛰어도 손해 볼 건 없을 것이다.

나는 최근에 출간된 제임스 스미스(James Smith)의 *Who's Afraid of Postmodernism?: Taking Derrida, Lyotard, and Foucault to Church* (『누가 포스트모더니즘을 두려워하는가?: 포스트모더니즘 삼총사, 교회에 오다!』, 살림 역간)를 통해 논의를 전개해 나갈 것이다(이후 이 책에서 인용한 부분은 본문 안에서 'W 쪽수'로 표시한다). 스미스는 자크 데리다, 프랑수아 리오타르, 미셸 푸코는 그리스도인들에게 해악을 끼친다기보다는 도움을 준다고 말한다.

데리다부터 시작하자. 데리다의 해체(deconstruction) 독해는 몇 가지

방식으로 그가 자주 반복한 슬로건 "텍스트 바깥에는 아무것도 존재하지 않는다"로 요약된다. 그러나 데리다는 텍스트 바깥에는 문자적으로 아무것도 존재하지 않는다거나 세계 전체는 거대한 텍스트에 지나지 않는다고 주장하는 언어학적 이상주의자가 아니다. 오히려, 그는 해석되지 않는 텍스트, 해석되지 않는 실재에 접근할 수 있는 길은 존재하지 않는다고 주장하고 있다. 이 점을 스미스는 이렇게 말한다. "모든 것이 경험되기 위해서는 해석되어야 한다. 데리다는 해석의 편재성을 주장하는 포괄적인 해석학자(comprehensive hermeneuticist)라고—더 나은 용어가 없기 때문에 이렇게 부른다—부를 수 있는 사람이다. 우리의 모든 경험은 이미 하나의 해석이다"(W 39). 사실, 이 입장은 "종교개혁의 원칙인 '오직 성경'의 급진적 번역으로 여길 수 있다. 특히, 데리다의 통찰을 통해 우리는 교회의 두 가지 핵심 강조점을 재발견할 수 있다. (a) 전체 세계에 대한 우리의 이해를 숙고하기 위한 성경의 중심성과 (b) 성경을 해석하기 위한 "공동체의 역할"(W 23). 물론, 스미스는 만약 누군가 우리가 해석한 것들만 가지고 있다면(복음에 대한 해석을 포함하여), 복음 그 자체가 진리라는 것을 알 수 없다고 대답할 것이라는 사실을 잘 알고 있다. 사실, 그는 내가 "이와 유사한 비판"(W 43)을 하고 있다고 말한다.

카슨은 틀림없이 스탠리 그렌츠(Stanley Grenz), 브라이언 맥클라렌(Brian Mclaren) 같은 '확고한 포스트모더니스트들'은 절대적 또는 '객관적' 진리라는 근대적 개념들을 거부하기 때문에 진리를 모두 포기할 것이라고 우려하고 있다. 그러나 카슨의 비판들을 보면, 그는 진리를 객관성과 간단하게 등치하고 있음이 분명하다. 카슨에게는, 어떤 사람이 '객관적으로'(objectively) 안다면 그는 '참으로'(truly) 아는 것이다.[59] 한편으로 카슨은 인간은 결코 모든 것을 아는 척 가장할 수 없는데, 이것은 인간이 유한하지만 실제로 안다고 주장할 수 없다는 의미는 아니라고 바르게 지적한다. 그러나 유한한 지식에 대한 그의 긍정은 슬그머니 객관적 지식에 대한 긍정으로 넘어간다. 비록 그는 객관성을 정의하지 않지만(그의 프로젝트를 감안할 때, 이것은 꽤 큰 누락이다) 몇 가지 자명한 가정이 함축하고 있는 바를 따져 보면 카슨은 다음과 같이 생각하고 있음이 틀림없다: 진리가 객관적이라면, 그것은 해석의 문제가 아니다(W 43).

스미스는 나에 대해서 너무나 복잡한 오해를 하고 있어서 어디서부터 시작해야 할지 모르겠다. 아마도 몇 가지를 고려하는 것으로 충분할 것 같다.

(a) 나는 어디에서도 "진리가 객관적이라면, 그것은 해석의 문제가 아니다"라고 주장한 적이 없다. 나는 *The Gagging of God*(하나님 속이기)에서 바로 이 점을 부정하는 데 많은 지면을 할애했다. 그리고 더 널리 알려진 『이머징 교회 바로 알기』에서도 나는, 다양한 방식으로 오직 두 가지 종류의 관점주의자들—자인하는 사람들과 부인하

는 사람들—이 존재한다고 반복했다. 우리는 우리의 유한성을 벗어날 수 없다. 사실, 그리스도인들은 가장 급진적인 포스트모던들보다 더욱 더 우리의 유한성에 대해 근본적으로 분석하고 있다. 왜냐하면 우리는 우리의 유한성뿐만 아니라 우리의 타락도 고백하기 때문이다.[60]

(b) '객관적'과 '객관적으로'라는 말은 오해하기 쉬운 말이라는 것을 나는 조심스럽게 인정하며, 『이머징 교회 바로 알기』에서는 *The Gagging of God*에서만큼 둘 사이의 몇 가지 필수적인 차이를 구분하는 데 많은 시간을 할애하지 않았다. 그럼에도 불구하고 조심스런 독자라면 내가 반복적으로 *The Gagging of God*에서 지적한 요점을 『이머징 교회 바로 알기』에서도 파악할 수 있을 것이라고 생각했다. 인간은, **실재와 일치하는 것을 사실상 알 수 있다는 의미로**, 객관적인 진리를 알 수 있다. 그러나 인간은 그것을 객관적으로 알 수는 없다. 즉, 인간은 인간의 유한성(완성의 이쪽 면)과 타락, 관점주의의 한계들을 벗어날 수 없으며, 따라서 어떤 것도 완벽하게 또는 중립적인 입장에서 알 수 없다. 이것이 우리의 모든 지식은 반드시 해석된 지식이라는 말이 아니면 무엇인가?

이것이 바로 내가 오랫동안 토론되어 온 해석학적 순환, 지식에 대한 점근적 접근, 지평의 거리두기와 융합의 성격을 다소 길게 개진한 이유이다. 우리는 어떤 것들을 진정으로(truly) 알 수 있다. 즉, 우리의 지식은 실재와 일치할 수 있다. 우리에게 실재에 관한 전지적 지식—

이 지식의 기준은 오직 하나님의 것이다—이 있기 때문이 아니라 비록 부분적이고 중계된 것이긴 하지만, 우리의 지식은 하나님의 계시의 말씀과 행동에 기초하고 있기 때문이다. 인간 지식은 여전히 진리에 관한 지식이다. 이것을 달리 표현하면, 모든 해석들이 똑같은 것은 아니다. 만약 모든 해석들이 똑같다면, '확고한' 포스트모더니즘을 겨냥한 가장 강력한 비평들이 반드시 돌아온다. 물론, 두 가지 해석은, 우리가 그것을 '객관적으로' 알 수 없더라도, 실제로 ('객관적인') 진리에 대한 똑같이 타당한 표현일 것이다. 왜냐하면 두 가지 해석은 서로 다른 관점으로 동일한 실재를 보고 있기 때문이다. 그러나 어떤 해석들은 실제로 진리를 왜곡하고, 또는 진리를 배신하기도 한다. 그것들은 잘못된 해석이다.

(c) 이것이 바로 성경이 끊임없이 **진리**의 중요성과 확실성(reliability)을 강조하는 이유이다. 우리가 선언하는 것은 복음의 **진리**다. 물론 일일히 각주를 달아, 하나님의 은총과 성경의 역사가 없다면 우리는 이 진리를 분별하고 이 진리에 복종할 수 없다는 것을, 우리의 해석들은 불가피하게 부분적이며 잠재적으로 허점이 있다는 것을 다시 한 번 기꺼이 인정할 수 있다. 그러나 우리의 시간을 그런 각주를 다는 데 다 써 버린다면, 우리는 진리와 진리의 선포, 진리를 증언하는 강력한 성경의 강조점을 저버리게 될 것이다.

(d) 이머징 교회 운동의 많은 지도자들은—내가 자주 강조했듯이, 확실히 전부는 아니지만—우리의 지식은 해석된 것이며 그 지식

은 모든 해석들의 본질적인 상대화를 향해 움직인다는 **참된**(true) 주장으로—이제는 여러분들에게 아이러니하게 들리겠지만—시작했다. 이 요점이 어떻게 반박될 수 있는지 나는 알지 못한다. 내가 『이머징 교회 바로 알기』에서 소개했던 대학생의 사례—그 대학생은 그 자료들을 읽은 결과 성경이 진리를 말하고 있다는 사실에 거북해 하고 있었다—는 단지 하나의 고통스러운 사례일 뿐이다. 그 책 마지막에 내가 포함시킨, 진리에 관한 모든 성경 구절들은 그 학생의 딜레마에 대한 답변이었다.[61] 이것이 상당한 정도로 목회자들에게 도전이 되고 있다.

이제 리오타르로 넘어가자. 많은 포스트모던들은 그의 '메타내러티브에 대한 회의'(incredulity toward metanarratives), 그가 '큰 그림'(grands recits)이라고 부른 것에 대한 회의에 동감한다. 스미스는 메타내러티브들이 리오타르에게서 독특한 의미를 갖는다고 주장한다. 메타내러티브들은 "뚜렷하게 모던한 현상이다. 이것들은 거대한 이야기를 말할 뿐만 아니라 (모던 이전과 종족적 이야기들도 이런 이야기들을 말하므로) 또한 보편적 이성에 호소함으로써 그 이야기의 권리를 정당화하거나 입증할 수 있다고 주장한다"(W 65). 따라서 그가 결론적으로 반대하는 것은 모더니즘의 모던한 과학 이면에 있는 이런저런 종류의 '큰 이야기'다. 그 거대한 내러티브가 헤겔의 정신의 변증법이든, 칸트의 합리적인 것의 해방이든, 무엇이든 말이다.

이러한 거대한 내러티브는 합리화하지 않으면 안 된다. 이것들은 다른 주장들이 서 있는 기초를 이룬다. 그럼에도 불구하고 리오타르는 주장하기를, 이러한 거대한 이야기들은 독자적인 지위를 갖고 있지 않다. 이것들은 그 자체가 특정한 사람들과 문화들의 산물이기 때문이다. "리오타르는 메타내러티브를, 자체의 특수성을 위장하고 합리화하려는 보편적 담론이라고 매우 독특하게 정의한다. 즉, 내러티브를 기초로 메타내러티브가 진행되는데도, 메타내러티브들은 그것들의 내러티브 기초들을 부인한다. 메타내러티브에 있는 문제점은 그 자체의 신화적 기초를 자백하지 않는다는 것이다. 포스트모더니즘은 내러티브나 신화에 대한 회의가 아니다. 반대로, 이것은 모든 지식은 그런 것에 기초한다고 털어 놓는다"(W 69). 포스트모더니즘은 모더니즘의 보편화하려는 태도를 던져 버리고 싶어 한다. 스미스에 따르면 이러한 점은 모두 복음에 매우 좋은 것이다. 이것은 프랜시스 쉐퍼(Francis Schaeffer)와 코넬리우스 반틸(Cornelius Van Til)을 상기시킨다. 리오타르는 기독교를 전복시키려고 하지 않았다. 그는 모더니즘을 전복시키려고 했다. 그래서 그리스도인들은 그의 노력에 감사해야 한다.

 이 견해는 옳기도 하고 순진하기도 하다. 스미스가 리오타르의 사상을 바르게 요약했다는 점에서는 옳다. 하지만 순진하다. 스미스는 리오타르가 메타내러티브를 너무 엄격하게 정의해서 우리가 생각하는 성경적 메타내러티브가 다른 것으로 판명된다고 생각한다. 그러나 많은 기독교 사상가들은 리오타르의 '메타내러티브에 대한 회의'에서 성경의 핵심 스토리 라인이 지닌 포괄적 권위가 파괴될 수도 있는 위협을 발견했다. 사실, 스미스는 미들턴(Middleton)과 월시(Walsh), 그렌츠(Grenz), 잉그라피아(Ingraffia) 등의 기독교 사상가들이 리오타르에게서 기독교적 주장들을 상당히 위협할 만한 요소를 발견했다는 것을 인정한다. 그러나 스미스는 "성경적 내러티브는 메타내러티브로는 적절하지 않기" 때문에(W 69), 이러한 사상가들은 아무것도 아닌 것을 걱정하고 있다고 판단했다.

솔직히, 이 말을 리오타르에게 한다면 그가 동의할지 나는 의심스럽다. 확실히 맥클라렌 같은 유명한 저자들은 지금 다소 포괄적인 의미에서 메타내러티브에 대해서 회의하기 때문에 그들은 그리스도의 주장들이 성경의 포괄적인 스토리 라인에 기초를 둔 것이라고 진술하는 것을 거부한다. 단 한번도 그들은 당당하게 이 스토리 라인이 참이라고 말하지 않는다. 스미스는 많은 그리스도인들이 "과학적 사실에 대한 모더니스트적 안정화를 꾀하여 기독교를 단지 또 하나의 명제들(proposition)의 집단으로 축소시킨다. … 지식은 캡슐에 집어넣을 수 있고 기호화할 수 있는 성경적 정보로 축소된다"(C 74)고 통렬하게 비판한다.

그런 다음 그는 내 글에서 '참된'이나 '진리'라는 말을 사용한 목록으로 눈을 돌린다. 아마도 그 목록이 그를 화나게 한 것 같다. "이 장은, 단지 문서화함으로써 '확고한 포스트모더니즘'을 비판하는 명백한 힘이 있다고 여겨지는 증거 텍스트 목록의 집합이다. '참된'

이나 '진리'라는 말을 사용한 성경 구절들을 모아 놓은 일종의 색인이다. 바로 이 점에 관하여, 특히 내러티브에 관한 질문들에 관하여 (W [카슨] 163-166), 카슨이 맥클라렌을 비판한 것은 잃어버린 지점을 찾는 영웅적 모험이다"(W 74n.17). 그런 다음 그는 이렇게 질문한다. "인간에 대한 하나님의 계시가 명제들이나 사실들의 집단이 아닌, 내러티브 안에서—창세기에서 요한계시록에 이르는 거대한, 포괄적인 이야기—주어진다는 것은 이상하지 않은가?"(C 74) 솔직히 말하면, 나는 이 사실에서 이상한 점을 전혀 찾을 수 없다. 아니 멋지다. 그래서 나는 그 내러티브, 바로 이 큰 이야기, 가장 강력한 용어로, 바로 이 **메타내러티브**—이것을 이렇게 부른다면—의 중요성을 강조했다.[62] 내가 오로지 강조한 것은 그 포괄적인 내러티브가, 그 내러티브에 호소함으로써 무시될 수 없는 명제들을 포함한다는 것이다. 진리를 언급할 때, 맥클라렌은 예수님이 진리이며 따라서 진리는 인격적이며 합리적이라고 말하는 경향이 있다.

좋다. 그것은 한 명의 신약 기자가 진리라는 말을 사용했던 방식이다. 성경적 내러티브와 대조되는 나의 참고 목록은, 기독교적 믿음의 총합을 함께 구성하는 명제들의 목록을 만들려고 제시된 것이 아니었다. 성경적 내러티브가 지닌 타협할 수 없는 중요성을 나보다 더 강조한 사람은 거의 없다. 내가 그 목록을 제시한 목적은 성경의 기자들이 진리에 관하여 명제적 용어로(비록 이것들이 유일한 용어는 아니지만), 곧 실재와 일치하는 명제들로 (즉, 우리가 그것들을 객관적으로 안다고 주장할 수 없더라도, '객관적으로' 참된 명제들로) 이야기할 때 얼마나 즐거워했는지 보여주기 위함이었다. 나는 스미스의 반응들이야말로 잃어버린 것을 찾으려는 영웅적 모험이라고 말하고 싶은 유혹을 많이 느끼고 있음을 고백한다.

그리고 마지막으로 미셸 푸코다. 스미스는 푸코의 저술들을 그의 초기 작업들에서 시작하여 훌륭하게 추적한다. 권력 기관들—감옥, 학교, 병원, 그리고 공장—에 대한 연구를 통해 푸코는 "권력은 지식이다"라고 확언했다. 이런 모든 기관들의 핵심에는 (성적, 금전적인 관세의 핵심에서는 말할 것도 없이) 권력의 네트워크가 존재한다. 니체와 마찬가지로, 많은 부분에서 푸코는 '지배라고 하는 끝없이 되풀이되는 연극'[63]이라는 오직 하나의 드라마만 공연되고 있다고 주장한다. 시간이 지나면서 푸코는 서서히 니체에게서 멀어졌으며, 고전적 자유주의나 계몽주의의 입장으로 되돌아간 것 같다. 그래서 스미스는 누가 진짜 푸코인가를 놓고 푸코 학자들이 벌인 논쟁에 조심스럽게 주목한다.[64] 여전히 스미스의 관심은 그가 '포스트모던 교회'라고 부른 것에 푸코가 어떻게 긍정적인 영향을 줄 수 있을지 확인하는 것이다.

포스트모던 그리스도인들 사이에서 푸코의 유용함을 보존하려면 우리는 "푸코를 살짝 물구나무 세워야 한다"[스미스의 표현, W 103]. 우리는 푸코가 본 악한 것들을 보아야 하며—스미스 자신은 먼저 푸코를 자본주의에 적용한다—모든 형식의 '규율 사회'에 대한 푸코의 경고를 거부해야 한다. 오히려 하나님이 권위를 행사하시기 때문에, 하나님의 백성은 유혹과 타락을 부추기는 것들, 말하자면 MTV 같은 것들에 맞서고 멀리할 수 있는 규율 사회들을 만들어야 한다. 틀림없이, 하나님의 영의 힘을 얻은 경건한 규율은 반드시 필요하다. 그러나 물론 푸코는 하나님도 예외로 하지 않는다. 다른 어느 곳에서도 푸코는 권력의 행사에서 발견한 잘못된 모든 것들을 그가 아는 기독교적 기관들과 직접적으로 연결시킨다. 다른 말로, 스미스가 포스트모던 그리스도인들이 푸코로부터 가치 있는 무엇인가를 배우기를 바란다는 사실에도 불구하고, 기독교적 규율과 이것에 내재하고 있는 권력의 행사에 관한 문제라면 그리스도인들은 푸코와는 정반대로 가야 한다는 것을 인정해야 한다. 대충하는 말로 보이더라도, 이것을 "푸코를 살짝 물구나무 세우는 것"으로 생각하는 것은 전적으로 오해하기 쉬운 것은 아니라고 나는 생각한다.

스미스의 제안은 이머징 교회가 급진적 정통주의(Radical Orthodoxy)로 알려진 운동과 제휴해야 한다는 것이다(W 109-146).[65] 데리다, 리오타르, 푸코 같은 포스트모던 사상가들은 우리가 진리의 대변인 노릇을 하고, 진리의 소유권을 주장하고, 또는 강제력을 행사하는 전통들을 깊이 회의할 수 있도록 바르게 가르쳤다. 스미스는 이렇게 말한다. "포스트모던 신학이나 종교의 많은 주장들은 종교적 고백의 특정한, 결정적인 형식들에 대해 깊은 비판 의식을 갖고 있다는 점을 잘 새겨들어야 한다"(W 117-118). 포스트모던 사상가들은 주장하기를, 전적으로 기독교적인 프로젝트는 실패한 꿈으로 끝나 버렸다. 그들은 "지식과 확실성에 관한 데카르트의 방정식"을 거부하고(W 118) 대신, 언젠가 "나는 알지 못한다, 나는 믿어야 한다"고 썼던[66] 데리다의 지혜를 따른다. 스미스는 그들의 입장을 다음과 같이 기술한다.

달리 말하면, 포스트모던 신학자들은 이렇게 말한다. "하나님께서 그리스도 안에서 세상과 화해하셨다는 것을 우리는 알 수 없다. 우리가 할 수 있는 최선은 단지 믿는 것이다." 왜? 안다는 것은 확실성을 의미하기 때문이다. 우리는 그런 확실성은 불가능한 꿈이라는 것을 알고 있다. 그러므로 실제로 우리에게는 지식이 없다. 우리는 알지 못한다. 우리는 오로지 믿을 뿐이다. 그리고 그런 믿음은 언제나 신비롭고 모호할 것이다. 그러나 이런 사실은 나쁜 것이 아니다. 오히려 그 반대이다. 이것은 해방하는 믿음이며 정의롭게 하는 믿음이다. 우리가 경계를 세우고 규율을 정하기 시작하는 것은 우리가 하나님에 관하여 무엇인가를 안다고 생각하는 바로 그때다(W 119).

스미스는 이러한 포스트모던한 분석을 바로 받아들이지 않지만, 그는 이것에 대체로 공감한다. 그는 이렇게 말한다. "이머징 교회의 형성을 끝까지(진지하게) 생각하려고 노력한 많은 사람들은 이러한 비판의 대부분을 바르게 긍정했다"(W 119). 그는 유사한 "급진적 정통주의의 특징을 이루는 데카르트적 패러다임에 대한 거부"가 존재한다고 말한다(W 120). 이것이 바로 그가 포스트모던 신학자들을 끌고 가려고 하는 방향이다. 인간은 끝까지 살 수 없으며 어떤 전통에 기초하지 않고서는 어떤 것도 이해할 수 없다—그리고 그것이 바로 급진적 정통주의의 관심이다. 사실 데리다의 "나는 알지 못한다. 나는 믿어야 한다"와 아우구스티누스의 저 유명한 금언 "나는 믿는다. 그러므로 나는 이해한다" 사이에는 어떤 연관성이 있다. 그런 의미에서, 포스트모던 그리스도인들은 아주 "교조적이다." 데카르트적 확실성들을 거부하면서도, 그들은 초대 기독교 세대들의 교리적 믿음들을 많이 갖고 있다. 이런 식으로 보면 교부 시대의 고대 그리스도인들은 영원한 포스트모던들이었다고 스미스는 주장한다. 물론, 이렇게 많은 '교조주의'는 대부분의 이머징 교회 지도자들을 화나게 한다. 그러나 이 지점에서 스미스는 포스트모던 지도자들을 바로잡아 급진적 정통주의에서 구해 내려고 시도한다.

이것은 무비판적 근본주의나 종교적 우파의 승리주의 입장으로 회귀할 것을 주창하는 것이 아니다. 오히려 이것은 우리의 고백과 실천이, 변증할 필요도 없이 분명하게 기독교적인 고백(그리스도 안에서 이루어진 하나님의 역사적 계시이며 그 계시에 대한 교회의 응답이 역사 안에서 드러난다는 고백)의 특수성에서 시작해야 한다는 것을 확언하기 위한 것이다. 따라서 교리적으로 충실하게 된다는 것은 변증할 필요도 없이 분명하게 고백한다는 것이다. 이렇게 하려면, 우리의 고백의 결정적 특징에 대하여 변증할 필요도 없이 분명하게 하며, 많은 포스트모던 신학이 드러낸 데카르트적 우려에 반대해야 한다. 또한 그 고백은 교회의 언어를 사고와 실천 둘 다를 위한 패러다임으로 엄격하게 바꾸어 해석해야 한다 (W 123).

이제 여기서 일곱 가지를 말해야 할 것 같다.

(1) 스미스는 모든 '확고한'[67] 포스트모더니스트들의 고전적 약점을 기술하기만 하고 논박하지는 않는다. 오히려 그는 그것을 대부분 채택한다. "하나님이 그리스도 안에서 세상과 화해하셨다는 것을 우리는 알 수 없다. 우리가 할 수 있는 최선은 단지 믿는 것이다"라고 포스트모던 신학자들은 말한다.[68] 왜 그런가? "안다는 것은 확실성을 의미하기 때문이다." 그런 다음 이 신학자는 덧붙인다. 조금도 당황하지 않고, "그런 확실성은 불가능한 꿈이라는 것을 우리는 안다" [그의 표현 그대로이다!]. 포스트모더니즘이 확고하면 확고할수록, 그 주장은 더욱 더 절대적이며, 그리고 그것은 더욱 더 내적으로 비논리적이다. 만약 포스트모던 신학자가 그런 확실성이 불가능하다는 것을 **안다면**, 그는 그것을 **확실하게** 아는 것이 틀림없다. 그러나 그것은 확실한 지식은 전혀 불가능하지 않다는 것을 의미한다. 다른 한편으로, 만약 포스트모던 신학자가 단지 실수로 말했다면, 그리고 단지 그런 확실성은 불가능하다고 단지 믿을 뿐이라면, 아마도 그는 실수를 한 것이다.

나는 많은 '확고한' 포스트모던들이, 거의 모호하지 않게 그리고 발언 곳곳에서, 이러한 내적 모순의 함정에 빠지는 것을 보았다. 이러한 포스트모던 입장 안에 있는 많은 것들이 "옳은 것임이 확인되었다"고 말하고 있기는 하지만, 스미스 그 자신이 무조건 이러한 논리를 따르고 싶다고 생각할 이유는 없다. 하지만 그는 다음과 같이 말할 정도로 포스트모던 입장을 충분히 받아들인다. "이것은 분명하게 급진적 정통주의의 특징을 이루는 데카르트적 패러다임에 대한 거부이다." 그리고 이것은 그가 아우구스티누스—그는 아우구스티누스를 오해하고 있는 것 같다. 아래 볼 것—편에 서 있음을 보여 주는 근거가 된다. 달리 말하면, 만약 스미스가, 그가 토론하고 있는 전형적인 포스트모던 신학자의 내적 모순을 드러냈다면, '데카르트적 패러다임'의 이러한 거부를 받아들이는 대신, 그가 다시 급진적 정통주의로 옮겨가는 것이 훨씬 더 어렵다는 것을 알게 됐을 것이다.

(2) 모든 지식은 확실성과 연결되어 있다고, 데카르트주의자들은 생각한다는 인식이 쉽게 오도될 수 있기 때문에, 좀 지겨운 일이기는 하지만 이것을 다시 끄집어 이야기한다. 사실, '부드러운' 포스트모던들의 상당수는 전염되지 않도록 이 함정을 피한다. 그러나 모던주의자들 가운데 상당수는 상대적으로만 '확실성'을 추구하고 자신을 완전한 지식에 대한 확고한 주장으로부터 극적으로 멀리한다는 것을 우리가 일단 인정하면, 스미스의 양극단적인 논증은 무너진다. 나는 이미 '부드러운' 포스트모던들과 순화된 모던들이 동감을 갖고 상대방을 경청할 수 있는 방식들을 논의했다. 그러므로 여기서 그 주장

을 되풀이할 필요는 없다.

(3) 다시 한 번 성경의 실제적 언어로 되돌아가는 것이 중요하다. 성경의 기자들은 명제적 진리를 포함한 진리에 관하여 주저하지 않고 말했다. 마찬가지로, 그들은 전혀 주저하지 않고 사람을 아는 것에 관하여, 하나님을 아는 것에 관하여, 그리고 사물에 관하여, 그리고 진리들에 관하여 이야기했다. 누가가 그의 복음서를 데오빌로에게 소개할 때, 당신이 **이미 배운 것의 확실성**을 당신이 알게 하기 위하여(눅 1:4) 쓰고 있다고 말한다. 부활하신 후에, 예수님은 사도들에게 당신의 모습을 보여 주셨고, 여러 가지 방법으로 당신이 살아 계시다는 것을 증언하셨다(행 1:3). 물론, 많은 성경 기자들은 또한 믿음의 중요성을 강조한다. 내 요지는 그들이 믿음과 진리에 관하여 믿는다는 것과 안다는 것에 관하여 이야기할 수 있다는 것이다. 확실히 이러한 지식은 전지한 지식이 아니다. 누가가 데오빌로가 얻었으면 좋겠다고 희망한 '확실성'은, 하나님께만 속해 있는 확실성이 아니다. 그러나 이것이 바로 성경의 언어다. 그리고 이것은 인간이 알 수 있는 지식의 양식과 범위에 전적으로 어울리는 것이다.

(4) 여기서 우리는 "나는 믿는다. 따라서 나는 이해한다"라고 말한 아우구스티누스를 생각하게 된다. 스미스는 명사 '믿음'과 동사 '믿는다'의 의미를 우리에게 말하지 않기 때문에, 내가 그를 바르게 이해한 것인지 확신할 수는 없다. 그러나 급진적 정통주의에 속한 다른 신학자들과 같이, 나는 그가 신약성경과 아우구스티누스에게서

발견되는 어의적 범위(semantic range)로부터 이러한 단어들의 의미를 약간 왜곡했다고 생각한다.

바울이 고린도 교회에 보낸 편지에서 복음에 관하여 진술하는 부분부터 시작하자(고전 15:1-11). 바울이 단언하기를, 복음에서 타협의 여지없는 요소들의 하나는 예수 그리스도의 부활이다. 그의 주장의 일부로서, 바울은 만약 예수님이 죽음에서 부활하지 않았다면, 그것이 의미하는 바가 무엇인지 질문한다(15:12-19). 그는 몇 가지를 열거한다. (a) 부활하신 예수님을 보았다고 주장한 증인들은 거짓말쟁이가 될 것이다. 여기에서 주의해야 할 쟁점은 진리 말하기다. 즉, 실재와 일치하는 보고를 한 증인들이다. 분명히, 그 증인들과 그리스도인들도 부활에 대한 전지적 이해를 주장하지 않는다. 그 증언은 틀림없이 관점적이다. 그러나 바울은 그것이 참된 증언이 틀림없다고, 즉 그 보고는 실재와 일치하는 것이 분명하며 또는 그 증언들은 거짓말이 아니라고 강조한다. 따라서 예수님의 부활에 관한 진리는, 그것이 바로 그곳에서, 시간·공간의 역사에서, 실제 세상에서—인간은 결코 전지하신 하나님에게만 속한 종류의 인식론적 객관성을 주장할 수 없더라도—일어난다는 의미에서 '객관적'이다. (b) 만약 예수님이 죽음에서 부활하지 않았다면, 사람들은 여전히 죄 가운데 있다. 물론 그 가정은 예수님이 우리를 위하여 죽고 부활하지 않았다면 우리는 여전히 우리의 죄악 가운데 있다는 사실을 포함하여, 성경이 이야기하는 다른 실재들은 여전히 참되다는 것이다. (c) 고린도 교회 교인들의 믿음은 헛되다. 다른 말로 바울이 믿음을 이해한 바에 따르면, 믿음을 타당하게 하는 요소는 믿음의 대상이 참된 것이다. 만약 고린도 교인들이 예수님이 죽음에서 부활했다는 것을 믿는데, 사실 그는 죽음에서 부활하지 않았다면, 믿음의 대상이 거짓이기 때문에 그들의 믿음은 타당하지 않다. 물론, 믿음은 무엇인가가 참되다고 인정하는 것 이상이다. 성경에서, 믿음은 하나님과 하나님의 말씀에 대한 신뢰, 하나님의 아들에 대한 신뢰를 독특하게 연결시킨다. 히브리서에서, 믿음은 인내를 포함한다(예를 들어, 이 요소가 히브리서 11장에서 얼마나 강한지를 보라). 그러나 예외 없이, 만약 그 대상이 신뢰할 수 없는 것이라면, 또는 외견상의 사실들(ostensible facts)에서 만약 그 믿음의 대상이 참되지 않다면, 믿음은 타당하지 않다. 성경은 참되거나 참되지 않다는 것이 확실치 않은 곳에 우리의 믿음을 두라고 절대 권고하지 않는다. (d) 당연히, 만약 우리가 참되지 않은 무엇인가를 믿는다면, "모든 사람 가운데 우리가 더욱 불쌍한 자이리라"(15:19). 다른 말로, 바울은 믿음을 행하는 사람들이 진실하고 경건하기 때문에 믿음이 고결하다고 생각하지 않는다. 참된 대상이 없는 믿음은 헛된 것이라고 바울은 단언한다.

그러나 서구 세계의 많은 곳에서, 믿음은 그 대상의 참됨이나 확실성과 전혀 연결되지 않는다. 믿음은 사적이고, 주관적이고, 종교적인 선호에 지나지 않는다. 많은 사람들이 믿음은 절대 왜곡 가능성이 없으며, 따라서 서로 경쟁하는 믿음들은 일반적으로 또는 실질적으로 토론될 수 없다고 생각한다. 고맙게도 스미스는 그렇게까지 나아가지는 않는다. 그러나 그에게, "믿음은 언제나 신비롭고 모호할 것이다." 좋다. 그럴 수도 있고 그렇지 않을 수도 있다. 믿음은 그것이 참된 믿음인 곳에서(바울의 의미에서), 우리가 실천하는 것일 뿐만 아니라 하나님의 선물이라는 점에서(바울의 의미에서), 항상 신비롭다(예. 엡 2:8-10). 우리가 장래를 확실히 알 수 없는 곳에서 하나님과 하나님의 말씀을 신뢰한다는 점에서 믿음에는 모호한 요소들이 존재한다고 말할 수는 있을 것이다. 그러나 주시해야 할 핵심은 성경에서 우리가 보지 못하거나 알지 못하는 것 때문이 아니라, 우리가 이러한 하나님에 관하여 알게 되는 것 때문에—우리의 칭의를 위해 하나님이 당신의 아들을 죽음에서 일으키셨다는 사실과 같은 진리를 포함하여—장래에 이러한 하나님을 신뢰하는 것이 **타당하다**는 점이다. 믿음은 우리가 알지 못하는 곳에서 하나님을 향한 확신을 가질 수 있게 하는데, 그것은 하나님의 변함없는 속성에 기초하고 있어서 우리가 하나님의 은혜로 전적으로 확실하게 이해할 수 있게 되기 때문이다. 스미스는 이것을 철저하게 규명하지 않는다. 성경에서 전혀 알려지지 않은 양극성을 도입하여 믿음을 앎과 구별하는 데 너무 바빠서 그렇다.

아우구스티누스가 "나는 믿는다. 따라서 나는 이해한다"고 했을 때 그는 스미스의 다소 거친 의미가 아니라, 성경적인 의미의 믿음을 생각하고 있었다. 많은 서구적 주관주의의 대중적 의미가 아님은 두말할 필요도 없다. 모더니즘이 인간을 자율적으로 생각하는 존재로 바라보는 것과 달리, 아우구스티누스는 우리 그리스도인들이 유한하며, 의존적이고, 창조되었으며, 구속받은 존재라는 것을 잘 알고 있다. 모든 이해의 출발은 우리를 만드시고 그리스도 안에서 구속하신 하나님에 대한 믿음이다. 아우구스티누스도, 신약성경에서 누가가 말한 "그들에게 확실한 많은 증거"를 제시하는 것을 포기해야 한다는 의미로 말하지는 않는다(행 1:3).

"우리는 주의 두려우심을 알므로 사람들을 권면하거니와"(고후 5:11)라고 말할 때, 우리는 여전히 바울을 따르고 있다. 동시에, 만약 누군가가 사실상 설득을 당해서 이러한 것들을 이해하게 되는 것은 그들의 삶 가운데 있는 하나님의 영의 자비로운 역사 때문이라는 것을 인정한다(고전 2:14). 그리고 항상 우리가 사람들에게 진리를 믿으라고 촉구하는 이유는, 우리가 인식론으로 중립적인 관점에서 이러한 진리에 접근할 수 있기 때문이 아니라, 사람들이 인정하든 안 하든 그 진리는 하나님이 주신 것과 일치하기 때문이다. 그러므로 아우구스티누스의 "나는 믿는다. 따라서 나는 이해한다"는 데리다의 "나는 알지 못한다. 나는 믿어야 한다"와는 다른 세계이다. 아우구스티누스는 바울과 마찬가지로(갈 2:15-18, 롬 3:27-31), 믿음의 인식론적 필연성을 강조한다. 그러나 바울과 마찬가지로, 그는 그가 이야기하고 있는 것이 '복음의 진리'라고 강조하며(갈 2:14), 이것은 틀림없이 데리다가 긍정할 수 없는 것이다.

(5) 스미스가 본인을 조심스럽게 상상의 대담자, '포스트모던 신

학자'로부터 거리를 둔다면, 고백적 정통주의에 대한 스미스의 헌신은 끝난다. 한 가지 차원에서, 이것은 굉장히 위안을 준다. 그렇다면, 스미스가 이러한 고백적 정통주의를 선택하고 그것을 그의 포스트모던 동시대인들에게 추천하는 근거는 무엇일까? 나는 위에서 인용한 두 번째 단락을 다시 인용해야 할 것 같다. 그리고 이번에는 반복적으로 나오는 한 가지 단어를 강조하겠다.

이것은 무비판적 근본주의나 종교적 우파의 승리주의 입장으로 회귀할 것을 주창하는 것이 아니다. 오히려 이것은 우리의 **고백**과 실천이, 변증할 필요도 없이 분명하게 기독교적인 **고백**(그리스도 안에서 이루어진 하나님의 역사적 계시이며 그 계시에 대한 교회의 응답이 역사 안에서 드러난다는 고백)의 특수성에서 시작해야 한다는 것을 확언하기 위한 것이다. 따라서 교리적으로 충실하게 된다는 것은 변증할 필요도 없이 분명하게 **고백**한다는 것이다. 이렇게 하려면, 우리의 **고백**의 결정적 특징에 대하여 변증할 필요도 없이 분명하게 하며, 많은 포스트모던 신학이 드러낸 데카르트적 우려에 반대해야 한다. 또한 그 **고백**은 교회의 언어를 사고와 실천 둘 다를 위한 패러다임으로 엄격하게 바꾸어 해석해야 한다 (W 123).

아주 가깝다. 그렇지만 아주 멀다. 바로 이것이 급진적 정통주의의 전형이다. 이것은 어떤 것의 뿌리에 이르지 못했기 때문에 단순히 매우 '급진적'인 것이 아니다. 급진적 정통주의는 역사적 정통주의와 정통 실천과 마찬가지로, 기독교적 신념 구조와 기독교적 행동을 올바르게 지지한다. 바로 이 점에 우리는 감사를 표한다. 그러나 우리는 이러한 움직임 때문에 우리의 고백이 기독교적 고백의 특수성으로부터 나온 것을 확언한다는—변증할 필요도 없이 분명하게—말밖에는 할 말이 없다. 이것은 전적으로 잘못된 것은 아니다. 기독교적 고백주의는 역사적 기독교 고백주의와 일치해야 한다.

그러나 역사적 기독교 고백주의의 내용은 참일까? 우리는 단지 초내 그리스도인들이 이것을 믿었기 때문에 믿는가? 나는 스미스가 그렇게 최소한의 기대만 하려 했다고는 생각지 않는다. 그는 이러한 고백이 "그리스도 안에서 이루어진 하나님의 역사적 계시 안에서 주어졌으며 그러한 계시에 대한 교회의 응답의 역사 안에서 드러났다"고 말하고 있다. 훌륭하다. 그 계시는 참인가? 아니면 우리는 단지 다른 사람들이 그 계시를 고백했기 때문에 그것을 고백하는가? 그들은 믿음이 그것을 받아들여야 한다고 주장하고 있으면서도—어떤 주관적인 믿음이 아니라, 또한 주장과 동떨어진 단순히 고백적인 의미가 아니라, 참된 것으로 선포된 대상이 있는 엄격한 인식론적 의미에서—신약 기자들과 아우구스티누스 둘 다 이러한 계시가 **진실 됨**을 분명한 어조로 확언하며 이러한 이유들을 제시할 준비가 되어 있다.[69]

(6) 이 인용문에서 스미스의 마지막 문장 "그 고백은 교회의 언어를 사고와 실천 둘 다를 위한 패러다임으로 엄격하게 바꾸어 해석해

야 한다"는 그가 예일 학파의 특징적인 후기자유주의 신학을 향해 경의를 표하는 방식이다. 다시 한 번 이러한 호소에 감사해야 할 이유가 많이 있다. 그리스도인들은 성경의 문화언어학적 언어에 익숙해져야 한다. 이것을 편안하게 사용하여 이것이 우리의 사고와 행동을 형성할 수 있을 정도로 말이다.

그러나 이렇게만 말하고 만다면 충분하지 않다. 사실, 이것은 불안정한 지적 접근이다. 우리의 문화언어학적 표현들을 성경의 문화언어학적 표현들에 맞춘다면, 우리는 기독교 고백주의와 일치하게 될 것이며 그 때문에 좀더 나은 사람들이 될 것이다. 그러나 성경적인 문화언어학적 매트릭스는 그 자체가 목적이 아니다. 우리는 하나님과 그리스도와 복음에 관하여 말하는 언어학적 표현들에 의해 구원받고 변화되지 않는다. 오히려, 우리는 하나님에 의해, 그리스도에 의해, 십자가에 못 박히시고 부활하신 그리스도에 의해, 그리고 이러한 은혜의 승리로부터 나온 모든 것에 의해 구원받고 변화된다. 물론 우리는 성경을 우리의 마음에 품고, 하나님의 말씀과 길을 숙고하고 그 안에서 기뻐하면서 성경의 계시에 관한 문화언어학적 매트릭스에 깊이 몰두해야 한다. 이러한 성경적 계시가 하나님과 그의 길에 관해 우리에게 진실 되게 말하기 때문이다.

그러나 우리는 십자가에 관한 말씀들에 의해서 구원받지 않는다 (그것이 아무리 성경적이라 하더라도 말이다). 우리는 십자가에 의해서 구원받는다. 물론, 우리는 말씀 없이는 십자가에 다가갈 수 없다. 그런 의미에서, 데리다는 옳다. 그러나 말씀 그 자체는, 우리가 하나님과 말씀이 가리키는 하나님의 행동을 신뢰한다고 강조한다. 텍스트를 초월하는 실재를 알고 강조하지 못하는 것은 단지 지적인 우상숭배. 우리는 (쉐퍼가 우리에게 가르쳐 주었듯이) 존재하시는 하나님을, 성육신하신 말씀을, 하나님의 아들의 죽음과 부활을, 성경의 역사적 재림을—우리가 말씀과 떨어져서는 그렇게 선포할 수 없다는 것을 기쁘게 인정할 때조차도—선포한다. 급진적 정통주의와 마찬가지로, 후기자유주의도 전형적으로 중요한 한 걸음을 너무 빨리 멈추었다.

(7) 누가 포스트모더니즘을 두려워하느냐고 스미스의 책 제목은 질문한다. 나는 아니다. 비록 포스트모더니즘이 조금 성가시다고 고백하기는 하지만. 사려 깊은 그리스도인이라면 모더니즘과도 포스트모더니즘과도 너무 가까이 제휴해서는 안 된다. 둘 다 너무나 기독교적 사상의 '나'나 '우리'에게 무겁게 의존하고 있기 때문이다. 그러나 모더니즘과 포스트모더니즘 둘 다에게서 배워야 할 것이 있다(스미스는 후자에게서 배우고 싶어 했다). 포스트모더니즘을 악마처럼 여기는 모던들과 동맹하는 것은 좋지 않다. 사실, 우리가 그것을 좋아하든 그렇지 않든, 우리는 모두 주관주의자이기 때문에 그렇다. 마찬가지로, 모더니즘을 악마처럼 여기는 포스트모던들과도 동맹을 맺어서는 안 된다. 사실, 하나님의 은총이 임한 유한한 존재라는 의미의 한계 안에서, 우리는 진리를 알 수 있고 선포할 수 있기 때문에 그렇다.

1) George Devereux, *From Anxiety to Method in the Behavioral Sciences*, Studies in the Behavioral Sciences 3(New York: Humanities Press; The Hague: Mouton, 1967), 210. 또한 참고. 212-215, 224-225.

2) 그는 이 책의 일부를 처음 발표한 보쉬세느(Vaux-sur-Seine) 콜로키엄에서 이 유비를 제안했다. 나중에 그는 이 내용을 논문으로 발표했다. "Discerner au sein de la culture," *Théologie Évangélique* 4/2 (2005): 50-52.

3) Richard A. Shweder, *Why Do Men Barbecue?: Recipes for Cultural Psychology* (Cambridge: Harvard University Press, 2003), 10에서 인용.

4) Geertz, *The Interpretation of Cultures*(New York: Basic Books, 1973), 89.

5) 이것은 전에 내 학생이었던 Mabiala Justin-Robert Kenzo의 논문에서 도움을 얻었다. "The Dialectics of Sedimentation and Innovation in Theology: A Study in the Philosophical Hermeneutics of Paul Ricoeur with Implications for an African Theological Discourse"(Ph. D. diss. Trinity Evangelical Divinity School, 1998).

6) Tomas Sowell의 중요한 논문 "History Versus Visions," *Black Rednecks and White Liberals* (San Francisco: Encounter Books, 2005), 247-291을 볼 것; 예를 들면, 그는 249쪽에서 이렇게 말한다: "다문화주의의 핵심 교리-문화들의 평등-는 이것이 구체적인 업적들-교육적이거나 경제적이거나 다른 어떤 것들이든-의 평등을 의미한다면 유지될 수 없다."

7) Robert J. Priest의 자극적인 논문 "Missionary Positions: Christian, Modernist, Postmodernist." *Current Anthropology* 42(2001): 29-68과 이 논문이 제기한 토론을 볼 것.

8) George Steiner, *After Babel: Aspects of Language and Translation*(Oxford: Oxford University Press, 1975), 특히 57ff.

9) 블로쉐는 이 사례를 보(Vaux) 컨퍼런스에서 발표했다. "Discerner au sein de la culture," 52 볼 것.

10) 일부는 스바냐 3장 9절이 모든 사람들이 하나의 언어로 말하게 되는 날을 고대한다고 주장한다. 그러나 이 본문을, 모든 사람들이 순수한 언어로 말하게 되는 날을 고대한다고 보는 사람들이 더 많다.

11) 물론 바로 이것이, '일치'가 성경에서 불변의 선이 아닌 이유이다. 일치에 대한 성경의 평가

들을 상세하게 연구한 것으로는 John Woodhouse, "When to Unite and When to Divide," *The Briefing* 279(December 2001): 13-17 볼 것.

12) 물론 많은 사람들이 이 발전에 관하여 논평한다. 최근의 흥미 있는 토론을 보려면 D. Spriggs, "The Bible: Cultural Treasure or Cultural Obstacle?" *Anvil* 19(2002): 119-130 볼 것.

13) 25년 전에 똑같은 지적을, 다소 다른 목적에서, Andrew F. Walls가 했다. "The Gospel as the Prisoner and Liberator of Culture," *Faith and Thought* 108(1981): 39-52.

14) Colin Greene, *Christology In Cultural Perspective: Marking Out The Horizons* (Grand Rapids: Eerdmans, 2004), 26. 같은 쪽 각주 78에서, 그린은 니버의 5중 유형론이 다음 셋으로 축소될 수 있다고 제안한다: (a) '사도 모델'(apostolic model): 니버의 "문화에 대립하는 그리스도"에 거의 비슷하다; (b) '기독교 왕국 모델'(Christendom model): 이것은 그리스도와 문화를 동일시하는 니버의 선택 항목에 근접하는 것이다; 그리고 (c) '다원주의 모델'(pluralist model): 이것은 '불행하게도' "문화에 대한 그리스도의 항복"을 의미한다. 그린의 이 유형론은 니버의 유형론보다 세밀하지 못하고 따라서 종합적이지도 못할 뿐만 아니라, 니버의 것보다 오해의 소지도 더 많다. 예를 들어, '사도적' 증언이 "문화에 대립하는 그리스도"를 분명하게 지지한다는 주장은 지독하게 환원주의적이라고 할 수 있다.

15) Greene, *Christology In Cultural Perspective*, 26.

16) 나는 영향력 있는 책, Kathryn Tanner, *Theories of Culture: A New Agenda for Theology*, Guides to Theological Inquiry(Minneapolis: Fortress, 1997)의 사례들에서 볼 수 있는 문화에 대한 토론 방식을 거부한다. 태너는 최근에 나온 많은 책들에서 '문화'가 어떻게 사용되는지 조사한다. 그는 포스트모던적 '문화적 전향'(cultural turn, 이 표현은 Dale R. Martin과 Patricia Cox Miller가 엮은 *The Cultural Turn in Late Ancient Studies* [Durham: Duke University Press, 2005]에서 많은 영향을 받은 것이다)에서 절정에 도달한 문화인류학자들의 책들에 특히 관심을 기울인다. 태너는 다양성과 관용, 자유, 평등이라는 가치들이 문화의 중심 요소라는 포스트모던적 관점에서, 신학은 어떻게 보이는지 묘사한다. 이러한 전망은 예일 학파가 제안한 것, 즉 한스 프라이(Hans Frei)와 조지 린드벡(George Lindbeck) 같은 인물들이 제안한 포스트자유주의 신학을 넘어선다. 포스트자유주의 신학은 지역 문화들이 특정한 동질성을 향유한다고 가정하는데, 이로써 신학은 문화언어적 구성물로 취급해야 하며, 각 구성물은 특정한 지역 문화를 반영한다는 린드벡의 제안을 위한 공간을 마련해 준다. 이와 대조적으로, 포스트모던적 '문화적 전환'은 다양성이 훨씬 더 근본적이라고 주장한다: 다양성

은 지역 문화 **안에서** 활기를 얻는다. 이렇게 하여 린드벡의 문화언어학적 신학이 기초하고 있는 동질성의 개념을 파괴한다. 마치 양파껍질을 벗기는 것 같은 느낌이 든다. 사람들은 언제나 또한 껍질을 벗겨 낼 수 있겠지만, 나는 하위문화들이 하나의 정체성을 갖도록 하는 문화적 파라미터(parameter)가 항상 존재한다는 것을 지적한다. 시간이 지나면서 이 파라미터는 변하지만 말이다. 내가 바로 이 장에서 이러한 것들을 분명하게 보여 주는 이유는, 문화에 대한 포스트모던적 관점이 아무리 영향력을 발휘하더라도, 그리스도와 문화에 관하여 이야기하는 것은 이치에 맞는 것임을 명백하게 알리려는 것이다.

17) 예를 들면, John H. Yoder, *The Politics of Jesus*, 2판(Grand Rapids: Eerdmans, 1993); Stanley Hauerwas, *With the Grain of the Universe: The Church's Witness and Natural Theology*(Grand Rapids: Brazos, 2000); 그리고 Hauerwas, *Christian Existence Today: Essays on Church, World, and Living in Between*(Grand Rapids: Brazos, 2001).

18) 예를 들어, Duane K. Friesen, *Artists, Citizens, Philosophers: Seeking the Peace of the City: An Anabaptist Theology of Culture*(Scottdale: Herald, 2000) 볼 것.

19) 카이퍼의 두꺼운 책들은 대부분 네덜란드어에서 영어로 번역되지 않았다. 그의 사상에 관한 영어로 된 개론서는 *Abraham Kuyper: A Centennial Reader*, James D. Bratt 엮음(Grand Rapids: Eerdmans, 1998) 볼 것. 쉴더의 중요한 기여는 *Christ and Culture*(Winnipeg: Premier Printing, 1977)로 영어로 출판됐다. Henry R. Van Til(*The Calvinist Concept of Culture* [Grand Rapids: Baker, 1959])은 카이퍼와 쉴러 사이에서 중계를 시도하고, Brian J. Walsh와 J. Richard Middleton(*The Transforming Visions: Shaping a Christian World View*[Downers Grove: InterVarsity Press, 1984])은 그런 비전이 효과를 거두는 데 무엇이 필요한지 보여 주고자 시도한다.

20) Wolfhart Pannenberg, *Systematic Theology*, 전3권(Grand Rapids: Eerdmans, 1991-1998), 2:263.

21) 참고. 2:59-275, 특히 2:127, 2:132-136, 2:166-169.

22) 예를 들어, Walter Brueggemann, *An Introduction to the Old Testament: The Canon and Christian Imagination*(Louisville: Westminster John Knox Press, 2003), 32, 37-39.

23) Geertz, *The Interpretation of Cultures*, 89볼 것.

24) 내가 지적하고 있는 것들을 가정하고 있는 많은 책과 논문의 제목에서도 '문화'라는 말의 용법을 이와 같이 사용한다. 예를 들면, Joseph Bottum, "When the Swallows Come Back to Capistrano: Catholic Culture in America," *First Things* 166(October 2006): 27-40.

25) Günther Dehn이 *Man and Revelation*(London: Hodder & Stoughton, 1936), 7-8에서 언급한 말이 생각나는 사람도 있을 것이다: "신학을 고무하는 것은 문화가 아니라 인간의 모든 역사를 초월하는 사건인 하나님의 계시에 대한 믿음이다. 이러한 하나님의 계시는 성경에 들어 있으며 교회의 신앙고백들 안에서 확인된다. 이와 같은 가장 본질적인 전제들을 확고하게 잡고 있는 신학만이 교회로 하여금 세상의 영이 사방에서 공격해 오는 가운데서 흔들림 없이 서 있도록 도울 수 있다. 그리고 그러한 교회만이 이 땅에서 소금이 될 수 있고 이 세상에서 빛이 될 수 있다." 그의 몇 가지 용어를 사용하여 이렇게 말하는 사람도 있을 것이다: 예를 들어, 덴(Dehn)에게 '문화'는 이 맥락에서는 자연주의적이지만, 근본적인 계시가 인간의 모든 문화 외부에서 또는 떨어져서 일어났다는, 즉 살아 있는 인간의 모든 경험 외부에서 일어났다는 것을 부인하려고는 하지 않으며, "인간의 모든 역사를 초월하는"이라는 표현으로 그리스도의 계시는 역사적인 것이 아니라고 말하려는 것도 아니다. 이것은 계시가 나타나는 자리에 대한 부인이 아니라 계시의 초자연적 기원을 이해하는 방식이다.

26) C. S. Lewis, *The Weight of Glory: And Other Essays*(1949; San Francisco: HarperCollins, 2001), 140. 루이스는 자신의 은유적 소설에서 언급했던 것처럼 생각할 것이다. *Out of the Silent Planet*(New York: Macmillan, 1946)에서, 그는 이렇게 말한다. "우리는 진짜 빛을 보지는 못한다. 우리는 빛이 비춰 주는 사물을 천천히 볼 수 있을 뿐이다. 그래서 우리에게 빛은 가장자리에 있다. 사물 앞에서 우리가 알 수 있는 최후의 것은 우리에게는 너무 빨리 지나간다." 마이클 테이트(Michael Thate)가 이 문장을 내 연구에 연결할 수 있도록 조언을 해 주었다.

27) Luc Ferry, *Apprendre à vivre: Traité de philosophie à l'usage des jeunes générations* (Paris: Plon, 2006), 5장. 169-227.

28) 예를 들어, Myron Penner 엮음, *Christianity and the Postmodern Turn: Six Views*(Grand Rapids: Brazos, 2005) 볼 것.

29) Gianni Vattimo, Richard Rorty, and Santiago Zabala, *The Future of Religion*(New York: Columbia University Press, 2006).

30) 예를 들면, John W. Riggs, *Postmodern Christianity: Doing Theology in the Contemporary World*(Harrisburg: Trinity Press International, 2003).

31) Jeremy Rifkin, *Algen: A New World-A New World*(New York: Viking, 1983), 244.

32) 가장 최근에 나온 것으로는, John Franke, *The Character of Theology*(Grand Rapids: Baker, 2005) 볼 것.

33) 이것은 온라인 저널, *Reformation21*에서 발표됐다. (http://reformation21.org/Shelf_Life/Shelf_Life/113/?vobId=1184&pm=247)

34) 볼 수 있는 곳:
http://www.generousorthodoxy.net/thinktank/2005/11/response_to_hel.html;
http://reformation21.org/Front_Desk/Helm_s_Response/121/;
http://reformation21.org/Front_De나/postmodern_blues/133/;
http://sacradoctina.blogspot.com/2005/11/character-of-theology-john-frankes.html.

35) 이 문서는 상당히 두껍다. 기독교적 관점으로, 가장 최근에 나온 것은 다음 책에 들어 있는 논문들이다: Millard J. Erickson, Paul Kjoss Helseth, and Justin Taylor 엮음, *Reclaiming the center: Confronting Evangelical Accommodation in Postmodern Times*(Wheaton: Crossway, 2004); Andreas J. Kostenberger 엮음, *Whatever Happened to Truth?* (Wheaton: Crossway, 2005); J. P. Moreland의 여러 논문들, 예를 들어, "Truth, Contemporary Philosophy, and the Postmodern Turn," *Journal of Evangelical Theological Society* 48(2005): 77-88. 때때로 이런 목소리들은 자연 신학에 깊이 헌신하는 관점에서 나온다: 예를 들어, J. Budziszewski, *What We Can't Not Know*(Dallas: Spence, 2004), 그리고 *The Revenge of Conscience: Politics and the Fall of Man*(Dallas: Spence, 2004). 철학적 유물론에 헌신하는 과학자들로부터(특히 Paul R. Gross and Norman Levitt, *Higher Superstition: The Academic Left and Its Quarrels with Science*[Baltimore: Johns Hopkins University Press, 1994] 볼 것), 그리고 문학비평으로부터(예를 들어, John Martin Ellis, *Against Deconstruction*[Princeton: Princeton University Press, 1989]; 그리고 Ellis, *Literature Lost: Social Agendas and the Corruption of the Humanities*[New Haven: Yale University Press, 1997]) 신랄한 (그리고 매우 재미있는) 공격들도 가해지고 있다.

36) 나는 이 문제를 *The Gagging of God*(Grand Rapids: Zondervan, 1996)과 『이머징 교회 바로 알기』(부흥과개혁사, 2009)에서 풀어 보려고 했다.

37) Stanley J. Grenz and John R. Franke, *Beyond Foundationalism: Shaping Theology in a Postmodern Context*(Louisville: Westminster John Knox Press, 2000).

38) Millard J. Erickson이 "On Flying in Theological Fog," *Reclaiming the Center*, 330-331에서 이 점을 잘 지적했다. 에릭슨이 지적하는 온건한 기초주의자는 다음과 같다: William Alston, "Two Types of Foundationalism," *Journal of Philosophy* 73(1976): 165-185; Timm Triplett, "Recent Work on Foundationalism," *American Philosophical Quarterly* 27(1990): 93; Robert Audi, *The Structure of Justification*(Cambridge: Cambridge University Press, 1993); 그리고 *A Contemporary Introduction to the Theory of Knowledge*(London: Routledge, 1998). 앞의 목록에 속하는 다른 사람들은 순화된 기초주의를 열정적으로 변호하는 한때 반기초주의자들이었던 이들이다. Laurence Bonjour 등 엮음, *In Defense of Pure Reason: A Rationalist Account of A priori Justification*, Cambridge Studies in Philosophy(Cambridge: Cambridge University Press, 1977)가 그중에서 가장 중요하다. J. Andrew Kirk의 예리한 논문 "The Confusion of Epistemology in the West and Christian Mission," *Tyndale Bulletin* 55(2004):131-156 볼 것.

39) 플랜팅가의 많은 책들 가운데서 특히 *Warranted Christian Belief*(New York: Oxford University Press, 2000) 볼 것.

40) D. Z. Phillips, *Faith After Foundationalism: Plantinga-Rorty-Lindbeck-Berger — Critiques and Alternatives*(San Francisco: Westview, 1995), 특히 29과 여러 곳 볼 것.

41) 우리의 목적을 위해서 가장 중요한 Vanhoozer의 저작은 *Is There a Meaning in This Text?: The Bible, the Reader, and the Morality of Literary Knowledge*(Grand Rapids: Zondervan, 1998)이다.

42) 이것은 Sergio Sismondo, *Science Without Myth*(Albany: SUNY, 1996)에 들어 있는 표현이다.

43) Christian Smith 엮음, *The Secular Revolution: Power, Interests, and Conflict in the Secularization of American Public Life*(Berkeley: University of California Press, 2003), xvi.

44) Esther Lightcap Meek, *Longing to Know: The Philosophy of Knowledge for Ordinary People*(Grands Rapids: Brazos, 2003).

45) Meek, *Longing to Know*, 32.

46) Meek, *Longing to Know*, 26.

47) Mark R. Talbot, "Can You Hear It? Esther Meek's *Longing to Know* on Knowing as Skillful (and Joyful) Activity—A Review Essay," *Christian Scholar's Review* 34(2005): 367.

48) Meek, *Longing to Know*, 31.

49) 『이머징 교회 바로 알기』 7장을 볼 것. 포스트모더니즘이 솔직히 '진리'와 '진리를 아는 것' 같은 것을 말하는 것에 당황스러워한다는 것을 인정하지 못하는 까닭 중 하나는 보다 온건한 포스트모던 사상가들과 상호작용을 하는 것이 어렵기 때문이다. 이들 온건한 포스트모던 사상가들은 가능한 최선의 구성을, 가장 재구성될 수 없고 극단적인 포스트모던들에게조차 끊임없이 넘겨주려고 한다. 예를 들어, S. Joel Garver, "D. A. Carson on Postmodernism: A Critique and Explanation," http://www.joelgarver.com/writ/revi/carson.htm. 최고의 포스트모던 이론가들이 '객관적 진리'를 부인할 때, 그들은 진리에 관한 모든 이론을 부인하고 싶은 것이 아니라, 주관/객관 이분법의 강한 형식을 부인하는 것이라는 가버의 말은 틀림없이 옳다. 그럼에도 불구하고 나는 그가 데리다 등에 대한 독해에서 지나치게 부드럽다고 생각한다. 그리고 더욱 중요한 것은, 유한하고, 문화적인 환경에 처해 있는 인간 존재의 인지 과정을 통하여 매개되더라도, '진리'는 어느 정도 현실에 맞는다는 진리 주장에 대해서 회의하는 자크 데리다 등에 대한 독해가 얼마나 널리 퍼져 있는지 그는 인식하지 못하고 있다. David T. Koyzis(*Political Visions & Illusions: A Survey and Christian Critique of Contemporary Ideologies* [Downers Grove: InterVarsity Press, 2003])는 집단 정체성과 개인적 의지의 촉진과 결합된, 객관적 의미에 대한 모던적 부인이 얼마나 강력한지 제대로 알고 있다. 앨빈 플랜팅가는 관점주의적 인식론을 그가 "창조적 반-현실주의"(creative anti-realism)이라고 부르는 세계관의 산물이라고 생각한다: 즉, 언어 사용자인 우리는, 지식을 추구하는 존재(knower)인 우리는, 현실의 근본적 모양새에 책임을 져야 한다("On Christian Scholarship," in *The Challenge and Promise of a Catholic University*, Theodore Hesburgh [Notre Dame: University of Notre Dame Press, 1994], 276). Daphne Patai and Will H. Corral 엮음, *Theory's Empire: An Anthology of Dissent*(New York: Columbia University Press, 2004) 도 볼 것.

50) *The Briefing* 325(October 2005): 13-14.

51) 예를 들어, Carl Raschke, *The Next Reformation: Why Evangelicals Must Embrace Postmodernity* (Grand Rapids: Baker, 2004), 특히 4장, "Sola Fide: Beyond Worldviews" 볼 것.

52) 대부분의 포스트모더니스트들이 절대적 대조로 주장하기 위하여 보여 주는 경향을 나는 *The Gagging of God*, 106-117과 다른 여러 곳에서 간략하게 기술했다.

53) Raschke, *The Next Reformation*, 4장.

54) 기독교 신앙의 내용이나 대상에 정관사를 붙이기를 꺼리는 불트만을 떠올려 보라.

55) 이러한 구별을 하지 못하는 예로는 John R. Franke, *The Character of Theology: An Introduction to Its Nature, Task, and Purpose*(Grand Rapids: Baker, 2005), 13-15를 볼 것.

56) Donald Bloesch, *The Battle for the Trinity: The Debate Over Inclusive God-Language* (Portland: Wipf & Stock, 2001), 특히 13-27, 61-64, 101-104, 그리고 108-109 n. 2에 있는 서지 목록을 볼 것.

57) Janet Martin Soskice의 탁월한 저서, *Metaphor and Religious Language*(Oxford: Oxford University Press, 1985)를 볼 것.

58) 이 문제에 관한 일부 토론은 Robert Yarbrough의 도움을 받았다.

59) 여기서 스미스는 나의 책 *Becoming Conversant with the Emerging Church*, 105, 130-131, 143 n. 46을 인용한다.

60) 특히 *The Gagging of God* 2장과 3장을 볼 것.

61) 스미스는 *Who's Afraid of Postmodernism?* 43 n.10에서 나의 '본문 구절의 조응'(concordance of passage)을 거론하며, 내가 진리와 '객관성'의 '부당한 융합'(unwarranted conflation)을 시도한다고 비판한다. 그러나 나는 인식론의 '객관성'(나는 우리가 이것을 가지고 있다는 것을 늘 부인했다)과 '객관적으로' 외부에 존재하는 것을 정확하게 반영하는 우리의 (필연적으로 해석된) 지식을 거듭 구분했다. 우리는 그것을 철저하게, 직접적으로, 또는 해석을 거치지 않고 알 수 없지만 말이다.

62) *The Gagging of God*의 5장과 6장에서 시작할 수 있다.

63) Smith, *Who's Afraid of Postmodernism?* 87의 미셸 푸코 인용 Michel Foucault, "Nietzsche, Geneology, History," in *Language, Counter-Memory, Practice*, Donald F. Bouchard 엮음 (Ithaca: Cornell University Press, 1977), 150.

64) 이 점을 똑같이 지적하는 최근의 유용한 논문으로는 Richard Wolin, "Foucault the Neohumanist?" *The Chronicle of Higher Education*, 1 September 2006, B12-B14가 있다.

65) 스미스 본인이 유용한 논문을 썼다. James K. A. Smith, *Untroducing Radical Orthodoxy: Mapping a Post-secular Theology*(Grand Rapids: Baker, 2004).

66) Jasques Derrida, *Memoirs of the Blind*, Pascale-Anne Brault and Michel Naas(Chicago: University of Chicago Press, 1993), 115를 인용하는 James Smith, *Who's Afraid of Postmodernism?* 119.

67) 이 맥락에서 내가 '철저한'(hard)라는 표현을 사용하면서 나는 모던/포스트모던을 가장 날카로운 반명제로 설정하는 포스트모던들을 생각했다. 이들은 모던들은 확실성을 추구한다고, 그리고 오직 살아남을 수 있는 대안인 포스트모더니즘은 확실성을 삼간다고 주장한다. 바로 앞의 논의를 볼 것.

68) 이 부분은 앞에서 한 차례 인용했던 그대로이다. 그래서 여기서는 주를 붙이지 않는다.

69) 급진적 정통주의의 또 다른 전형적인 불명확성이 스미스의 입장에 암시되어 있다: 스미스의 입장은 성경의 권위와 후대의 전통의 권위 사이에 반드시 해 두어야 하는 구분을 은폐한다. 이 말은 시대를 초월하여 그리스도인들이 성경에서 '주어진 것'과 씨름한다는 것을 고의로 무시하거나, 마치 성경에 대한 현대적 해석들은 문화적 위치 바깥에 서 있는 것처럼 행동하는 '오직 성경' 접근('Bible alone' approach)을 주장하려는 것이 아니다. 오직 성경을 확고하게 견지한 개혁자들 가운데 한 사람도 그런 무시를 하지 않았다. 하지만 그 개혁자들은 최종 권위가 자신들의 신앙고백을 표현하는 사람들이 아니라 성경을 주신 하나님께 있음을 바르게 알고 있었다.

4
세속주의, 민주주의, 자유, 그리고 권력

Secularism,
Democracy,
Freedom,
and Power

앞장에서 우리는 '문화'의 의미를 다듬어 보고 포스트모더니즘을 어떻게 이해해야 할지 살펴보았는데, 이는 이번 장을 위한 준비 단계라 할 수 있다. 어느 정도 규모가 있는 문화의 경험적 현실은 극히 다양하다. 그리고 불가피하게, 이러한 경험적 현실에서 발생하는 다양한 압력들은 그리스도인들을, 그리고 그밖에 다른 모든 사람들을 다양한 방향으로 밀어붙인다. 서구 세계에서, 이런 다양한 방향들은 종종 네 개의 커다란 문화적 힘들(cultural forces)에 반응한다: 세속화의 미혹, 민주주의의 매력, 자유에 대한 숭배, 그리고 권력을 향한 욕망.

서구에서든 아니면 다른 곳이든, 이 네 가지만이 중요한 문화적 힘은 아니다. 나는 이 네 가지가 가장 중요한 문화적 힘이라고 주장하지도 않을 것이다. 그러나 이 넷이 세계 여러 곳에서, 그중에서도 특히 서구에서 문화를 어떻게 형성하는지 살펴봄으로써, 우리는 이러한 힘들에 의해 형성되는 문화와, 성경과 성경의 스토리 라인을 충실하게 반영하여 형성되는 문화를 비교할 수 있는 좋은 기회를 얻을 수 있다.

세속화의 미혹

정의를 내리는 것부터 난제다. 전부는 아니지만 많은 세속주의자들의 입술에서 '세속적'(secular)이라는 말은 긍정적인 어감을 갖는다. 이 말은 하나님께 돌려야 할 것뿐만 아니라 가이사에게 돌려야 할 것도 있다는 예수님의 강조를 상기시킨다. 이 말은 우리에게 겔라시우스(Gelasius)의 이론을 상기시킨다: "합당한 권력을 가진 두 개의 검이 존재한다." '세속화'(secularization)도 긍정적인 어감을 가질 때가 종종 있다. 자연의 탈신성화(de-devinization)에 대한 피터 버거(Peter Berger)의 묘사를 기억하는 사람이 있을 것이다.[1] 그는 탈신성화가 자연을 다스리는 하나님의 질서가 있던 자리에 악마에 대한 공포 없이 진정한 과학적 탐구를 시작할 수 있는 공간을 마련했다고 기술했다. 하지만 '세속**주의**'(secularism)는 비종교적

(nonreligious)이거나 심지어 반종교적인 의식(anti-religious consciousness)을 조장하는 사회적 현실로 이해된다.

그렇지만 보다 대중적인 어법으로는 이 세 가지—'세속적', '세속화', '세속주의'—모두 종교적인 것을 삶의 주변으로 밀어내는 것들이다. 좀더 정확하게 표현하면, 세속화는 종교를 공적 영역에서 제거하여 사적인 영역으로 축소시키는 과정이고, 세속주의는 그러한 과정을 지지하고 촉진하는 자세이다.[2] 종교는 개인에게는 계속 중요할지도 모르고, 세속적인 사람들도 거의 반대하지 않을 것이다. 그러나 종교가 공적 영역의 정책과 관련하여 어떤 주장을 내세우면, 종교는 비관용적일 뿐만 아니라 위협으로 여겨진다.

세속화의 사회적 압력들은 사적인 종교와 공적인 종교를 단순히 구별하는 정도에 그치지 않을 정도로 현실적으로 아주 거세다. 사적인 생활에서조차 기독교 신앙을 지키는 것은 나약함의 표시로 여겨진다. 만약 '하나님'이 어딘가에 존재한다면, 그 자리는 인간 의식의 외부에 있지 않다. 종교 일반에는, 특히 기독교에는, 어떤 도구적 가치가 있을 수 있다. 하지만 그 이상은 아니다. 종교에는 인간 정신의 가장 선하고 가장 고귀한 것을 반영하는 어떤 신화적 가치가 있을 수 있지만, 그 신화를 구체화하는 것은 인간성의 가치를 떨어뜨리는 것이다.[3] 이러한 압력이 어느 곳보다도 거센 곳이 대학교다.[4] 기독교 신앙은 학교의 방향을 설정하는 문제나 우선순위를 결정하는 일, 문학이론, 과학, 그 어디에서도 목소리를 내어서는 안 된다는 의미에서 사적이어야 하는 것은 물론이고, 이것은 사적인 것이므로 또한 눈에 띄어서도 안 된다: 그리스도인들은 자신들의 신앙을 맘 편하게 이야기할 수도 없으며, 그래서 증언도 할 수 없다.

세속주의가 맹렬한 곳에서는 이것 자체가 **사실상** '종교'다: 이것은 자체의 궁극적 선을 강력하게 주창하고, 자체의 신념 체계를 정교하게 구성하며, 자체의 도덕 법칙을 정립한다.

한 가지 사례를 들어 보겠다. 세속주의를 주창하는 강력한 목소리를 내고 있는 비방 방지 연맹(Anti-Defamation League)—데이비드 클링호퍼(David Klinghoffer)는 "베이글을 유대인 음식이라고 말할 수 있다는 정도의 의미에서만 이 단체도 유대인 단체이다"[5]라는 재미있는 논평을 했다—은 학생 독서 추천 목록을 배포하는데, 이 목록은 겉보기에는 '편견 방지 교육'을 촉진하지만 실제로는 동성애 같은 문제에 대한 세속적 교육을 조장한다. 이 단체는 추천 도서인 *Gloria Goes to Gay Pride*('글로리아는 게이 프라이드에 간다' – 두 명의 레즈비언 엄마와 살고 있는 글로리아라는 여자아이가 동성애자 가두 행진에 참가하여 겪는 이야기를 동성애 친화적인 관점에서 엮은 어린이 도서 – 역주)를 웹 사이트에서 이런 식으로 소개하고 있다: "한 여자아이가 게이 프라이드 데이(Gay Pride Day) 퍼레이드에 참가한다."

세속주의가 호소하는 것들의 빤한 매력들을 제쳐 두고, 이것이 은밀하게 유혹하는 것들은 짚고 넘어갈 필요가 있을 것 같다.

(1) 상당히 영향력 있는 저술은 세속화가 역사적으로 불가피한 과정이라고 주장한다. 또는 더 나쁘게는, 전제한다. 그래서 대중의 시

각으로 보았을 때, 세속화는 대중의 눈에, 계몽주의와 물질적 번영, 그리고 무엇보다도 진보 사상과 연결되어 있는 어떤 것이다. 이런 연결에 문제제기를 하는, 작지만 점차 커지고 있는 중요한 반론들이 있다.[6]

(2) 더 미묘한 것은 에버리 덜레스 추기경(Avery Cardinal Dulles)이 이름 지은 '극소 이신론자'(Deist minimum)[7]로 나아가야 한다는 압력이다. 이신론(deism)—기독교를 종교의 최상의 형식이라고 판단한 토마스 제퍼슨이 수용한 형식이든, 기독교를 근본적으로 반대한 백과사전학파를 추종한 토마스 페인이 받아들인 형식이든—은 서구에서 "다양한 형식의 성경 종교(biblical religion)를 번영시켰고 그것이 번영하는 호의적인 환경을 만들었다."[8] 이러한 이신론은 유일하신 하나님을, 하나님이 재가하신 도덕률을, 어느 정도 느슨한 형식의 섭리를, 그리고 몇 가지의 사후 보상 및 처벌—처벌보다는 보상을 훨씬 더 강조한다—을 믿는 다양한 형식의 시민 종교(civil religion)를 유산으로 남겼다.

그렇지만 불행하게도, 종종 순진한 그리스도인들은 이러한 시민종교와 시민종교의 기초가 되는 이신론의 징후들을 보면서, 이것들이 기독교적 현실참여의 확고한 증거라고 생각한다. 이들은 시민 종교나 이것이 기초하고 있는 이신론이 약화되는 것은 진정한 기독교적 현실참여가 약화되는 것이라고 거꾸로 생각한다. 이러한 평가는 현실과 다르다. 하지만 더 나쁜 것은, 지식은 많지만 그다지 지혜롭다고는 할 수 없는 일부 그리스도인들이, 공적인 쟁점들과 관련하여 굳이 이신론적인 카테고리들 안에서 발언하려고 애쓰는데, 그렇게 해야 널리 주목받고 여론의 지지를 폭넓게 얻을 수 있다고 생각한다는 사실이다. 공공정책의 어떤 차원에서는 그들이 옳을 때도 있다. 하지만 이신론적인 가정에 기초하여 도덕성을 주장하는 것은 기독교를 옹호하는 것과는 상당히 거리가 멀다. 이신론에는 세속주의의 전진을 견제할 수 있는 힘이 없다. 이신론은 견고한 지적 방어도 진정한 능력도 없는 종교이기 때문이다. 이신론은 세속주의와 기독교의 중간점이 아니다. 이신론은 사실상 세속주의의 한 형식이다.

현대의 문화적 취향(cultural predilections)에 적응하려는 대중의 본능적인 욕망은 조엘 오스틴 같은 사람들을 만들어 내고 있다. 이들은, 피상적으로는 성경에 기초를 두고 있는 것처럼 보이지만, 실제로는 그렇지 않기 때문에 쉽사리 성경에서 이탈한다.[9] 동시에, 이러한 욕망은 성경보다는 현대의 문화적 문제들(cultural agendas)을 해결하는 데서 자신들의 역할을 찾는 것을 훨씬 더 좋아하는 다양한 갈래의 '자유주의'(liberal) 기독교를 만들어 내고 있다. 후자는 대부분 심각하게 쇠퇴하고 있다: "이러한 형식의 기독교는 지배적인 에토스에 스스로를 적응시켜 온 바로 그만큼, 여기에 참여하는 사람들에게 근거를 제시하기가 어려워지고 있다."[10]

(3) 서구 문화가 더욱 양극화하면서, 성경에 충실하고자 노력하는 한쪽의 그리스도인들과, 이런저런 형식의 세속주의 편에 선 다른 한

쪽의 사람들 사이의 의미 있는 대화를 가로막는 장애물들이 더욱 두터워지고 있다. 물론, 한편으로는 그 본질이 시간이 지나면서 변하더라도, 이러한 양극화는 별로 새로운 문제가 아니다. 예를 들면, 18세기 철학자 데이비드 흄(David Hume)이 그토록 격렬하게 반대한 것은, 역사적 고백적 기독교(historic confessional Christianity)가 아니라 일종의 기독교화한 영국적 자연 신학(christianized British natural theology)이었다고 주장할 수 있을 것이다.[11] 하지만 대부분의 평자들은 입장의 양극화가 최근 수십 년 사이에 더욱 심화되고 상당히 격해졌다고 평가한다. 이 문제는 다음 섹션에서 다시 다룰 것이다.

바로 지금 우리는 진지하게 세속주의를 받아들인 사람들의 문화와, 진지하게 성경에 근거한 기독교를 받아들인 사람들의 문화에 대하여 간략하게나마 생각해 보아야 할 것이다. 반복의 위험이 있지만, 나는 이들 두 그룹이 많은 문화적 가치들을 공유할 수도 있다는 사실을 다시 강조한다. 비록 국가와 교회의 분리를 지지하는 이유들은 상당히 다르더라도, 두 그룹은 이런저런 형식의 교회와 국가의 분리를 기꺼이 동의할 수도 있다. 세속주의자들에게 하나님은, 만약 존재한다면, 개인적인 종교 체험과 아마도 일반적인 도덕적 원리들을 넘어서서 명령하는 인격적 존재가 아니다; 그리스도인들에게, 창조주 하나님은 그리스도와 가이사 사이에 어떤 식이든 구별이 유지되어야 하고, 각자의 것은 각자에게 바쳐야 한다고 가르치셨다. 나는 다음 장에서 이 주제로 다시 돌아갈 것이다. 그러나 이런 단서들을 모두 붙이더라도, 두 그룹이 **세계를 보는 방식**은 아주 다르다: 간단히 말해서, 각자의 **세계관**은 서로 다르며, 그래서 각자 받아들이고 생각하는 교회도 확연히 다르다.[12] 한쪽에게, 세속화의 과정들은 하나님(에 대한 잘못된 관념)으로부터 해방되는 것을, 그리고 인간 이해에 대한 성숙을 말한다; 다른 한쪽에게, 인간 이해의 기초는 하나님에 의해 세워지고, 하나님으로부터 해방되려는 시도는 모두 우상숭배에 지나지 않는다. 한쪽에게, 윤리의 최종적 근거는 입법자들의 의지나 국제법, 또는 다양한 종류의 해방을 약속하는 현대의 정치적 의제들이다; 다른 한쪽에게는, 윤리는 최종적으로 하나님의 자비로운 계시에 기초해야 하며, 그렇지 않다면 그것은 불안정할 뿐만 아니라 극도로 해롭다.[13]

성경의 스토리 라인에 의해 결정적으로 형성된 세계관―세상을 바라보는 방식[14]―을 가지고 있는 그리스도인이라면, 인간이 하나님의 형상으로 만들어졌다는 사실을 잊을 수 없다. 우리의 제일 의무는 우리의 피조성을 인정하는 것이며, 따라서 우리가 즐거이 수행해야 할 의무는 우리의 창조주를 인정하는 것임을 잊을 수 없다. 죄는 하나님의 하나님 되심을 인정하지 않는 것임을 잊을 수 없다. 하나님의 형상을 지닌 존재로서 우리가 지닌 존엄성은 우리의 반역에 의하여 철저하게 훼손되었음을 잊을 수 없다. 전 인류와 인류 역사 전체는, 우리의 창조주 못지않게 우리의 심판자이신 바로 그 하나님 앞에서 최종적인 책임을 지게 될 것임을 잊을 수 없다. 우리가 얻어야 할 새 하늘과 새 땅이 존재하며, 우리가 두려워해야 할 지옥이 존재함을 잊을 수 없다. 바로 이 하나님과 화해할 수 있는 우리의 유일한 희망을 하나님이 직접 당신의 아들을 통해 우리에게 주셨음을 잊을 수 없다. 하나님의 백성은 모든 언어와 종족과 민족으로부터 나왔으며, 성령의 능력을 받은 사람들로 이루어지며, 개인적이고 집단적인 복종과 사랑 안에서 자라며, 하나님의 나라가 완성되는 날을 고대하며 하나님 나라의 통치에 기쁨으로 들어가는 것임을 잊을 수 없다.

또 한편으로, 우리는 모든 사람들에게, 특히―그러나 절대 배타적이지 않게!―믿음의 가정에 속한 사람들에게 기쁨으로 선을 행하는 임무를 부여받았다. 다시 말해, 기독교는 단순히 종교적인 진리만이 아니라, 모든 실재(all reality)에 관한 진리를 전한다고 확언한다.[15] 아무리 문제가 복잡하고 전망에 대한 이견이 많더라도, 실재에 대한 기독교적 비전은, 기독교를 사적인 종교적 관심사에 지나지 않은 것으로 취급하여 화덕에 처넣어 버리고자 하는 세속주의적 전망과는 근본적으로 다르다. 성경의 스토리 라인의 범위를 잘 알고 있는 그리스도인들은, 예를 들어, 학문적 냉소의 위협도 받지 않을 것이다. 바울이 학문적으로 고상하고 유식한 도시 아테네에 우상이 가득 찬 것을 보고는 화를 냈듯이(행 17:16), 오늘날 그리스도인들은 "예수 그리스도가 이 대학교를 보신다면 어떻게 생각하실까?"[16] 라는 질문을 던질 수 있을 것이다. 이 질문을 던지지 않는다면 이미 그것을 묵인한 것이다. 둘 다 포괄적인 주장을 하면서도 그 주장들이 서로 충돌하기 때문에, 두 문화의 갈등은 불가피하다.

아주 일반적으로 쓰이는 말로, '진정성'(authenticity)은 폭이 좁고 개인적인 어떤 것, '진지한' 어떤 것을 의미한다. '진정한' 사람은 위선자가 아닌 사람이다. 그러나 진지함과 위선을 평가하는 기준이 존재하지 않는다면, 어떻게 진정성을 측정할 수 있겠는가? '진정한 그리스도인들'은 단지 아주 진지한 사람, 그리고 스스로를 그리스도인이라고 부르는 사람이 아니다. 이 토론에서 '진정성'이 어떤 유효성을 확보할 수 있다면, '진정한 그리스도인'은 그의 생각과 말과 행동이 기독교의 근본 문서들, 기독교의 주님, 기독교의 신조들에 의해 형성된 사람을 말한다.[17] 이것이 바로 성경을 읽고 또 읽으며 신조들을 배우고 암송하는 이유다. 이것은 우리 생각의 범주와 수준을 제시한다. 물론 단순히 전문지식의 원천으로 이것을 즐기는 것도 가능하지만, 진정한 기독교는 그 이상을 요구한다. 즉, 사랑으로 당신을 보여 주신 하나님을 사랑하고, 순종과 믿음 가운데서 하나님께 화답하는 것이다. 그러나 하나님의 말씀이 우리를 기쁘게 하고 우리를 떨게 하고 우리를 인도하고 우리를 만들지 않는다면, 바로 그 하나님을 사랑하고 신뢰하고 순종한다고 말하는 것은 쓸데없는 일이다. 하나님의 말씀이 그렇게 할 때, 우리의 세계관은 점차 변화되며, 우리가 그 일부가 되며, 우리가 다른 사람들에게 전하는 문화가 세속화의 과정을 수용한 사람들의 문화와 분명하게 갈라서게 된다. 그러한 사례들 속에서, 그리스도와 문화는 서로 다른 방향으로 나아갈 것이다.

민주주의의 매력

서구인들은 대부분 주저 없이 민주주의는 좋은 것이라고들 말한다. 특히 미국에서, 민주주의는 평화를 선도해 왔으며 모든 인간의 권리라는 관념은 거의 한 세기 동안—우드로우 윌슨의 평화 원칙 14개조 이래—정부의 대외 정책에 영향을 끼쳤다. 민주주의의 수립이 중대한 변화들을 일으켰다는 사실은 부인할 수 없다. 제2차 세계대전의 폐허 뒤에, 일본의 전체주의 체제가 실패한 뒤에, 두 개의 강력한 민주주의가 출현했다. 민주주의는 이탈리아와 그리스와 스페인까지, 곧 서구 전역으로 퍼져 나갔다. 민주주의는 남한에서도 눈에 띄는 승리를 거두었다. 민주주의는 소비에트 제국의 전복에 기여한 위대한 이념들 가운데 하나였으며, 과거 소비에트의 위성 국가였던 대부분의 지역들에서, 그 정도는 매우 다양하지만, 전체주의는 약화되고 민주주의 이념은 강화되고 있다.

아프가니스탄과 이라크에서 일어나고 있는 최근의 군사적 충돌들 이면에는, 이 나라들에 민주주의가 안정적으로 수립되면 내부 분열이 극복되는 것은 물론이고 중동의 다른 지역에도 그 영향이 확산되어 다른 무슬림 국가들이 민주주의 정부와 자유 시장, 상대적 자유의 혜택을 얻을 것이고, 광신적 공격 행위가 줄어들 것이라는 희망이 자리잡고 있다. 물론, 민주적 정부 형태 아래에서 성장한 사람이라면 어느 누구도 민주주의가 안고 있는 많은 모순들—비능률, 비효율, 부패—을 간과하지 않을 것이다. 민주주의와 대중주의를 갈라놓은 선이 너무나 얇다는 것을 모르는 사람도 없을 것이다. 그렇더라도, 윈스턴 처칠이 자주 반복하는 다음의 평가에 공감하지 않는 사람이 있다면, 그는 역사에 지독하게 무지한 사람일 것이다: "민주주의는 최악의 정부 형태다. 지금까지 시도해 본 다른 모든 정부 형태들 빼고는."

민주주의가, 때로는 그리스도의 명령에 보다 근접한 문화를, 그리고 때로는 그리스도의 명령에 반하는 문화를 만드는 데 어떻게 기여하는지 살펴보기 전에, 먼저 민주주의는 복잡한 현상이라는 것을 기억해 두는 것이 좋을 것이다. 민주주의는 형식에서 근본 이념까지 그 성숙도가 아주 복잡하다. 비교적 직접적이지만 확실히 제한적이었던 고대 아테네의 민주주의는, 복잡한 투표 시스템을 갖고 있는 미국의 민주주의와는 아주 다르다. 미국에서는 대통령도 선거인단의 투표로 간접 선출된다. 나라마다 민주주의에 관한 다양한 신화가 있다. 영국은 1215년 마그나 카르타로 거슬러 올라가, 웨스트민스터는 "모든 의회의 어머니"라고 자랑스레 기억한다. 물론 13세기 이래 영국의 역사에는 여러 차례 내전과 한 번의 국왕 처형, 노예제도화 및 폐지, 대영 제국의 번영과 쇠퇴가 포함되어 있기는 하지만 말이다. 프랑스는 1789년 대혁명, 교권주의 폐지, 자유 평등 박애를 고양했다는 데 자부심을 갖고 있다. 그러나 물론 프랑스 혁명은 곧바로 로베스피에르의 공포 정치와 나폴레옹 전쟁으로 이어졌으며, 그러는 사이 프랑스 역사의 급박한 정세는 1789년 이래 두 번의 제국, 두 번의 군주제,

두 번의 독재, 그리고 내가 세어 본 바로는 다섯 번의 공화제로 치달았다. 미국은 헌법과 개정 권리 선언을, 권력 분립이 안정된 정치 형식을 자랑한다. 그러나 이러한 민주주의 형식도 내전(당시의 역사로는 가장 처절한 내전에 속했다)과 노예제도와 인종차별주의를 둘러싼 기나긴 다툼, 여러 차례의 대통령 암살 및 암살 기도, 빈번한 불의와 불평등, 교묘한 대중주의, 그리고 당혹스런 대외 정책 실수 같은 것들을 막지는 못했다.

최근에 나온 케첨(Ketcham)의 책[18]이 지닌 강점들 가운데 하나는 북미와 유럽과 아시아의 민주주의가 상당히 다른 뿌리를 갖고 있다는 사실을 세밀하게 기술한 것이다. 예를 들어, 유교 이념이 짙은 아시아적 민주주의 형식은 서구의 민주주의 형식에서는 찾아볼 수 없는, 위계적이고 공동체적인 사상들을 지향한다. 또 민주주의가 어떻게 진화하는지 깊이 생각해 보는 사람도 있을 것이다. 그 변화는 너무 느리기 때문에 "영국은 언제 민주주의 국가가 되었는가?"라는 질문을 던지는 것은 적절하지 못하다. 간단한 답변으로는 납득이 가지 않을 것이라는 사실을 인정해야 한다. 아니면, 미국 헌법의 기초자들 대부분이 다음과 같은 시각으로 민주주의를 바라보았다는 사실에 주목해야 한다: 민주주의는 다수의 의견에서 지혜를 찾는 정부 형태라기보다는, 통치자의 개인적인 권력이나 정부의 권력이 독선적이고 부패하게 되면, 얼마 안 가서 그들을 내쫓는 시스템을 갖추고 있는 정부 형태이다.[19] 반면, 어떤 색깔을 가진 정치인이든 오늘날의 모든 정치인들은 미국—프랑스, 영국, 캐나다 등으로 대체할 수 있다—국민들의 지혜에 호소하는 경향이 있다.

더욱 문제가 되고 있는 것은, 전통적으로 서구에서 대부분 '민주주의'와 연결된, 자유의 가치를 거의 보존하지 않는 '민주주의들'이다. 사하라 이남 아프리카의 많은 통치자들은 상당히 공정하게 선출되고, 국민 다수의 진정한 지지와 함께 출발하지만, 결국 독재자가 되어 쿠데타로 축출된다. 최근에 민주적으로 선출되어 이라크와 아프리카에 들어선 정부는 여전히 매우 위태로우며(특히 이라크가), 두 나라 모두 서구 민주주의 국가들이 지원하는 만큼의 '종교의 자유'를 지원하지 않고 있다. 하긴 공정하게 말하면, 국민의 99퍼센트가 무슬림인 아프가니스탄에서 '종교의 자유'는 서구처럼 중요한 문제가 아니다. 이런저런 정부에 투표를 하는 이유는 복합적이기 때문에 유권자들이 그 선거가 위임한 것이 무엇인지를 알아낸다는 것은 늘 쉽지 않은 일이다. 예를 들어, 하마스에게 권력을 쥐어 준 팔레스타인 선거(2006)는 이스라엘을 쓸어버리고 싶어 하는 팔레스타인 사람들 다수의 의견에서 나온 결과라기보다는 아라파트와 그 동지들의 부정부패에 넌더리가 났기 때문이었다고, 많은 사람들이 상당한 근거를 제시하면서 주장했다. 퀘벡 독립당(Parti Québecois)에게 정권을 준 퀘벡 선거는 더 떠들썩했는데, 이것은 확실한 다수가 캐나다로부터 분리를 원했기 때문이 아니라(이것은 뒤따른 국민투표에서 드러났다) 유권자의 다수가 무의미한 정쟁과 지역주의, 기존의 보다 전통적인 정당들의 부패에

질린 결과였다. 한마디로, 민주주의는 이처럼 복잡하다.

서구적 의미의 상당히 안정적인 민주주의가 형성되기 위해서는 여러 가지 조건들이 갖춰져야 한다고 많은 진지한 논평자들이 지적했다: 최소한, 독립적인 사법부와 자유로운 언론, 법 앞에서 평등을 구현하는 몇 가지 제도(보통 명문화된 헌법과 훈련된 경찰력을 갖춘), 군대가 민간의 통제를 받을 수 있는 구조적 장치, 그리고 유혈에 의존하지 않는 권력 교체 시스템이 있어야 한다. 누군가는 여기에 국민들의 적절한 교육 수준 같은 **희망사항**을 덧붙일 수도 있을 것이다. 어쨌든 이 생각만은 확실하다: 대부분의 서구인들이 의미하는 '민주주의'에는 '자유민주주의'라는 이름표가 붙을 것이다. 이것은 세계의 다른 많은 지역에서 생겨나고 있는 '자유롭지 않은 민주주의'에 반대하는 민주주의다. 후자, '자유롭지 않은 민주주의'는 자카리아(Zakaria)가 한 말이다. 그의 통찰력 있는 저서는, 이미 자리 잡고 있는 보장된 민주주의의 실제적 장치들을 갖추지 않은, 겉으로만 민주적인 정부에서 전체주의가 발생하기 쉽다고 주장한다. 그리고 21세기 파시즘의 발흥에서 그 사례를 확인한다.[20] 달리 말하면, 한두 번의 민주적 선거로 이룰 수 있는 것은 그다지 많지 않다. 이상적으로는, 선거는 더 본질적인 민주주의로 나아가는 첫걸음일 것이다.[21] 그러나 자유 없는 민주주의도 독재자, 폭군, 또는 (종교적이거나 기타의) 대중 선동자를 정당화하기 위해서 선거를, 그것도 상당히 깨끗한 선거를 치를 수 있다. 내가 아는 한, 이란에서 있었던 최근의 선거가 본질적으로 부정하다는 증거는 없다. 그러나 새로 선출된 대통령 마무드 아마디네자드는 홀로코스트가 있었다는 것을 부인하는 사람들 가운데서도 가장 두드러진 인물이다. 그는 지금도 이스라엘을 지도상에서 쓸어버리겠다고 호언장담하고 있다. 그가 이란 자국 내에서 샤리아(이슬람 율법)의 적용을 강화하면서, 이 나라의 그리스도인들은 새로운 종류의 폭력적 탄압의 압박을 느끼고 있다. 그리고 앞으로 몇 년 동안 이란에서는 그리스도와 문화가 심각하게 충돌할 것으로 보인다. 그렇지만 이 정부는 민주적으로 선출됐다. 그러므로 사려 깊은 그리스도인이라면 민주주의에 대한 모든 호소를 기쁜 마음으로만 받아들일 수는 없을 것이다.

하지만 지금은 서구 민주주의, 우리가 대체로 당연하게 여기는 자유를 역사적으로 상당히 길게 유지해 온 민주주의로 범위를 좁혀 보자. 서구적 관점에서, 민주주의라는 이름을 붙일 가치가 있는 유일한 민주주의는 다양한 자유와 안전장치들을 갖추고 있다. 이것이 바로 자카리아가 자유민주주의라고 부르는 것이다. 어떤 것이 그런 민주주의일까? 그리스도인들은 자유민주주의를 어떻게 생각해야 할까?

몇 년 전에, 나는 한 슬로바키아 목회자와 이야기를 나누었다. 그의 말에 따르면, 베를린 장벽이 무너졌을 때, 거의 즉각적으로 그의 나라에 새로운 자유들이 도입됐다. 단 3주 만에, 그는 생전 처음으로 브라티슬라바 길거리에서 포르노그래피가 팔리는 것을 보았다. 그것은 그리스도인들이 박수 쳐 환영할 발전이 아니다. 그러나 정부가 나서서 출판의 자유를 막을 수는 없다. 간단히 말해서, 자유는 많은 좋은 것들을 가져다준다. 그러나 우리 인간은 어떤 제도도 부패시킬 수 있는 능력이 있음이 자명하기 때문에, 자유에는 많은 악이 발생할 잠재적 가능성도 틀림없이 존재한다. 전문가들은 현재 북미의 포르노 판매 수입은 주류와 불법 약물, 담배 판매 수입을 **합친** 것보다 많다고 말한다.

문제는 그 슬로바키아 목회자 이야기에 담겨 있는 것보다 훨씬 더 복잡하다. 다수가 지배한다는 것은 또한 소수가 존재한다는 것을 의미한다. 다수가 언제나, 또는 자주, 기독교적 이상들과 일치한다고 생각할 특별한 이유는 없다. 대부분의 서구 국가들이 유대 기독교적 유산으로부터 급격하게 거리를 두고 있으며, 민주적 다수의 견해와 기독교적 소수—그리고 다른 소수들—의 견해 사이 대립은 더욱 커질 것이다. 이론적으로, 민주주의는 소수의 권리를 보호하려고 노력한다. 그러나 현실적으로는, 이것은 속기 쉬운 이론에 지나지 않는다. 때때로 입법자들과 판사들이 소수를 보호하는 데 신경을 쓰는 바람에 다수의 의견이 무시되기도 한다.[22] 그러나 종교적 신념, 특히 기독교적 신념이 동기가 되어 소수의 견해가 형성된 곳에서는, 종교의 사유화를 요구하는 제퍼슨주의자들의 '교회와 국가 사이의 분리장벽'이 존재했다. 이러한 종교의 사유화로, 우리는 이 장의 앞부분에서 기술한 세속화의 도전에 직면하게 된다. 만약 그리스도인들이, 예를 들어 낙태나 동성애, 줄기세포 연구에 간섭하면, 기독교를 공적 영역—기독교는 여기에 속하지 않는다—에 몰래 들여온다는 비난을 받는다. 만약 그들이 그리스도인으로서, 말하자면 노숙자, 빈민, 사회복지, 그리고 소비주의에 간여하면, 선지자적 목소리를 낸다고 여겨진다.

여기서 좀더 깊이 탐구해 봐야 할 몇 가지 문제들이 있다. 자유의 본질에 관해서는 이미 논의했으니, 다음 섹션에서 이 주제를 간단하게 고찰할 것이다. 교회와 국가의 관계는 민주주의 자체를 고찰하는 것보다 확실히 더 광범위한 문제다. 나는 다음 장에서 이 중요한 문제로 다시 돌아갈 것이다. 왜냐하면 그리스도인들이 국가를 바라보는 '유일한' 기독교적 관점은 어떠해야 하는지, 뚜렷하게 구별되는 설명이 있기 때문이다. 지금은 그리스도인들이 민주주의를 세상의 질병들을 치유하는 '유일한 해결책'으로 보아서는 안 된다는 점을 강조하는 것으로 충분할 것이다. 많은 실용적이고 도덕적인 근거를 통해, 우리는 민주주의가 사람들에게 가장 덜 무책임하고, 어떤 설명도 없이 시민들을 학대할 가능성도 가장 적은 정치 형태라고 동의할 수 있을 것이다. 민주주의는, 일반적으로 신앙을 실천하고 전하는 그리스도인들의 자유를 포함하여, 개인의 자유를 가장 강화해 줄 수 있는 정부 형태. 그러나 민주주의는 또한 창조주 하나님에 대한 의무감—우리 주 예수 그리스도의 하나님이요 아버지에 대한 의무감은 말할 필요도 없다—을 가볍게 던져 버리기도 하다는 사실이 입증되었다. 다른 말로 하자면 민주주의는 우상숭배를 강화하는 데도 능숙하다. 민주주의의 자유들 가운데 많은 것들은 정치적, 종교적, 개인적, 그리고 예술적 이유들 때문에 엄청나게 찬양되고 있는데, 쾌락에 빠질 자유, 유흥을 추구할 수 있는 자유, 책임 있는 가정생활과 공동체적 교류를 버릴 수 있는 자유, 시시각각 변하는 유행과 세상의 화려함을 끝없이 숭배하는 문화 속에서 아무렇지 않게 자신을 던져 버릴 수 있는 자유를 포함한다. 하늘에 보물을 쌓아 두는 것이 많은 그리스도인들의 관심 밖인 것 같다.

창조에서 완성에 이르는 성경의 스토리 라인을 확고하게 이해하는 그리스도인들이라면, 민주주의가 가져다주는 자유들에 감사하면서도, 사람들이 다스리고 사람들의 왕국이라고 불러도 될 것 같은 민주주의가 하나님의 왕국에 도저히 필적할 수 없다는 사실을 간과하지 않을 것이다. 우리는 민주주의가 옳은 것만은 아니라는 것을 보여 주는 많은 역사적 사례들을 본다. 멀리 갈 것 없이 바이마르 독일만 봐도 그렇다. 사람들과 민족들의 도덕적 책임에 관하여 성경이 언급한 것을 생각해 보면, 하나님께서 과거 모든 문명들을 전쟁과 전염병으로 심판하셨듯이, 서구의 주요 민주주의들을 심판하실 날이 얼마나 남았을지 궁금해진다. 그렇기 때문에 결국 하나님의 세상, 의로운 사람들이 자기 나라를 번창하게 하고, 죄가 백성을 부끄럽게 하는 세상만 남을 것이다(잠 14:34). 그리스도인들은 성경의 말씀을 따라서 적어도 민주주의 안에서는 좋은 시민이 되려고 노력하고 있지만, 그들의 궁극적인 시민권은, 그들의 궁극적 충성심은 다른 곳에 있다(히

13:14). 그리스도와 문화 사이의 긴장은 불가피하다. 왜냐하면 민주주의와 종교 사이의 긴장을 피할 수 없기 때문이다.[23]

자유의 숭배

지금까지 이 장을 읽은 독자들은 이 장을 이루고 있는 네 섹션이 독립적이지 않고 서로 연결되어 있다는 것을 간파했을 것이다. 우리는 이미 세속화의 미혹이 (특히 서구의) 민주주의의 매력과 어떻게 불가피하게 연결되어 있는지 알게 됐다. 민주주의 또한 자유의 관념들과 확실하게 연결되어 있다. 그러나 자유는 하나의 정치적 범주를 훨씬 넘어선다. 사람은 국가의 강제로부터 '자유로울' 수 있다. 그러나 사람은 또한 '전통으로부터' '자유로울' 수 있으며, 하나님으로부터, 도덕성으로부터, 금지로부터, 억압적 부모로부터, 지혜로운 부모로부터, 여러 가지 과제로부터, 죄악으로부터, 그밖에 많은 것들로부터 자유로울 수 있다.

미국인들은 자신들이 '자유의 땅'에 살고 있다고 믿는 것을 좋아하며, 그래서 자유나 해방을 최상위 덕목에 올려놓는 경향이 있다. 미국의 어느 주 슬로건은 "자유롭게 살지 않으면 차라리 죽음을"이라고 외친다. "거룩하지 않으면 차라리 죽음을"이라는 슬로건을 갖고 있는 주는 상상하기 어렵다. 그리스도와 문화는 어떤 점에서는 공통된 관점을 공유할 수도 있지만, 이 둘이 얼마나 쉽게 충돌하는지도 어렵지 않게 알 수 있다. 그래서 다시 한 번, 그리스도인들이 자유를 얼마나 끌어안고 싶어 하는지 잠시 부인하지 않고서도, 자유의 숭배가 실제로 어떻게 하나님에 대한 숭배를 대체할 수 있는지 밝히는 것은 쉬운 일이다.

우리는 국가의 강제로부터 자유할 수 있는 자유의 본질을 좀더 깊이 탐구해야 한다. 미국의 우파는 일부 영역—특히, 언론과 법정과 대학교—에서 좌파가 행사하는 권력을 한탄한다. 좌파는 지난 25년 동안 행정부와 사법부에서 행사한 우파의 권력에 통곡한다. 톰 프리드먼은 2004년 선거가 끝난 다음 이런 현란한 문장을 《뉴욕 타임스》에 기고했다. "어제 나를 난감하게 만든 것은 단지 이번 선거에서 졌기 때문이 아니었다. 사람들이 내가 지지하는 것들과는 다른 정책을 지지하기 위해 부시를 지지한 것이 아니라는 느낌이 들었다. 그들은 완전히 다른 종류의 미국을 지지했던 것이다. …부시는 사회적 쟁점들을 법제화하고 종교의 활동 범위를 확장하려고 너무나 강력하게 밀어붙이고 있어 마치 우리가 대통령을 선출하는 것이 아니라 헌법을 다시 쓰고 있는 것 같은 느낌을 받았다."[24] 게리 윌스는 더 절망적인 논평을 발표했다.

> 현재 유럽의 세속주의 국가들은 미국 유권자들의 근본주의를 이해하지 못한다. …오늘 우리의 모습은 이 유럽 국가들보다는 우리의 가상의 적들과 더 닮아 있다. 미국 외에 근본주의자들의 열광, 세속성에 대

한 분노, 다른 종교에 대한 비관용, 근대성에 대한 공포와 혐오를 발견할 수 있는 곳은 어디인가? 프랑스도, 영국도, 독일도, 이탈리아도, 스페인도 아니다. 우리는 이것을 알 카에다, 사담 후세인의 수니파 같은 무슬림 세계에서나 발견할 수 있다. 우리 미국인들은 왜 세계의 다른 나라 사람들이 우리를 그렇게 위험하다고, 확고한 결의에 차 있다고, 국제 문제에 대해서 둔감하다고 생각하는지 의아해 한다. 그들은 지하드를 두려워한다. 표출되고 있는 열정이 누구의 것인지는 상관하지 않는다.[25]

비슷한 기분으로, 로버트 쿠트너(Robert Kuttner)는 민주당이 "대다수의 유권자들에게 근대성을 거부하는 신정주의 대통령의 위험을 경고하지도 않았고, 자신들만의 대항적인 도덕적 언어도 명확하게 밝히지 않았다"고 비판했다.[26] 그리고 누구도 당해 내지 못할 논객인 모린 다우드(Maureen Dowd)는 이렇게 말했다. "W.(모린 다우드는 자신의 칼럼에서 조지 W. 부시를 늘 이렇게 부른다-역주)는 낙태에 반대하고, 줄기세포 연구를 옥죄고, 동성 결혼을 금지하는 헌법 수정을 지지하여 열성적인 복음주의 무리들, 자칭 '가치 유권자들'을 투표장으로 몰아 미국에서 지하드를 벌였기 때문에 이라크에서 전쟁을 벌일 수 있었다. …[이 지하드를 수행하여 미국을] '섬기고 지킬 수 있는'—나는 이 말이 '강간하고 약탈할 수 있다'는 말로 들린다—사람은 딕 체니뿐이다."[27]

이런 여론들에서 두드러진 것은 지독하게 신랄한 말투뿐만 아니라, 부시와 그에게 투표한 사람들이 민주주의를 버리고 신정주의로 돌아가고 있다고 귀가 아플 정도로 시끄럽게 떠든다는 점이다. 아주 날카로운 논설을 쓴 라메시 포누루(Ramesh Ponnuru)는 앞에 나온 칼럼들을 포함해서 여러 글들을 인용하여 사회적 보수주의자들이 자기들 멋대로 한다면 미국이 어떻게 될 것인지 상상한다.[28] 그는 이렇게 넌지시 비춘다. "정치에 관여하고 있는 기독교 보수주의 단체들의 희망사항은" 낙태와 아마도 인간 배아를 파괴하는 연구를 금지하는 것이다. 그들은 포르노그래피를 제한할 것이고 정부가 동성관계를 결혼으로 인정하지 못하도록 단속하려 들 것이다. 아마도 그들은 학교에서 기도할 수 있는 환경을 확대할 것이고 진화론 교육을 막을 것이다. 그들은 성교육을 순결교육으로 대체할 것이다. 그들은 조세법이 결혼의 안정을 촉진해야 한다고 주장할 것이다. 그들 대부분은 '종교 단체들이 자신들의 믿음을 양보하지 않고 연방 프로그램에 참여할 수 있어야 한다'고 생각한다. 그들 가운데 더 보수적인 사람들은 남색(sodomy)과 피임을 금지하려고 할 것이다. 이렇게 열거한 다음, 포누루는 다음과 같이 논평한다.

이러한 현안이, 아니면 이 현안을 상대적으로 완화시킨 것이 법제화되는 것을—또는 대법원이 허용하기까지 하는 것을—기대해야 한다는 말이 아니다. 오히려, 나의 요지는 이러한 정책의 거의 모든 것들—그리고 가장 보수적인 모든 것들—이 시계를 1950년대 말로 돌려 버릴

것이라는 사실을 지적하는 것이다. 하지만, 1950년대의 미국도 신정국가는 아니었다.[29]

다른 말로 하면, 유권자들이 이러한 진보적 논객들이 원하는 것과 다른 것을 선택할 때, 이 필자들은 그것을 민주주의의 성취로 생각하지 않는다. 오히려, 민주주의의 희생으로 본다. 이런 판단의 근거는 유권자들이 투표를 할 때 신앙적인 고려를 하는 것은 허용되지 않는다는 가정 때문이다. 다른 말로, 종교는 사적이며, 세속주의의 가치는 의문의 여지가 없으며, 그리고 이러한 입장에 문제를 제기하는 사람들은 전혀 민주적이지 않다는 것이다. 더 나아가, 좌파 지도자들의 머릿속에서 무너지고 있는 것은 그들의 자유, 그리고 따라서 미국에 대한 그들의 비전이다.

물론 이러한 입장이 좌파들에게 보편적인 것은 아니지만, 놀랍도록 일반적이다. 에이미 구트만(Amy Gutmann)의 최근 저서를 한번 보자.[30] 우선, 구트만은 이 문제를 이해하고 있는 것 같다. 그녀는 자유주의자들이 너무 많은 자유를 요구하고 있으며 그들에게 동의하지 않는 사람들의 자유를 너무 적게 허용한다고 비판한다. 그녀는 말하기를, 모든 사람들은 평등한 자유를 지닌다는 민주주의라는 깃발 아래서, 자유주의자들은 일반적으로 선을 실현하기 위해서는 많은 조직이 필요하다고 생각하는 사람들의 자유를 박탈하려고 한다. 자유주의는 평등주의 에토스 외의 어떤 것의 번영도 원치 않는다. 그래서 불가피하게 '편협한' 것으로 보이는 선택을 막으려 하는 그들이 보기에 다른 사람들은 모순덩어리 야비한 현안꾼들에 지나지 않는다. 구트만은 자기 이름으로 그 문제를 인정한다. 그녀는 자유주의자들이 단순한 원자적 개인주의를 옹호하는 것이 아니라, 보통 교회를 포함한 사적 단체들, '정체성 그룹들'(그래서 그녀의 책 제목에 이 말이 들어 있다) 속에서 개인들이 번영한다는 것을 잘 이해하기를 원한다. 더 나아가, 자유주의자들은 양보라도 하는 것처럼 이러한 정체성 그룹들을 단지 참아 주는 것에 그쳐서는 안 된다. 그들은 진심으로 그러한 단체들의 자유를 존중해야 한다. 여기까지는 좋다.

그러나 구트만은 모든 단체들—교회, 드라마 그룹, NAACP, 그리고 심지어 괴상한 구호를 이름으로 내걸고 있는 단체들까지—을 **개인적** 선택의 결과로 취급한다. 이러한 정체성 그룹들은 유동적이고 항상 변하며, 개인이 선택한 자유의 상황일 뿐이다. 따라서 토론의 전면에 우선적으로 선택할 수 있는 자유가 배치된다. 구트만은 사실상 의미와 책임—가족에 대한 것이든, 국가, 교회, 하나님에 대한 것이든—에 관해서는 아무 말도 하지 않는다. 우리가 그것들을 선택했든 안 했든 당연히 존재하는 의무와 책임 말이다. 그리스도인들의 기쁨과 특권이 바로 하나님 안에 기초하고 있듯이, 그리스도인들의 의무와 책임은 바로 하나님이 우리를 위해 궁극적으로 명령하신 것이다. 그러나 구트만은 이 점을 전혀 고려하지 않는다. 그녀의 관점에서는 '자유로운 사람들'은 가지각색의 단체들에 드나들면서 다양하고 항상 변하는 정체성들을 갖기 때문에, 집단 정체성이 개인의 선택의 자유를 억누르도록 허용해서는 안 된다. 즉, 개인들은 그가 바라는 정체성들을 섞고 합칠 수 있으며, 정부는 그러한 자유를 보호해야 한다. 게이들이 보이스카우트의 회원 자격을 가질 수 있는 권리를 주장한다면, 또는 페미니스트들이 정통 유대교에서 지도자로 참여할 수 있는 평등한 권리가 있다고 주장한다면, 정부에는 이러한 그룹들을 압박하여 개인의 선택의 자유를 보호해야 하는 권리와 의무가 모두 있다. 만약 이를 통해 그 그룹들에 속한 기존의 많은 구성원들이 그들의 권리와 자유가 그렇게 짓밟혀 자유주의·평등주의적 비전의 진흙 속에 빠져 버렸다고 느낀다면, 그것은 그들의 문제다. 그들의 시각이 '민주적 정의'와 '시민적 평등'에 우선하도록 허용해서는 안 된다.

구트만이 이 문제를 알지 못했다고는 말하지 못할 것이다. 구트만에 따르면, 만약 보이스카우트가 게이를 배제한다면, 보이스카우트는 어떤 소유지에서도 회집할 수 없도록 해야 한다. 만약 그렇게 허용한다면 그것은 정부가 게이들이 열등하다는 사실을 지지한다는 표시가 될 것이다. 구트만은 정부가 보이스카우트 모임을 공공 소유지에서 하지 못하게 함으로써, 이 단체를 열등하다고 인정하게 되는 점은 전혀 고려하지 않는다. 보이스카우트가 이 주제에 관한 자유주의·평등주의 가정에 동의하지 않는다는 이유 외에 다른 이유는 없다. 구트만은 더 나아가 종교 단체들을 특별 취급해서는 안 된다고 말하지만, 이것이 무슨 의미인지는 더 이상 논하지 않는다. 예를 들어, 정부가 강력하게 압박하여 가톨릭이 여성 서품을 허용하도록 해야 한다는 것은 무엇을 의미할까? 동성애자 서품은? 자유에 관해서는? 종교적 자유에 관해서는? 구트만은 모든 민주주의를 정의하려고 시도하지만, 그녀 자신 역시 정체성 그룹에 속해 있다는 것은 알지 못한다. 그것도 그녀가 여전히 주변화시키려고 애쓰고 있는 다른 정체성 그룹들의 대부분의 구성원들보다도, 다른 사람들에게 자신의 이념적 견해를 강요하는 더욱 속 좁은 정체성 그룹에 속해 있다는 것을 모른다.[31]

이런 고찰의 핵심은 좌파를 악마시하려는 것도 아니고 좌파에 속한 사람들만 서구 민주주의 안에서 자신들의 입장을 선전하려고 애쓰고 있다고 암시하는 것도 아니다. 오히려 그 반대다. 어떤 스펙트럼, 어떤 입장이든지 그 관점을 선전하고 대표를 세우려고 한다. 무감각하거나(예를 들어, 투표하는 것을 귀찮아하는 사람들) 아니면 구별의 이데올로기가 지배하는 시스템에 머물러 있고 싶어 하는 사람들(예들 들어, 아미시)을 제외하고는 말이다. 유권자들에게 자신들이 '도덕적 다수'(물론 이 용어는 미국적이다. 그러나 이러한 생각은 미국에만 독특하게 존재하는 것이 아닌 것도 확실하다)를 이루고 있다는 확신을 심어 주려는 우파들의 목소리도 분명히 존재한다. 따라서 민주주의적 혼란 속에서 더 큰 발언권을 얻으려고 애쓰는 모든 입장은 어느 정도에서는 자신의 의지를 다른 사람들에게 강요하려고 시도하며, 어느 정도는 다수의 목소리를 형성하여 합의를 이루려고 시도하고 있다. 그러나 바로 현재, 자기네 입장만이 꼭 실행해야 할 민주적인 일이라고 밀어붙일 뿐만 아니라 반대편의 입장은 진정으로 민주적이지 않고 진정으로 자유를 지지하지도 않는다고 주장하는 목소리는 거의 모두 좌파에서 나온다.[32]

지금까지 민주주의에서 자유의 본질을 둘러싼 논쟁들을 살펴보았지만, 다음 몇몇의 영역에서 약간의 설명을 덧붙일 필요가 있다.

(1) '자연법' 또는 '자연의 하나님'의 존재에 관한 가정들이 미국 건국의 시기에는 지금보다 훨씬 더 강했기 때문에,[33] '권리'가 의미하는 것 역시 현대적 개념과는 상당히 달랐다. '권리'는 '자연'이나 하나님이 부여한 것이었다. 따라서 정부는 이것들을 방해하지 않고 보호해야 할 도덕적 의무가 있다. 따라서 자유는 정부에 의해 침해되어서는 안 되는 하나님이 주신(자연이 준) 자유와 이어져 있었다. 반면, 오늘날 '권리'는 허가된 권리들, 즉 정부가 '부여한' 권리들과 관계가 있다. 그래서 불가피하게 보다 큰 정부에 의해 부여되어야 하며, 이 정부는 보다 높은 법, 자연법, 또는 하나님의 법을 고려하지 않고 민주적 의지로부터 '적극적인' 법을 만든다. '자유'의 개념은 이렇게 커다란 변화를 겪어 왔다.

(2) 다수결 원칙과 소수의 자유를 보장하는 의무 사이에서 발생하는 긴장은, 손쉽게 포르노그래피 같은 쟁점을 예로 삼을 수 있다. 다수가 포르노그래피는 나쁘기 때문에 금지시켜야 한다고 말한다고 하자. 그렇다면, 이러한 주장은 포르노그래피는 유해하지 않으며 그리

고 아마도 그것을 금지하는 것이 출판의 자유를 위협할 것이라고 생각하는 사람들의 자유를 어떤 점에서 위태롭게 할까? 거꾸로, 다수가 포르노그래피는 유해하지 않으며 그것을 보호해야 한다고 말한다고 하자. 그렇다면, 이것은 포르노그래피가 여성을 비하하고 어린이들에게 위험하다고 확신하고 있는 사람들의 자유를 어떤 점에서 위태롭게 할까? 다시, 마약을 하는 개인은 공공질서와 공동선에 거의 위협이 되지 않는다 ; 그러나 그런 행동이 만연하면, 공공선은 여러 가지로 위협을 받는다. 그러면 국가는, 개인의 자유가 침해되더라도 간섭할 권리를 갖는다. 보통 입법부와 사법부는 긴 안목으로 보아 무엇이 공공에 유익한지, 혹은 신화적인 '표준의 사회'가 무엇을 외설이라고 판단하는지를 고려하여 그러한 관점의 차이들을 판단하려고 노력한다. 그러나 그러한 장치들은 현실 속에서 여론을 갈라놓는 틈만 노출시킬 뿐이다.[34] 그러한 틈의 일부는 전술한 요점, 즉, 초월적인 도덕성이 존재하는지에 관한 논쟁에 의해 발생한다.

또는 덴마크 신문에 실린 예언자 무함마드를 풍자한 만평 때문에 전 세계 이슬람 공동체에서 폭발한 분노를 검토해 보자. 물론 그리스도인들은 수세기 동안 이런 것들을 견뎌 왔다. 오줌 예수(Piss Christ)와 똥 성모(Dung Madonna) 같은 반문화적 '전시들'은 항의 시위를 유발하고, 편집자에게 보내는 항의 편지나 법적인 조치를 유발하기도 하지만 그것 때문에 이 나라 저 나라에서 수십 명이 죽는 대규모 시위 같은 것은 일어나지 않는다. 물론, 점잖은 사람들은 다른 사람들을 불

필요하게 자극하려 하지 않는다. 그 대상이 그리스도인이든, 무슬림이든, 다른 단체든 말이다. 그럼에도 불구하고 이슬람이 진리이며 민주주의에 내재하고 있는 자유들은 사악할 것이라고 전제하는 사람이라면 무슬림 항의 시위에 공감할 수 있을 것이다. 결국, 사람들에게 [다른 사람이나 종교 등에] 강하게 반대할 수 있는 자유가 있는 곳에서는, 어떤 형식이든 풍자들이 분출되지 않을 수 없다. 그것들을 모두 강제로 억눌러야 할까? 그렇다면 풍자의 대상이 될 수 없는 것은 언제나 권력을 쥐고 있는 쪽이라는 뜻이 된다. 이것은 너무나 위험한 주장이다. 무슬림 국가에서 이븐 와라크의 *Why I Am Not a Muslim* (왜 나는 무슬림이 아닌가?)의 출판은 허용되지 않는 반면, *The Protocols of the Elders of Zion* (시온 장로들의 의정서)이 허용되는 이유가 이해되기 시작하는 사람이 있을 것이다. 그곳에서는 이슬람을 존중한다고 해서 그것이 곧 유대교나 기독교를 존중하는 것으로는 전환되지 않는다. 반면, 민주주의에서 정부 기금이 특정 종교를 모독하는 데 사용된다면 사람들이 항의할 수 있다. 그러나 풍자만화를 그린 사람을 상대로 **파트와**(fatwa, 고위 이슬람 법학자가 중요 사안에 대해 이슬람 법에 따라 내리는 판결 – 역주)를 하지는 않는다. 게다가, 시위가 이슬람 세계 전역으로 확산된 것은 그 만평이 출판되고 몇 달이 지난 뒤였다. 그리고 시위자들이 불사르게 되어 있는 덴마크 국기가 충분히 공급된 뒤에야 일어났다. 결국, 치밀하게 계획하지 않았다면 팔레스타인이나 카라치나 카이로에서 불탄 그 많은 덴마크 국기들을 어떻게 확보할 수 있었을까?

미국 나치당(American Nazis)이 30년 전에 스코키(Skokie)의 유대인 마을을 통과하는 가두 행진을 하겠다고 위협했을 때처럼, 사람들은 정부가 공공의 안전이 걸린 이해관계에 개입하기로 결정할 때가 있다는 것을 이해한다. 그러나 대체로 종교인들은 특히 그리스도인들은 그들을 혐오하는 사람들의 선전을 듣거나 읽지 않아도 된다는 것을 알고 있으며, 만약 그들이 오늘 자신들에게 반대하는 사람들을 공격하면, 바로 내일 그 공격이 자신들에게도 가해질 수 있다는 것을 아주 잘 알고 있기에, 그들이 평화롭게 예배할 수 있도록 허용하는 자유를 기꺼이 찬양하고 존중한다. 자유가 몹시 남용되더라도, 자유가 하나님의 형상으로 창조된 인간의 존엄의 정치적 표현으로 볼 때는 언급하고 넘어가야 할 말이 있다. 마찬가지로 유혈로 바뀌지만 않는다면, 자유민주주의는 카터의 표현대로 '피통치자의 반대'[35]를 허용하며 격려하기까지 한다는 견해와 관련해서는 언급해야 할 말이 상당히 많다. 그러나 이 세상이 타락했다는 것을 알고 있는 그리스도인들은 그러한 자유를 인정할 뿐만 아니라 박수를 보내지만, 동시에 그들은 하나님 나라가 완성되면 피통치자의 반대는 존재하지 않을 것이라는 사실을 알고 있다. 그 나라에서 우리는 우리의 창조주시요 구주이신 하나님의 의지와 기쁨에 완벽하게 조화를 이룬 머리와 가슴을 갖게 되리라는 것을 알고 있다. 따라서 우리의 **궁극적** 소망은 민주주의가 제도화하고자 하는 자유에 결코 의존할 수 없다. 그런 자유들은 반역의 세상에 존재하는 악을 누그러뜨리는 임시 조치에 지나지 않는다. 그것만으로도 이 자유들은 그리스도인과 비그리스도인 모두의 지지와 지원을 받을 자격이 있다. 그러나 이렇게 하는 것과 이 자유에 일종의 궁극적 희망을 부여하는 것은—종종 그렇게 한다—다르다.

(3) 민주주의 국가가 '선'이 무엇인지에 대해 대체로 동의하는 시민들로 구성되지 않는다면, 그 나라는 분열될 것이고, 시민들을 통합하기 위하여 정부 자체가 더욱 강력해지고 강제력을 행사할 수밖에 없을 것이라고, 많은 사람들은 분명하게 결론을 내린다. 데이비드 하트(David Hart)는 이렇게 말한다.

> 사회란, 유익한 윤리적 편견과 아주 오랜 옛날부터 내려오는 존경 받은 사람들, 부수적 권위 구조(교회, 지역사회, 가정)에 의해 통치되는 도덕적이고 영적인 집합체(association)라는 개념이 점차 사라져 감에 따라, 국가 권력들이 지속적으로 확장되었다. 우리는 국가에게 우리를 악으로부터 지켜 달라고 또는 우리의 악덕을 제거해 달라고 요청한다. 왜냐하면 우리에게는 선한 일에 헌신하는, 또는 덕성에 전념하는, 또는 주관적 의지의 자유보다 더욱 본질적 자유에 마음이 열려 있는 시민사회를 만들 수 있는 문화가 없기 때문이다. 근대적이 된다는 것이 바로 이런 것이다.[36]

그래서 시민들이 자유로워진다는 의미를 둘러싼 다양한 견해들이 점점 더 많이 채택되면서, 정부(법원을 포함)가 상이한 것들을 해소하기 시작하고 사람들을 덜 자유롭게 만들어 버리는 것은 역설이라 하지 않을 수 없다.

(4) 강제적 통제로부터 벗어나는 자유의 매력과 관련하여 일부 사상가들이 표현한 낙관론은 우리를 순진한 낙관론자로 만든다. 예를 들어, 마이클 노박의 최근 저서는 자유에 대한 보편적 갈망이 정부와 종교의 가장 통제력 있는 형식들을 약화시킬 것이기 때문에, '문명의 충돌'은 불가피한 것이 아니라고 생각한다.[37] 노박은 무슬림 세계가 세속화될 것이라고는 기대하지 않고 있다(그는 아타튀르크의 계승자들에게 미래가 있다고 생각하지 않는다). 오히려 그는 앞으로 일어날 여러 형태의 무슬림이, 가톨릭주의가 밟았던 적응 과정과 상당히 유사하게, 민주주의와 시장경제를 포함한 근대 세계에 적응하게 될 것이라는 희망—사실상의 기대—을 갖고 있다.

좋다. 아마도 그럴지도 모른다. 그렇지만 나는 그렇게 되더라도 별로 놀라지 않을 것이다. 노박의 책에는 다음과 같은 이상주의의 감성이 있다. 그들[무슬림]에게 시간을 주자. 그러면 그들도 우리처럼 괜찮은 민주주의자들이 될 것이다. 그들이 우리와는 다른 루트로 거기에 도달하더라도 말이다. 심각한 충돌을 한동안은 피할 수 있을 것이다. 그런 가능성은 늘 있다. 사람들은 분명히 그러길 바란다. 그러나 성경과 역사는 죄악이 계속 나타날 것이므로, 다양한 종류의 권력층들이 계속 유지될 것임을 입증한다. 아직 마지막 때는 아니지만, 전쟁의 소식과 소문이 앞으로도 있을 것이다(마 24:6).

이제 지금쯤은 가치 있는 정부 형식인 민주주의가, 왜 선에 대한 기독교적 관점과 혼동되어서는 안 되는지, 그리고 왜 민주적인 문화를 기독교 문화와 같은 종류로 나란히 놓아서는 안 되는지 확실해졌을 것이다. 대체로 그리스도인들은 민주주의에 환호하며, 민주주의가 많은 사람들에게 혜택을 주며, 인간 권력에 한계를 설정하는 메커니즘을 제공하고, 그리고 유혈 없이 권력이 이양될 수 있도록 하여, 다른 정부 형태들보다 더 많은 자유들을 제공한다고 믿는다. 이러한 자유들은 틀림없이 그리스도인들이 싫어할 많은 것들을 강화시킬 수도 있다. 그러나 똑같은 자유들이 예배의 자유를, 증언의 자유를, 정부의 보복 없이 신앙을 바꿀 수 있는 자유를, 그밖에 더 많은 자유를 보호한다. 그럼에도 불구하고, 모든 자유의 개념은, 직접적으로 또는 간접적으로, **어떤 것으로부터의 자유**와 **어떤 것으로의 자유**와 **어떤 것을 위한 자유**라는 부수적 개념들을 연상시킨다.[38]

서구의 민주주의 전통은 성경, 하나님, 전통, 그리고 여러 가지 도덕적 구속을 **벗어날 자유**를 상당히 강화시켜 왔다. 이것은 자신만의 일, 쾌락주의, 자기중심, 그리고 신비주의를 **향한 자유**를 권장한다. 반대로, 성경은 자기중심성, 우상숭배, 탐욕, 그리고 모든 죄악**에서 벗어날 자유**와 하나님의 형상을 지닌 사람이자 하나님의 은혜로 변화된 사람으로서—그래서 우리의 최고의 기쁨은 하나님의 뜻을 향하는 것이다—삶을 **향한 자유**를 권장한다. 그 방향(어떤 것을 **향한 자유**)

이 새 하늘과 새 땅이 이루어질 때까지 완전하지는 않더라도, 이미 그리스도인들은 "예수께서 대답하시되 진실로 진실로 너희에게 이르노니 죄를 범하는 자마다 죄의 종이라 … 그러므로 아들이 너희를 자유롭게 하면 너희가 참으로 자유로우리라"(요 8:34-36)는 말씀의 영광을 희미하게나마 감지하기 시작했다. 이러한 약속 안에 내재되어 있는 위대한 역설은 성경의 스토리 라인에서 직접 나온다. 바로 우리가 누릴 수 있는 가장 위대한 자유는 그리스도의 종이 되는 것이라는 의미다.[39] "하나님의 딱딱함은 인간의 부드러움보다 더 친절하며, 그의 강제는 우리의 자유[해방]이다."[40] 이러한 역설이 만들어 낸 문화에서는 우리 시대의 문화들 속 자유의 개념들 가운데 몇 가지가 중복될 수도 있다. 그러나 그것은 그것들 모두와는 확실히 다르며 그것들에 대부분 모순 되며 심지어 반발할 것이다. 데이비드 히트가 옳다: 대법원이 매우 자주 내린 결정들은 "언제나 성경적 전통과 자유 민주주의 전통 사이에 몇 가지 긴장의 요소가 있다는 것을 상기시키는 데 기여한다. 한쪽이 자유로 이해한 것을 다른 한쪽은 일종의 예속으로 여긴다."[41]

권력을 향한 갈망

앞의 세 섹션에서, 세 가지 논제들— 세속화, 민주주의, 자유—을 '좋은 것'이거나 '나쁜 것'으로 단정할 수 없다는 것을 여러 가지 방식으로 지적했다. 이 개념들은 운용되는 환경에 따라 좋을 수도 있고 나쁠 수도 있다. 사실, 환경이 복합적이기 때문에, 그것들은 보통 좋은 것이기도 하고 나쁜 것이기도 하다.

  권력도 그렇다.[42] 일부 해체주의자들과 기타 감성주의자들의 주장에도 불구하고, 권력을 행사하는 것이 언제나 나쁜 것은 아니다. 가족 안에서 규율이 전무하고 권력 공백이 발생한다면 보통 분별력 없고 제멋대로인 아이들이 탄생하기 마련이다. 거리에서 폭력이 발생했을 때, 은행에 강도가 들었을 때, 마약에 취한 폭력배들이 난동을 부릴 때, 젊은 여자가 강간을 당하고 있을 때, 경찰이 나타나 조금이나마 권력을 행사하면 우리들은 대부분 상당히 반가워한다. 국제적인 수준에서도 강제로 진압해야 하는 악들이 있다. 전쟁이 반드시 최후의 수단이 되어야 한다는 것은 의심할 여지가 없지만, 히틀러를 막고 세르비아가 자행한 학살을 종식하는 것이 도덕적으로 잘못됐다고 주장하는 사람은 많지 않다. 사실, '정당한 전쟁'의 조건들이 실제로 갖춰졌을 때, 다른 사람을 위하여 희생하기를 주저하는 것은 이웃을 사랑하지 않는 행동이기에, 평화주의자들을 제외한 모든 사람들은 전쟁에 나가지 않는 것이 도덕적으로 잘못이라고 결론을 내릴 것이다. '권력 안에 있는' 사람들을 비판하기를 좋아하는 저널리스트들은 물론 그렇게 함으로써 그들 나름의 권력을 행사하고 있다. 미디어가 행사하는 권력을 싫어하면서도, 언론의 자유가 있는 나라에서 살고 있는 우리는 대부분 그 자유가 사라져 버리는 것을 역시 아주 싫어할 것이다. 제4의 권력이 축소된다면 조만간 국가는 견제되지 않는 권력을 행사하는 결과가 나타날 것이기 때문이다.

그러나 모든 형태의 권력은 남용될 수 있다. 한 가정에 거친 권력 표출과 그것에 대한 반발만이 무성하다면, 그 잠재적 상처는 이루 헤아릴 수 없다. 봉사하고 보호해야 할 경찰이 사적인 이익을 위해서, 또는 권력을 행사하는 것에 탐닉하고 부패하여 그들의 권력을 행사할 수 있다. 개인적인 결정은 말할 것도 없고, 심지어 '정당한 전쟁' 속에서도 너무 많은 권력과 너무 작은 양심 때문에 도덕적으로 변명할 수 없는 사건이나 행태가 불가피하게 발생하기도 한다. 상대적으로 자유로운 사회를 유지하기 위해서는 미디어가 필수적이지만, 권력을 향한 욕망은 너무 강해서 그러한 일을 맡은 사람들이 그들의 소명과 진리와 성실이 중요하다는 사실을 빈번하게 잊곤 한다.

물론, 선하고도 악한 동기는 그리스도의 이름으로 권력을 행사하는 사람들의 속성이기도 하다. '제일'이 되고자 하는 욕망, 첫째가 되고자 하는 욕망은 디오드레베와 함께 죽지 않았다(요삼 1:9). 교황의 권위를 거부한 많은 프로테스탄트 목회자들은 자기만의 작은 왕국에서 교황의 권위와 유사한 권위를 행사한다. 몇몇 부교역자들이 자기네 담임 목사의 발밑을 은밀하게 허물려고 하고, 사악하게 권력을 행사하려고 하며, 경건한 말투와 겉치레 겸손으로 그런 행동을 위장하는 것을 보는 것도 그리 어렵지 않다. 그렇다고, 복음의 사역자들이 절대 권위, 권력을 가져서는 안 된다는 것이 아니다. 목회 서신들만

읽어 봐도 말씀 자체의 권위, 도덕적 설득의 권위, 선한 모범 안에 있는 권위—복음을 통하여 그리고 신자들을 통하여 일하시는 성령의 권위는 말할 것도 없고—를 볼 수 있을 것이다. 더 나아가, 복음의 사역자들이 모두 부적절한 의미의 권력에 굶주려 있는 것은 아니다. 그리스도의 모범은 예민한 양심을 가진 사람들에게 압박감을 준다. 주님은 완벽하게 고난 받은 종이셨다. 그러나 그분은 또한 돈을 교환하는 상을 뒤엎으시고 채찍으로 짐승들을 내쫓으심으로 성전 마당을 깨끗하게 하셨다. 리처드 존 뉴하우스(Richard John Neuhaus)가 누차 말했듯이, 우리는 종교적 암살단원이 되는 것과 무기력한 사람이 되는 것 사이에서 양자택일할 필요가 없다. 바로 우리 주님이 그렇게 하신 것처럼, 언제 우리를 핍박하는 사람을 사랑하고 고난을 감수해야 하는지, 언제 성전을 깨끗하게 하는 것이 옳은지, 우리는 배우려고 노력한다. 아무리 더디더라도. 따라서 실상 역겨운 십자가에 모인 복음 메시지의 본성은 바로 권력을 향한 욕망을 줄이는 효과를 갖고 있다. 그 복음 자체가 무엇보다도 높이 평가되는 한.

바로 여기에서조차, 우리는 여전히 모서리만 깨작대고 있다. 권력을 향한 욕망은 미묘하고 지독하기 때문에 "때로 권력은 좋기도 하고 나쁘기도 하다"라고 말하는 것은 적절하지 않다. 모든 권력 행사에 최소한 부패할 가능성이 있다는 사실은, 우리 인간이 얼마나 깊은 흠이 있는 존재인지를 보여 준다. 권력을 향한 욕망은 다른 사람을 통제하고자 하는 우리의 욕망을 아주 잘 보여 준다. 이것이 다른 사람들을 위한 것이라고 우리가 생각할 때조차도—우리가 그렇게 생각하고 싶은 만큼 그렇게 자주는 아니라 하더라도 때때로 그렇다—그들을 통제하려는 우리의 욕구는 이웃 사랑이 결여되어 있는 상태와 쉽게 구별되지 않는다. 하나님을 속이려는 우리의 욕망—이것은 제1계명을 어기는 것이다—을 없애는 것은 거의 불가능하다.

여기서 또, 권력의 매력은 이 장에 묘사한 다른 유혹의 목소리들—자유, 민주주의, 그리고 세속화—과 미묘하게 연결되어 있다. (1) 우리가 다른 사람들에게 더 많은 권력을 행사할수록, 그리고 다른 사람들이 우리에게 행사하는 권력이 적으면 적을수록, 우리는 더욱 우리 자신을 '자유롭다'고 판단한다. 이렇게 보면, 만연한 소비주의조차도 권력을 향한 욕망의 일부로 볼 수 있다. 좋은 장난감 몇 개가 우리를 이웃만큼, 또는 이웃보다 더 나은 사람으로 만든다. 우리가 더 많이 소유할수록, 우리는 우리의 뜻대로 우리의 삶을 살아가고 독립적이고 태연하게 우리 인생행로의 변화를 다룰 수 있는, 더욱 '자유로운 인간'이 된다: 더 좋은 의료 서비스를 받고, 휴가는 해외에서 보내고, 심리치료에 더 많은 돈을 쓰고. 소비주의가 우리를 실족시키지 않는다면, 그 반대가 아마도 우리를 실족시킬 것이다. 이상하게도, 겸손을 가장한 우월성의 유혹은—이러한 것을 우리는 우리의 자기부인과 금욕을 자랑하는 우리 자신에게서 발견한다—권력을 향한 동일한 욕망에 쉽게 굴복한다. 그것은 오직 머릿속에서조차 다른 사람의 주인이 되고자 하는 우리의 욕망을 충족한다. (2) 우리는 이미 민주주의의 실행은 정부의 다른 기관들과 정부 외부 기관들―언론을 포함한―의 권력 균형을 유지하는 것과 아주 긴밀하게 엮여 있다는 것을 확인했다. 크리스토퍼 래시(Christopher Lasch)는 주장하기를, 현대 미국에서 민주주의는 대중의 머릿속에서 진보와 개인주의, 세속주의, 부라는 관념들에 기초를 둔 희망과 연결되어 있다고 했다. 틀리지 않았다.[43] 그리고 이는 모두 권력과 연결되어 있다. (3) 세속주의가 우리를 미혹하여 하나님은 죽었다고 생각하게 하거나, 똑같이 해롭게, 하나님의 존재 목적이 우리가 개인적으로 설계한 영성과 스스로 정의한 영성을 축복하기 위한 것이라고 생각하게 하는 한, 세속주의는 우리의 개인적인 권력 의식을 강화한다.

이러한 것 중 어떤 것도 종교주의자들이 유사한 권력을 추구하는 것을 막지 못한다. 우리는 우리의 권위와 주장을 강화하기 위해, 하나님께 순종한다는 가면을 쓰고 '하나님'이라는 주문을 외고 있을 수 있다. 권력을 향한 욕망은 신앙고백을 하지 않는 사람들의 전유물이 아니다. '유익한' 사람이 되거나 '하나님 나라를 확장'하는 사람이 되고 싶어 하는 마음조차도 일부는(우리의 동기는 그렇게 믿을 만한 것이 아니다) 권력을 쥐고 싶은 억누를 수 없는 갈망을 위장한 것이다. 더 나아가 서구의 맥락에서, 특히 미국에서 권력의 실상을 간략하게 기술했지만, 중국에서 리히텐슈타인까지, 사우디아라비아에서 인도까지, 상당히 다른 문화와 정권 아래에 있는 권력들의 실상을 기술하는 것도 좋은 연습이 될 것이다.

그러나 '하나님의 온전한 계획'의 교리적이고 윤리적인 함의를 생각하는 데 열중하는 그리스도인들은, 권력을 향한 보편적인 욕망을 억제하는 일부 장치를 반드시 발견할 것이다. 하나님의 교리는 우리가 궁극적인 존재가 아니라는 사실을, 곧 하나님만이 궁극적인 존재라는 사실을 상기시킨다. 창조의 교리는 우리가 우리 자신의 것이 아니며 우리를 만드신 하나님의 소유라고 말한다. 우리가 행사하는 모든 '권력'은 하나님께로부터 온 것이며, 그래서 우리는 권력을 갖고 우리가 하는 일에 책임을 한다. 죄의 교리는 끊임없이 우상숭배를 변명하는 독창적인 태도에 빠지지 않도록 우리를 도전한다. 성경의 전체 스토리 라인은 우리에게, 거듭 거듭 "하나님과 화해하라"고 말한다. 그리스도의 죽음은, 우리가 짊어져야 했던 무거운 죄의 짐을 제거한다. 그리고 그분의 부활로 인해 우리는 새 하늘과 새 땅, 의의 집에 참여할 수 있다. 그리고 그의 모범은 우리에게 자기 과시를 버리라고 촉구한다. 우리는 그분과 함께 고난을 받도록 부름 받았으며 그래야 비로소 그분과 함께 다스릴 수 있기 때문이다.

* * *

이러한 성경적 현실들은 여러 가치들이 중복되어 있더라도 우리 주변의 세계관들과는 날카롭게 구별되는 세계관을 구성한다. 우리는 무제한의 세속주의를 받아들일 수 없다. 민주주의는 하나님이 아니다. 자유는 반역의 또 다른 이름이다. 권력을 향한 욕망은 그것이 보편적이듯, 의심을 갖고 바라보아야 한다. 최소한을 말한다면, 이것은 하나님의 말씀 아래서 정직하게 살고자 하는 기독교 공동체들이, 지배적인 문화의 가치들과 대립할 문화들을 반드시 만들어 낼 것임을 의미한다. 그러나 최소한을 말하는 것으로는 충분하지 않다. 성경이 형성한 그리스도인들은, 다른 문화들에 맞설 뿐만 아니라 다른 사람들—도시, 국가, 공통 인간성, 특히 가난한 사람들—을 희생적으로 섬기는 교회를 소망한다. 소금은 반대하지 않는다. 그것은 강화한다. 신자들은 최선의 시민이 되어야 한다(렘 29:7, 벧전 1:1, 약 1:1). 그리고 이것은 그리스도인들이, 주요 문화의 바깥에서 그들의 실마리를(그리고 따라서 그들의 세계관을) 찾는 사람들이며, 기독교 문화(지배적인 문화 안에 존재하고 있지만 그것과는 뚜렷하게 구별되는)를 형성할 뿐만 아니라 전체를[기독교 문화와 지배적인 문화 모두를] 강화하는 데 깊이 헌신되어 감을 의미한다.

그러나 모든 곳에는 함정이 있다. 그래서 남은 두 장에서 그 함정들 가운데 두 가지를 기술할 것이다. 반대 입장을 채택하기보다는 성경에 의해 형성된 기대들을 강조하기 위하여 말이다.

1) Peter L. Berger, *The Sacred Canopy: Elements of a Sociological Theory of Religion*(Garden City: Doubleday, 1969) 영국판 서명은 *The Social Reality of Religion*.

2) Christian Smith가 엮은 다음 책도 세속주의를 이와 같이 정의한다. *The Secular Revolution: Power, Interests, and Conflict in the Secularization of American Public Life*(Berkeley: University of California Press, 2003).

3) 이와 같은 견해의 예로는 David Boulton, *The Trouble with God: Building the Republic of Heaven*(New Alresford: John Hunt Publishing, 2002).

4) 특히 George M. Marsden and Bradley J. Longfield 엮음 *The Secularization of the Academy* (Religion in America); George M. Marsden, *The Soul of the American University: From Protestant Establishment to Established Nonbelief*(New York: Oxford University Press: 1994) 볼 것.

5) "Speaking Out: That Other Church," *Christianity Today* 49/1(January 2005): 62.

6) Richard John Neuhaus의 연구를 볼 것. "Secularization Doesn't Just Happen," *First Things* 151(March 2005): 58-61. 특히, Christian Smith의 The Secular Revolution; Christopher Lasch, *The True and Only Heaven*과 *Progress and Its Critics*(New York: Norton, 1991) 볼 것.

7) Avery Cardinal Dulles, "The Deist Minimum," *First Things* 149(January 2005): 25-30.

8) Avery Cardinal Dulles, "The Deist Minimum," 29.

9) 조엘 오스틴, 『긍정의 힘』(긍정의힘, 2005). 오스틴은 "잠재력을 충분히 발휘하면서 사는" 일곱 단계를 제시한다: (1) 큰 비전을 가져라; (2) 건강한 자아상을 계발하라; (3) 당신의 생각과 말의 힘을 발견하라; (4) 과거를 잊어버려라; (5) 다양성을 통하여 강점을 발견하라; (6) 주는 삶을 살라; (7) 행복한 삶을 선택하라.

10) Luke Timothy Johnson, *The Real Jesus: The Misguided Quest for the Historical Jesus and the Truth of the Traditional Gospels*(New York: Harper Collins, 1996), 64.

11) Kirsten Birkett, "A Treatise of Hume's Nature," *Case* 7(2005): 7-12.

12) Pope Benedict XVI, *Christianity and the Crisis of Cultures*(San Francisco: Ignatius, 2006) 볼 것(이 책의 유럽판은 *The Europe of Benedict: In the Christ of Cultures*).

13) 20세기에, 전쟁으로 인한 인명 손실은 제외하고도, 약 1억 7천만 명이 그들의 정부에 의해 학살당했다는 비극적인 현실에 반영된 악의 차원들을 생각하면 치를 떠는 사람들도 있을 것이다. 다음 웹 사이트 볼 것: Freedom, Democracy, Peace; Power, Democide, and War, http://www.hawaii.edu/powerkills/welcome.html(2006년 2월 18일 최종 접속).

14) '세계관'이라는 것은 없다고 주장하는 사람들의 주장을 여기서 다시 논하지는 않겠다. 3장에서 설명했듯이 내가 의미하는 세계관은 우리에게 영향을 끼치는 현실에 대한 상당히 포괄적인 해석이다. 모든 사람이 세계관을 가지고 있다.

15) 이것이 바로 Nancy R. Pearcey와 Phillip E. Johnson의 중심 주제다. *Total Truth: Liberating Christianity from Its Cultural Captivity*(Wheaton: Crossway, 2004).

16) 이 점을 Charles Habib Malik이 정확하게 지적하고 있다. *A Christian Critique of the University* (Waterloo, ON: North Waterloo Academic Press, 1987), 24-25. Duane Litfin도 같은 지적을 한다. *Conceiving the Christian College*(Grands Rapids: Eerdmans, 2004). 리트핀에 따르면, 말리크는 "**세속적**[강조는 내가 한 것임] 학문 세계가 타당하다고 가정하지 않고 그 세계가 예수 그리스도에 대하여 어떻게 생각하는지 질문한다; 그는 인류가 알고 있는 가장 근본적인 진리, 예수 그리스도의 주 되심에서 시작한 다음, 이 진리에 비추어 **대학교**를 취급해야 할지 질문한다." 사실 이미 오래전부터 **multi**versity와 대조되는 대학교(**uni**versity)라는 관념은, 모든 진리는 하나님의 진리라는 즐거운 신앙고백에서 가장 안전하게 보존되고 있는 진리의 통일성(unity)을 전제한다. 참고. D. A. Carson, "Can There Be a Christian University?" *Southern Baptist Journal of Theology* 1/3(1998): 20-38과 이 논문에 들어 있는 문헌들을 볼 것.

17) 이것은 급진적 정통주의의 타당한 강조점들 가운데 하나이다. 일반적으로 그 추종자들은 성서 자체보다 고대의 신조들을 훨씬 더 강조한다고 받아들여지고 있기는 하지만 말이다. 그러나 진리에 관하여 말하는 우리의 방식을 재건하려는 그 계획은 상당히 유익한 일이다. 그 운동과 그 지지자들에 대한 적당한 개론서로는 James Smith, *Introducing Radical Orthodoxy: Mapping a Post-Secular Theology*(Grand Rapids: Baker; Bletchley: Paternoster, 2004) 볼 것.

18) Ralph Louis Ketcham, *The Idea of Democracy in the Modern Era*(Lawrence: University Press of Kansas, 2004).

19) 이것이 가장 분명하게 드러나 있는 것은 물론 *The Federalist Paper*이다. 그렇지만 다음 책을 꼼꼼히 읽는 것도 가치가 있다. Bernard Bailyn, *The Debate on the Constitution : Federalist*

and Antifederalist Speeches, Articles, and Letters During the Struggle over Ratification, 전2권(New York: The Library of America, 1993). 여기에는 제임스 메디슨과 알렉산더 해밀턴의 글뿐만 아니라 이들의 반대자들의 글도 들어 있다.

20) *The Future of Freedom: Illiberal Democracy at Home and Abroad*(New York: Norton, 2004), 『자유의 미래』(민음사 역간).

21) 이것이 바로 Natan Sharansky의 도덕적 명확성이 드러나 있는 다음 책의 가설이다. *The Case for Democracy: The Power of Freedom to Overcome Tyranny and Terror*(New York: Public Affairs, 2004).

22) 예를 들면, Richard John Neuhaus, "The Tyranny of the Minority," *The First Things* 154 (June/July 2005): 63-64.

23) *Public Interest* 2004년 봄 호의 여러 논문들을 볼 것.

24) "Two Nations Under God," *The New York Times*, 4 November 2004, Editorials/Op-Ed: http://www.nytimes.com/2004/11/04/opinion/04friedman.html?ei=5090&en=141d38656c8&oref=slogan.

25) "The Day the Enlightenment Went Out," *The New York Times*, 4 November 2004: http://www.commondreams.org/cgi-bin/print.cgi?file=/views04/1104-25.htm.

26) "An Certain Trumpet," *The American Prospect*(Online Edition), 12 December 2004: http://www.prospect.org/web/printfriendly-view.ww?id=8870.

27) "The Red Zone," *The New York Times*, 4 November 2004: Section A, p.25.

28) "Secularism and Its Discontents," *National Review* 56/24(27 December 2004): 32-35; 아래의 요약은 대부분 33쪽에 있는 것이다.

29) Ponnuru, "Secularism and Its Discontents," 33. 케네디(John F. Kennedy) Greater Houston Ministerial Association, Ithiel deSolaPool, *Candidates, Issues, and Strategies: A Computer Simulation of the 1960 and 1964 Presidential Elections*, 2nd ed.(Cambridge: MIT, 1965), Michael Thate가 이것들을 참고하라고 조언해 주었다.

30) *Identity in Democracy*(Princeton: Princeton University Press, 2004).

31) 내가 토론을 위해 여기서 구트만을 끌어들였지만, 그녀의 접근법이 독특한 것은 아니다. 예를 들어, Alan Race and Ingrid Shafer, *Religions in Dialogue: From Theocracy to Democracy* (Aldershot: Ashgate, 2002) 볼 것. 여기서 저자들은 이 책 제목에 암시되어 있는 주제로 몰고 가기 위해 3대 유일신 종교의 대변인들의 이야기를 듣는다. 그렇지만 왜 이들은 모두 자신들의 종교보다도 민주주의에 대한 똑같은 견해에 훨씬 더 깊이 헌신할까? 여기서 내가 "민주주의에 대한 똑같은 견해"라고 분명하게 말한 것에 주의하라: 내 요지는 구트만의 방식 외에도 민주주의에 대해서는 달리 생각할 수 있는 방식이 있다는 것이다. 구트만의 방식은 사실 '민주주의'에 특정한 집단의 관점을 자유의 이름으로 부과하는 것이라고 할 수 있다.

32) 이것은 좌파의 목소리가 모두 이와 같은 자세를 취한다는 말이 아니다: 예를 들어 Jeff Spinner-Halev가 아주 세심하게 연구한 다음 책을 볼 것. *Surviving Diversity: Religion and Democratic Citizenship*(Baltimore: The Johns Hopkins University Press, 2000). 그의 목표는 "사람들이 자유롭지 않은 삶을 선택하는 것을 변호하는 것이며, 자유민주주의의 맥락 안에서 그런 문화적이고 종교적인 단체들이 사람들의 '정체성들'을 어떻게 보호해 줄 수 있는지를 알아보는 것"이다(pp. 5-6). 그럼에도 불구하고 사람들은 종종 냉소적으로, 특히 일부 언론의 무절제한 행동이 갈수록 사람들이 언론의 소리를 경청하지 않는다는 좌절감이 커지는 데 기인한 것이 아닌지 의심한다. 1900년부터 2000년까지, 미국 일간지의 리더십은 성인 인구의 52.6%에서 37.5%로 떨어졌다. 18-34세 연령대에 있는 사람들의 경우에는, 그 수치가 19%까지 떨어졌다. 공정한 보도를 위한 노력에서부터 일종의 '탐사 저널리즘' —언제나 권력층은 부패했다고 가정하는— 으로 이동하는, 그렇게 포착하기 힘들지 않은 변화에 더하여, 사람들은 그 역학관계를 이해하기 시작한다. 일반 독자들은 우리가 공직자로 선출한 사람들은 모두 도둑, 강도, 얼간이들이요 과대망상증환자들이라는 소리를 늘 듣는다. 그들 가운데 틀림없이 그런 사람들이 있다. 그럼에도 불구하고, 언론의 목적은 가능한 공정하게 뉴스를 보도하는 것이라기보다는 선출직 공직자들에게 반드시 있게 마련인 악을 고발하는 것이라고 한다면, 권력들의 균형을 유지하는 미덕은, 의혹과 대립과 술책과 독선적 승리주의로 넘어가게 된다.

33) Jon Meacham, *American Gospel: God, the Founding Fathers, and the Making of a Nation* (New York: Random House, 2006); David L. Holmes, *The Faiths of the Founding Fathers* (Oxford: Oxford University Press, 2006) 볼 것.

34) 이것은 또한 일부 여론이 오락가락하는 이유이기도 하다. 미국에서 도박은 19세기 후반기에 놀라울 정도로 만연해 있었다. 그러나 사회적 피해, 정부의 재정 지출, 그리고 명백한 부패가 갈수록 분명하게 드러남에 따라 이후 수십 년 동안은 도덕적인 이유로 점진적으로 금지됐다. 그러

나 지난 20-30년 동안 다시 정반대의 추세가 나타났다. 이것은 개인이 쾌락을 선택할 수 있는 자유와, 정부의 수입을 증대시킨 뜻밖의 세수 때문이다. 그러나 중독과 실업, 부패, 가정 파괴 같은 문제점들을 해결하려면 정부의 지출이 늘어날 수밖에 없다는 것은 미처 고려하지 못했다.

35) Stephen L. Carter, *The Dissent of the Governed : A Meditation on Law, Religion, and Loyalty*(Cambridge: Harvard University Press, repr. 1999).

36) David B. Hart, "The Pornography Culture," *The New Atlantis*, Number 6, Summer 2004: http://www.thenewatlantis.com/publications/the-pornography-culture.

37) Michael Novak, *The Universal Hunger for Liberty: Why the Clash of Civilizations Is Not Inevitable*(New York: Basic Books, 2004).

38) 다음 책에서도 이것이 중요한 항목을 차지하고 있다. Richard Bauckham, *God and the Crisis of Freedom: Biblical and Contemporary Perspectives*(Louisville: Westminster John Knox Press, 2002).

39) 특히 다음 책을 볼 것. Murray J. Harris, *Slave of Christ: A New Testament Metaphor for Total Devotion to Christ*, New Studies in Biblical Theology, 8(Leicester: Apollos, 1999).

40) C. S. Lewis, *Surprise of My Early Life*(London: Geoffrey Bles, 1955), 215.

41) Hart, "The New Pornography Culture."

42) 여기서 나는 '권력'을 개인의 신체적 힘, 법적 강제, 도덕적 권고, 선동, 그리고 무력을 포함하는 다양한 형식의 권위 행사로 느슨하게 사용한다.

43) Christopher Lasch, *The True and Only Heaven: Progress and Its Critics*(New York: Norton, 1991), *The Revolt of the Elites and the Betrayal of Democracy*(New York: Norton, 1996). 래시는 희망을 기억(개인적이고 집단적인), 덕성, 겸손, 한계, 그리고 종교의 영적 훈련과 연결하고 싶어 한다. 래시는 희망이 적절한 신학적 맥락으로부터 분리될 때, 겸손으로부터도 그리고 인간의 한계에 대한 이해로부터도 동시에 분리된다고 주장한다. 민주주의는 인간의 평등 관념에 기초해야 하는데, 이 평등 관념은 또한 인간은 약한 존재라는 공통된 생각에 기초하고 있다고 그는 주장한다. Patrick Deneen의 통찰력 넘치는 *Democratic Faith*(New Forum Books)(Princeton: Princeton University Press, 2005)를 볼 것.

5
교회와 국가

Church and State

이 장의 목적은 교회와 국가 사이의 이상적인 관계를 포괄적인 이론으로 제시하려는 것이 아니다. 유토피아적 이론을 제시하려는 것은 더욱 아니다. 하지만 어떤 의미에서 교회와 국가에 관한 논쟁들은 그리스도와 문화에 관한 보다 포괄적인 논쟁들에 속해 있다. 그뿐 아니라 일부 국가들에서는 그리스도와 문화의 관계를 논쟁할 때 주목받는 유일한 형식이 교회와 국가에 관한 논쟁이다. 나의 목표는 이 주제를 통해 니버의 모델들 가운데 하나를 선택하는 것은 환원주의를 연습하는 것임을 다시 확인하는 것이다.

핵심 표현 정리

서구 세계의 많은 곳에서, '종교'라는 단어가 주는 느낌은 '영성'이라는 말에 비해 다소 부정적이다. 누군가 '종교와 정치'라는 말을 꺼내면, 대부분의 사람들은 교회와 국가의 분리에 관해 직접적인 논평을 할 것이라고 생각할 것이다. 더 명확하게 말하면, 교회와 국가의 분리라는 주제를 토론할 수도 있지만, 종교라는 표현을 꼭 쓸 필요는 없을 것이다. 종교라는 표현 자체를 사용하는 나라도 여럿 있지만, 일부 서구 민주주의 국가들은 다른 표현들을 사용하여 이와 유사한 문제들을 다루는 경우가 빈번하다.

실제로, 우리는 다양하게 사용되는 많은 용어들에 갇혀, 정확한 사고가 어려워지고 있다. 우리가 신약성경에서 실마리를 잡으려고 시도하고 있다면 더욱 그렇다. 신약성경에서는 그러한 말들 가운데 일부는 발견되지 않으며, 나머지는 오늘날 사용되고 있는 용법과는 너무나 달리 사용되기 때문이다. 그렇게 혼란을 일으키는 표현들의 목록에는 '종교', '교회', '국가', '민족', '신앙', '사회' 그리고 내가 이미 이 책에서 얼마간 탐구한 '신앙'과 '문화' 같은 말들이 포함된다. 이 가운데 몇 가지를 잠시 다뤄 보는 것이 순서일 것 같다.

종교

오늘날 일반적으로 종교란, 이상적 삶의 추구가 구현되는 특정한 궁극적 가치 체계로 정의된다. 이상적인 삶을 추구한다면, 반드시 **현**

상 유지에 이의를 제기할 것이다. 이러한 전제는 본질적으로 기독교에서 가장 분명하게 나타나며 기독교가 나온 유대교에서도 나타난다. 그러나 이러한 이상적 삶의 추구는 1세기 주변 '종교들'에게는 상당히 불편한 것이었다. 왜냐하면 그 종교들은 제사와 주술 행위, 전통의 유지 및 보존에 초점을 두고 있었기 때문이다. 기독교의 영향과 다문화주의의 출현으로 다른 '종교들'도 이상적 삶을 추구하는 종교로 바뀌어 갔다. 한편, 기독교화가 심화된 국가에서, 이제 기독교 자체는 이상적 삶을 추구하는 종교가 아니라 현상 유지를 추구하는 종교가 되었다. 달리 말하면, 기독교가 구태의연하고 진부하고 이교적이라는 의미의 '종교'로 변하기 시작했다. 물론 가끔 기독교 공동체 내부에서 갱신이 일어나기도 했다. 즉, 하위집단이 이러한 본질적 '추구'를 회복했다. 구약성경에서 하나님의 남은 자들이 그들의 나라가 타락해 가고 있는 **현상**에 도전한 것처럼 말이다.

따라서 1세기에 기독교를 많은 '종교들' 가운데 하나로 이야기하는 것은 적지 않은 오해를 일으킬 수 있다. 그렇게 하면 기독교가 이상적인 삶을 추구하고 변화를 고대하였다기보다는 일차적으로 주술적이고 보수적이었다는 인상을 갖게 되거나 아니면 고대 이교들 모두가 기독교처럼 이상적 삶의 추구, 윤리적이고 영적인 변화, 그리고 영원의 가치를 바라보는 생활에 관심을 갖고 있었다는 인상을 갖게 된다.[1]

신약성경의 영어 번역본들이 여기저기에서 '종교'라는 단어를 사용하지만, 21세기의 '종교'가 의미하는 바를 정확히 담은 1세기의 그리스어나 라틴어는 존재하지 않는다. 옥스퍼드 라틴어 사전에서 **종교**에 관한 아주 특별히 흥미로운 항목은 이 단어의 의미를 열 가지나 제시하고 있다. 그 가운데 두 개 또는 세 개는 '주술적 행위' 같은 보다 초기의 의미에 가깝다. 그리고 많은 것들은 '종교'와 전혀 관계가 없다. RSV는 디모데전서 3장 16절을 "우리의 종교의 신비는 놀라운 것입니다(Great indeed, we confess, is the mystery of our religion [εὐσέβεια, eusebeia]). …주님께서는 사람의 몸으로 이 땅에 보이셨습니다"라고 번역하고 있다. 그러나 종교(religion)라고 번역된 이 그리스어의 적절한 의미는 '경건'(godliness, ESV, NIV, TNIV는 이렇게 번역하고 있다) 또는 '예배'(devotion) 또는 '신앙심'(piety)이며, 프랑스어로는 piété(Segon, Colombe)이다: 그리스도의 본성과 사역에 관한 바로 이 '신비'(mystery)가 우리의 '경건'이나 '예배'나 '신앙심'의 핵심이라는 것이다.[2] 야고보서 1장 26-27절에서 '종교'로 종종 번역되는 그리스어는 θρησκεία(thrēskeia)인데, 이 단어는 '종교'보다는 숭배(reverence)와 예배(worship)에 더 가깝다. 다른 그리스어와 라틴어를 더 다룰 필요는 없다. 일반적인 요지—오늘날 일반적으로 '종교'라는 말이 정확히 의미하는 단어가 1세기에는 없었다—는 충분히 드러났다.

따라서 서구 문화를 비롯하여 많은 현대의 그리스도인들은, 점점 더 '종교'를 전적으로 경멸적인 의미로 사용한다. '종교'를 고대의 주술적이고 자기 보존적인 의미로 사용하건, 아니면 이상적 삶을 추구하는 의미로 사용하건, 그들은 이러한 용법이 어떤 사고 구조를 만들어 낸다고 말하곤 한다. 그 사고 구조 안에서 바로 우리가 '종교적' 행동들을 하는 사람들이거나, 아니면 바로 우리가 이상적 삶을 추구하는 사람들이라는 것이다. 종교라는 말의 위험이란 이 말의 어감이 우리 안에서 "자기의 기쁘신 뜻을 위하여 너희에게 소원을 두고 행하게 하시"(빌 2:13)는 하나님과 은혜를 성경적으로 강조하는 데 방해가 된다는 뜻이라고도 말한다.

　이 문제를 바로 보기 시작하는 사람들도 있다. 오늘날 우리는 '종교의 자유'의 중요성을 이야기한다. 그러나 '종교'가 의미하는 바는 무엇인가? 그리스도인들이 자신의 신앙을 종교로부터 거리를 둔다면, 우리는 '자유'가 보장되어야 한다고 생각하는 그 종교들 가운데 기독교를 포함시키지 않는다고 말하고 있는 것일까? 우리는 오직 경건한 행동을 하는 주술적 구조들만 자유가 보장될 수 있고, 이상적 삶의 추구는 유사한 보호를 받지 못한다고 말하는 것일까? 혹은 이상적 삶의 추구는 보호받지만, 동일한 것의 주술적 표현들은 보호받지 못한다고 말하는 것일까?

　실제로, 다양한 분야의 토론에 참여하고 있는 사려 깊은 그리스도인들에게, '종교'라는 말은 일반적으로 다양한 맥락에서 꽤 다른 의미들을 갖는다. 우리가 종교의 자유를 추구해야 할 것으로 지지할 때, 우리는 자유를 주장하는 다른 모든 종교들의 부류에 기독교를 포함하는 셈이다. 우리가 성경적이고 신실한 기독교에서 특별히 구별되는 요소들을 설명할 때, 우리는 종종 기독교를 종교로부터 분리한다. 우리가 세속적 인본주의의 가장 유해한 형식을 비판할 때, 우리는 세속적 인본주의가 일종의 '종교'라고(그 자체의 절대성을 갖고 있으며, 그 자체가 이상적 삶을 추구하며, 그 자체의 '신들'을 갖고 있다는 등의 의미에서) 강력하게 주장한다. 세속적 인본주의자들 역시 우리만큼 '종교'적인 사람이기 때문에, 우리가 '종교'적인 사람이라고 경멸하는 것은 정당하지 않다는 의미가 암시적이든 명시적이든 이 주장에는 들어 있다―비록 곧이어 다른 토론에서는 우리가 '종교'를 비판하고 또는 다른 토론에서는 세속주의자들에 맞서 종교적인 사람들을 변호하지만 말이다. 이러한 문제들에 관한 사고와 표현이 정확성을 획득하기 어렵다는 것은 전혀 이상하지 않다. 현실은 바로 우리 모두가 '종교'를 서로 다르게 사용하고 있다는 것이며, 우리가 그 핵심을 알고 맥락에 따라 호의적인 독자들을 순조롭게 안내할 수 있을 것이다.

교회

역사적으로 이 단어는 굉장히 다양하게 사용되고 있다. 그리고 '교회'와 '국가'의 관계를 고찰하기 위해서는 반드시 이 문제를 어느 정도 분명하게 정리해야 한다. 주교를 한쪽의 부제로부터, 그리고 다른 한쪽의 목사·장로와 구별되는 제3위의 직분이라고 생각하는 사람들은 종종 "주교가 있는 곳에 교회가 있다"[3]는 이그나티우스의 공식에 호소한다. 많은 사람들에게 있어서, 주교는 교회를 정의할 뿐만 아니라 교회와 사도의 적법한 유기적 관계를 정립한다: 만약 적법한 교회로 간주되려면 1세기 사도로부터 현재의 사도까지 역사적인 계승이 존재해야 한다. 그럼에도 불구하고, 이러한 주교에 대한 견해의 근거를 신약성경의 문서들에서 찾으려는 주장들은 상당히 취약하다. 게다가, 교회란 무엇인가에 관하여 가장 우선하는 대안적 설명은 신약성경의 동일한 문서들에서 찾아볼 수 있다: 교회는 복음에 의해 부름 받은 하나님의 백성이다. 이것은 성경의 복음을 향한 충절을 유지하는 것이 교회의 정체성에 지극히 중요하다는 것을 암시한다.

사도 바울은 사도나 하늘의 천사라도(주교는 말할 필요도 없다!) 복음에서 이탈한다면 저주를 받을 것이라고 분명하게 지적했다(갈 1:8-9). 바로 이러한 본문에서, 교회는 하나님의 백성이며 여기서 복음이 충실하게 선포되며, 여기서 성례와 안수가 바르게 수행되며, 여기서 경건한 모임의 규율이 시행된다는, 본질적으로 틀림없이 올바른 관점이 나왔다. 교회의 본질에 관한 이러한 입장의 양극화가 교회와 국가에 관한 우리의 토론에 미치는 영향은 무엇일까? 그 영향은 우선 실용적인 것이다. 감독 구조를 갖고 있는 교단은 정부 당국들과의 교섭에서 한두 사람 또는 소수의 권위 있는 목소리를 내기가 수월하다. 반면에 그러한 권위 구조에 연결되어 있지 않은 지역 교회들은 제각각 대응하기가 쉽다. 물론, 그럼에도 불구하고 감독 구조가 없는 지역 교회들이 협력하여 강력한 연합체[4]를 만들어 교회·국가 관계와 관련한 문제를 다룰 공적 인사들을 지원할 수도 있다.

우리의 목적을 위해서 '교회'의 의미를 둘러싼 또 다른 논쟁이 더 중요해진다. 많은 사람들에게, '교회'는 단지 그리스도인들을 가리키는 집합 명사이다. 우리가 이 연결을 수용한다면, 교회와 국가의 관계에 관한 토론은 그리스도인과 국가의 관계에 관한 토론과 동일하다. 이러한 견해를 지지하는 사람들은 다양한 방식으로 여기에 도달한다. 일부는 '교회'에 대한 최소주의적 이해를 한다 : 그들은 말하기를, 두세 사람이 그리스도의 이름으로 모인 곳에 교회가 존재한다. 그래서 그들은 신약성경에서 교회가 복음을 전하고 하나님의 말씀을 가르치는 일에 어떻게 단단하게 묶여 있는지 관찰한다. 왜냐하면 그들 역시 '교회'와 '그리스도인들'을 동일시하고, 복음을 전파하고 하나님의 말씀을 가르치는 것은 그리스도인들이 할 수 있는 유일하고 가치 있는 일이라고 암시하기 때문이다. 다른 일부는 최대주의적 해석을 지향한다. 아마도 그들은 지리적 구역 안에 살고 있는 모든 그리스도인들로 구성된 교구 교회 개념을 물려받았을 것이다.

그러나 교회와 그리스도인의 집합이 같다는 이해— '교회'와 '그리스도인들'은 서로 바꾸어 사용될 수 있다—는 최대주의적 방향에서 토론을 왜곡시킨다. 존 스토트가 이러한 접근을 취한 기독교 지도자의 좋은 사례이다. 그가 **그리스도인들**은 다양한 형식의 사회적 활동에 참여해야 한다고 주장할 때, 그는 이것을 **교회**가 다양한 형식의 사회적 활동에 참여해야 한다는 의미로 말했다. 달리 말하면, **그리스도인의 의무** 중 일부는 이런저런 사회적 활동에 참여하는 것이라고 주장할 때, 그런 활동을 수행하는 것이 **교회의 사명**이라고 주장하는 것과 사실상 구분되지 않는다. [5]

그러나 신약성경에서 '교회'가 그리스도인들의 집합으로 축소될 수 없다고 가정해 보자. 그 즉시 다양한 가능성들이 보일 것이다. 신약성경에서 교회가 모일 때, 그들은 보좌에 어린 양으로 앉아 계신 분을 찬양한다. 그것은 함께 모여 찬양하고(특히 시편과 찬양과 영적인 노래들을 부르며) 성경의 포괄적인 가르침에 수반하는 증언과 교훈과 바르게 함을 나누고(딤후 3:16-17) 주님의 만찬을 나눈다(고전 11:16-17). 이 모임에서는 외부인들의 확신과 회심이 일어난다(고전 14). 그리고 이곳에는 엄한 규율이 적용된다(마 18:15-18). 목사, 장로, 감독,[6] 집사 등의 구별된 지도자들은 특정한 책임을 맡는다. 교회에 대한 유기체 비유—예를 들어 적어도 두 개의 구별되는 '몸'이라는 용법이 있는데, 물론 교회가 그리스도의 신부로 묘사된 것은 말할 필요도 없다—를 고려할 때, 교회가 우연히 버스 정류장에서 만나 기꺼이 성구 한두 절을 나누는 두세 사람의 그리스도인들을 가리킨다고 말할 수 있다면, '교회'라는 말을 완전히 정당하게 사용하는 것인지 의심하게 된다. 의심할 것 없이 그리스도는 그들과 함께 계신다. 그러나 이 작은 그리스도인들의 집합이 신약성경에서 **교회**가 수행하는 **기능**을 할까?

이 책과 이 장을 위한 중요한 함의가 있다. 선을 행하라는, 자비를 보이라는, 가난한 사람들을 돌보라는, 정의에 관심을 가지라는 성경의 많은 명령들을 무시하는 것은 어려운 일이다. 이러한 모든 책임들이 **하나의 교회로서의** 교회에, **하나의 기관으로서의** 교회에 있다면, 교회의 지도자들은—목회자, 장로, 감독과 집사—틀림없이 그런 활동들을 책임지고 지도해야 한다. 그러나 신약성경에서 우리가 발견하는 것은 초기의 지도자들, 곧 사도들은 우선적으로 하나님의 말씀과 기도를 가르치는 일에 주의를 기울였다(행 6:2)는 점이다. **회중 가운데** 있는 정의의 문제조차도 영적으로 충만한 다른 사람들에게 어느 정도 넘겼다(6:1-7). 목사, 장로, 감독의 의무를 구별할 때는, 말씀과 기도 사역의 일차성을 살펴보는 것이 가장 중요하다. 이러한 사역자들은 설교하고 가르치고 전도한다(말씀의 사역은 설교 그 이상이다). 바로 교회 안에서 사람들은 세례를 받고 주님의 상에 함께 모인다. 그러나 동시에 그리스도인들은 썩은 세상의 소금으로, 어두운 세상의 빛으로 섬기느라 바쁘다. 예레미야 시대의 유배와도 같이(렘 29:1-7) 그리스도인들은 자신들이 살고 있는 도시에서 선을 행하는 것을 배우며, 그들이 속한 도시의 번영이 그 도시를 위한 것이자 또한 그들을 위한 것임을 잘 안다. 이것은 교회의 지도자들의 지휘 아래서 **교회**가 해야 할 사명이라고 할 수 없을 것이다. 이것은 확실히 **그리스도인들의** 의무이다.

이러한 검토는 사려 깊은 그리스도인들에게 두 가지 상반되는 위험이 있다는 것을 시사한다. 한편에서, 일부 그리스도인들은 자신이 관심을 가져야 할 유일한 일이 신실한 복음 전도와 성경을 가르치는 일이라고 분명하게 생각한다. 그들은 가난한 사람들이나 에이즈로 고통 받고 있는 사람들이나 학대를 당하고 있는 사람들에게 간여할 필요가 없다고 생각한다. 그들은 예술에 관심을 가질 필요가 없다고 생각한다. 보다 일반적으로, 그들은 정부의 문제에 직접 간여할 필요가 없다고 생각한다. 이러한 입장은 가현설(docetic) 기독교의 위험에 빠져 있어서 성경의 가르침의 총체성을 간과하며, 우리의 하늘 시민권(바울이 가진)과 우리의 로마 (또는 프랑스나 호주, 케냐의) 시민권을 동시에 인정하는 '이미'와 '아직'의 긴장을 회피한다. 다른 한편에서, 일부 그리스도인들은 긍휼과 정의의 사역들에 너무나 열중하여 복음 전도와 성경을 가르치는 일을 배제한다. 또는 그들은 정부의 문제에 너무 관심이 많아서 실제로 부활하신 그리스도를 향한 모든 그리스도인의 의무의 핵심을 무시할 때 자신들이 신실하다고 착각한다. 그들은 예수 그리스도의 **교회**, 곧 지상 명령 때문에 살고 죽는 교회의 **구성원**으로서의 책임을 주변으로 밀어 낸다.

다행스럽게도, 두 가지 입장을 함께 지녀야 한다는 것을 보여 주는 좋은 사례가 우리에게는 여럿 있다. 세 가지를 언급하겠다. 먼저, 복음주의 대각성은 하웰 해리스(Howell Harris), 조지 휫필드(George Whitefield), 존 웨슬리(John Wesley)와 그들의 동시대인들이 이끈 거대한 사회적 변화를 불러일으켰다. 이러한 그리스도인들은 대영제국 전역에서 노예 제도를 금지시키는 일뿐만 아니라 탄광에서 아동 노동을 불법화하는 법을 통과시키고 감옥 제도를 개혁하는 일에도 도구가 되었다. 그들은 가난한 사람들을 돕는 수많은 기관들을 시작했고, 노동조합을 창설해 산업혁명이 처음으로 무르익으면서 발생한 탐욕을 누그러뜨렸다(최초의 주요 노동조합 지도자 가운데 세 명은 감리교 목회자들이었으며 호주로 강제 이주당했다). 그러나 이러한 지도자들에 관하여 주의 깊게 보아야 할 것은 그들은 대체로 무엇보다도 복음적인 그리스도인들(gospel Christians)이었으며, 그들의 지역 교회에 깊이 참여하고 있었고, 성경 묵상과 복음 전도에 특별한 훈련을 받은 사람들이었다는 점이다. 존 뉴턴은 "나는 최악의 죄인이며 그리스도는 최고의 구주이시다"라는 두 가지 사실을 알고 있는 사람이었는데, 그는 또한 윌버포스를 격려하여 정치인으로 남게 하여 노예 무역과 노예제도 자체를 폐지하는 데 일조한 사람이기도 했다.

또한 아브라함 카이퍼(1837-1920)를 보라. 그에 관해서는 마지막 장에서 더 이야기할 것이다. 그는 '영역 주권'의 초기 형태에 접근함으로써 기독교 대학교를 설립하고, 기독교 노동조합을 창설하고, 기독교 정당을 만들고, 그와 유사한 많은 일들을 할 수 있었다. 그러나 그는 강력한 어조로 **교회로서의** 교회가 이런 운동을 주도해서는 안 되며 또한 그 일들에 책임을 져서도 안 된다고 강조했다. 그는 평생 성직자로서 복음에 헌신했다. 그러면서도 동시에 보다 넓은 사회에 미치는 경건한 영향력의 가치를 이해했다. 그러나 그는 한 사람의 그리스도인으로서 열정적으로 추구했던 보다 넓은 사회 참여에, **교회로서의** 교회가 말려들지 않도록 상당히 주의를 기울였다. 틀림없이 이런 종류의 방향은 교회와 국가의 관계를 생각하는 우리에게 중요한 함의를 준다. 미국인들이 교회와 국가의 '분리 장벽'을 이야기할 때, 그들은 정말 **기관으로서의** 교회와 국가, 또는 **그리스도인들**과 국가 사이의 분리 장벽을 상상하고 있는 것일까?

세 번째 모범은 몇 군데의 현대 교회들이다. 둘 다 대형 도시 교회이며 소속한 교단은 다르다. 두 교회 모두 강해설교, 성경 교육 사역이 탁월하다고 잘 알려져 있다. 둘 다 교인수가 빠르게 늘어나고 있으며, 그들 대부분은 회심한 사람들이고, 평균 연령은 30대 이하이다. 둘 다 **교회로서의** 교회가 참여하는 사역과 봉사의 형식과, 그러한 교회들에 속한 그리스도인들이 참여하는 사역과 봉사의 형식을 구별하기를 강조한다. 각 교회—두 교회에서 그 유형은 상당히 다르다—에서 그리스도인들은 에이즈로 고통당하는 사람들을 돌보는 일에, 가난한 사람들을 돕는 프로그램에, 다양한 사회적 목적을 갖고 있는 비영리 회사들을 세우는 일에, 정부의 주요 기관들을 돕는 일에, 여러 예술 활동과 입법 활동에 그리스도인들을 참여시키는 일 등에 참여하고 있다. 두 교회 가운데 한 곳의 담임 목회자는, 그 교회의 상당한 기도 시간이 그러한 열정적인 활동들에 참여하는 사람들을 위해 기도하는 사람들에게 할애된다고 말했다. 다른 한 교회의 담임 목사는 교회 바깥에서 운영되는 봉사 활동의 재정을 위해 기금을 마련하는 일에 도움을 주고 있었다. 그러나 둘 다 **교회로서의** 교회가 이러한 일을 운영하는 것은 적절하지 않다고 판단한다.

어떤 경우에도, 이런 모든 사례에서 그리스도인들은 국가의 책임으로 널리 이해되고 있는 활동들에 깊숙이 참여하고 있다. 더 나아가, 이런 모든 사례들에서 **그리스도인들**이 하는 일과 **교회로서의 교회**가 하는 일을 기본적으로 구별하는 것은 교회와 국가의 관계에 관한 어떤 토론에도 확실한 함의를 준다.

국가 · 민족

'민족'과 '국가'라는 용어들은 조금 더 탐구해야 할 필요가 있다. 교회와 국가의 관계를 다루고 있는 신약성경의 문서들은 로마제국을 '국가'로 전제하고 있는 반면에 오늘날 우리가 의미하는 '국가'는 이것과는 미묘한 차이점들이—국가에서 국가로 이주하는 경우 더욱 그렇다— 있기 때문이다. 일곱 가지를 언급해야 할 것 같다.

(1) 에릭 워너(Eric Werner)가 *Le système de trahison*에서 개진한 주장을 잠시 살펴보는 것이 좋을 것 같다.[7] 워너는 국가가 민족도 아니고 제국도 아니라면, 반역은 반드시 나쁜 것이 아니라고 주장한다. 예를 들어, 일본 국민들에게는 어떤 반역적인 일에 연루되는 것이 엄청난 수치다. 일본은 여러 민족과 문화가 뒤섞인 국가가 아니라 엄격한 의미의 '민족'이기 때문이다. 이러한 것을 수치의 문화에 더하면, 반역은 지독한 것으로 여겨진다. 다시, 영국 제국의 전성기 때는 제국에 해로운 것으로 여겨진 행동은 특별히 비난받아 마땅한 일이었다. 이에 비해, 국가가 다양성을 높이 칭송하는 곳에서는 반역 그 자체가 민주적인 것이 된다.[8] 모든 것을 점검하는 '큰 사상'은 존재하

지 않는다. 미국에서도, 검찰은 반역에 가담한 사람들을 철저하게 뒤쫓을 것이다. 그러나 언론은 결코 분노하지 않는다. 오히려 언론은 호기심을 갖고, 때로는 은근히 그것을 칭송하기까지 한다.

(2) 1세기의 로마제국은 확실히 워너가 분석한 '제국'의 범주에 들어간다. 그럼에도 불구하고 우리의 토론과 관련하여 로마제국에는 다음과 같은 특징이 있다. (a) 로마는 법과 질서를 세우고, 무정부상태와 반역과 부패를 피했다. 그러나 정부의 최고위 수준에서는 방탕함과 부패가 기하급수적으로 늘어나 극에 달하고 규율의 껍데기만 남게 되었다. (b) 로마의 군사력은 괜찮은 법률 체계와 우수한 도로와 통신—18세기가 되어서야 유럽은 이 수준을 넘어섰다—과 결합하여, 선망의 대상이 되어 있었던 '로마의 평화'를 제국 전역으로 퍼트려 나갔을 것이지만, 그것을 계속 이어가기 위하여 잔혹한 강제력을 사용했다. (c) 로마제국은 놀랍도록 다민족적이고 다문화적이었지만, 모든 것을 로마화했다. 2장에서 확인했듯이 로마는 새로운 영토를 손에 넣으면 종교적인 영역에서 신 바꾸기를 했다. 로마제국은 지방 주민들이 로마 판테온에 있는 신들의 일부를 받아들여야 하며 로마 역시 지방 신들의 일부를 로마의 만신전으로 받아들여야 한다고 강조했다. 키케로와 유베날리스(Juvenal) 같은 웅변가들은 이러한 외래 신들의 침범을 경멸하고 비판했을 것이다. 그러나 황제들은 이러한 제국의 정책을 확립했다. 외래 신들은 이내 로마화되었고 내부적인 것이 되었다. 무엇보다도 이러한 경향은 (d) 로마가 관용적이면서 동

시에 비관용적이었으며, 혼합적이면서도 배타적이었다는 것을 의미한다.[9] 다원주의와 관용은 어떤 종교도 진리를 배타적으로 주장하지 않는 한, 또는 제국적 질서에 위협이 되지 않는 한 번영했다. 로마의 신들은 사회 질서와 엮여 있었다. 이것들은 사람, 땅, 지도자, 엘리트, 제국 자체와 복잡한 그물망으로 엮여 있었다. 따라서 외래 신들은 "제국의 판테온에 쉽게 들어왔다."[10] 그리고 제국에 위협이 되거나 위협이 된다고 간주되는 모든 것은 폭력적으로 억압당했다. 물론, 로마제국에는 상당히 다양한 비정부 조합들과 클럽들이 있었다. 최근의 연구를 통해 이 단체들에 얼마나 많은 사람들이 속해 있었는지 알 수 있다. 가끔 주장하는 것처럼, 그들은 쇠퇴하는 문화의 한가운데서 위안을 찾으려고 한 것이 아니라, 공적 **헌신**(public pietas)과 심지어 시민적 충성의 일부로서 그렇게 활동했다.[11] 그러나 로마는 불충의 가능성을 감지하고 폭동의 위협을 느낀 곳에서는 잔혹하게 대응했다.[12] 바로 이것이 신약성경 기자들이 국가에 관하여 다양한 것들을 이야기할 때 그들의 머릿속에 들어 있던 '국가'이다.

(3) 1세기 대부분의 '민족들'은 로마제국 **안에** 존재하는 것으로 여겨졌다. 마태복음의 지상 명령 형식에서, 신자들은 '모든 민족들'을 제자로 삼아야 한다는 명령을 받았다(마 28:19). 비록 그 명령은 틀림없이 로마제국의 판도 바깥에 있는 사람들로 확장될 수 있었지만(행 8장에 등장하는 에티오피아 내시의 회심을 생각할 수 있을 것이다) 말이다. 신약성경에 묘사되어 있는 대부분의 복음 전도와 교회 개척은 제국 **내부**에 있는

'민족들' 가운데서 일어났다. 로마제국의 멸망 이후, 봉건 영주들은 민족적 자각—공통의 언어와 문화와 지리에 의해 자라난—으로 결합된 정부 형식으로 연합을 맺어 질서를 세워 나갔다. 따라서 '민족'이라는 개념은 오랜 기간 거의 종족적·문화적 연합이라는 의미를 담고 있었다. 이 개념은 '국가'라는 개념과 그저 느슨하게 중복되어 있었다.

(4) 18세기 말을 향해 가면서, 유럽에서(그리고 결국에는 다른 모든 곳에서) 일어난 민족국가의 성립은 정치 지형을 바꾸어 놓았다. 그 시대 전에는, 크거나 작거나 간에 지역적으로 통치되는 많은 종족적·문화적 집단들이, 경우에 따라 다양하게 모여 보다 큰 정치적 연합을 형성하였다. 민족국가로 변화하는 과정은 비스마르크와 근대 독일의 성립에서 그 전형적인 모습을 가장 잘 볼 수 있다. 그럼에도 불구하고, 민족국가 내부에서 '민족'과 '국가' 사이의 긴장은 보다 최근 세기까지도 계속되었다. 히틀러의 국가사회주의는 독일 **인민**, 독일 **민족**—쉽게 **민족**으로서의 **국민**(Volk)—이라는 개념을 갖고 장난을 쳤다. 이들은 한 명의 지도자에 의해 통치되고 하나의 민족국가를 이루어 유지되었다. 얼마 전 캐나다 의회는 퀘벡에 '민족'이라는 범주를 허용해 주었다. '민족'이라는 이 말은 영국보다 프랑스에서 상당히 모호한 말이다. 그리고 이러한 맥락에서 이 말의 의미는 문화적으로 특색 있는 사람들을 인정하는 것에 지나지 않는다. 하퍼 총리의 머릿속에 있던 것은 확실히 이것이다. 퀘벡을 '민족'으로 인정한 그의 마지막

교서에 "**연합된** 캐나다 안에서"라는 말이 첨가되어 있었던 것이다. 놀랄 것 없이, 이제 퀘벡은 자신을 '민족'이라고 부를 수 있기 때문에, 일부 **분리주의자들**은 정치적 의미에서 '민족'이라는 장식 이상—그들만의 외교 업무를 수행할 수 있는 능력을 포함해서—을 원한다. 그러나 실제적 문제는 그들이 그러한 허가(이것은 쉽게 허용되지 않을 것이다)를 받으려면 '민족적' 수도인 오타와에 의지해야 한다는 것이다. 이 용어가 얼마나 불확실하고 다양하게 쓰이는지는 캐나다 국경을 넘어 '미합중국'으로 발을 옮기자마자 곧 확인할 수 있을 것이다. 개별 주들의 합법적 권위와 워싱턴에 있는 연방정부의 권위 사이에서 발생하는 역동적인 긴장은 끊임없이 미묘한 변화를 겪어 왔다. 그러나 미합중국의 어떤 주도 다른 국가들과 독립적인 외교 관계를 수행할 수 있는 권위를 갖고 있지 않다. 이 용어를 혼란스럽게 만든 정치적 발전들 가운데 하나 이상의 사례를 제시한다면, 아프리카만큼 민족국가의 개념이 종족적·문화적 관념들과 보다 기묘하게 얽혀 있는 곳도 없을 것이다. 거기에서는 마지막 식민정책이 종족적·문화적(즉, 다른 의미에서 '민족적') 감수성들을 거칠게 짓밟고 지도에 선을 그어 '국가'들을 만들었다.

민족국가의 발흥으로, 중앙정부는 더욱 많은 권력을 거머쥐게 되었다. 단체들—클럽, 협의체, 노동조합, 지방정부, 교육 및 사회적 엘리트, 심지어는 교회와 기타 종교 기관들—을 중재하는 일은 갈수록 국가에, 즉 중앙정부에 권위가 부여되고, 정부의 감독을 받고, 책임을 묻고, 그리고 어느 정도는 관료적으로 통제되었다. 때로는 이런 일들이 가볍게 다뤄졌지만, 때로는 그렇지 않았다. 독일이 민족국가가 되었을 때, "국가는 그 자체가 목적이 아니라 민족 문화의 모범이요, 표현이며 종복이다"라는 사상이 탄력을 받았다. 교회는 그 문화의 일부이기 때문에, "헤겔과 피흐테 같은 철학자들과, 하이네 같은 시인들과 뒤르케임 같은 사회과학자들, 그리고 슐라이어마허에서 트뢸치에 이르는 신학자들은, 종교가 (적절히 이해되면) 문화적 기운을 북돋울 것이며, 비스마르크가 부른 '실천적 기독교'를 위해 도덕적 영감을 불어넣어 줄 것이라고 주장했다."[13] 물론, 사람들은 그런 기독교는 당연히 성경의 명령과 위임과는 너무나 거리가 멀다고 주장할 것이다. 그렇지만, 현재의 논의를 위해서 중요한 것은, 국가란 그 자체 안에서 결속을 이루어 최종적으로 민족적·문화적 자기 정체성을 표현하고 고양하는 것이라는 암묵적인 견해이다. 그럼에도 불구하고, 여기서 조용히 궁극적 권력을 축적하고 있는 것은 바로 민족국가이다.

(5) 대부분의 서구 국가들에서, 다른 모든 중재 기관들을 초월하는 민족국가의 권위의 발흥은 세속주의 사고방식의 발흥과 더불어 거칠게 전개되고 있다. 물론, 이렇게 두 가지가 함께 일어나고 있는 모습은 나라마다 다양하다. 따라서 바로 앞에서 기술한 독일의 발전들은 거의 동시에 일어난 프랑스와 미국의 발전과는 상당히 달랐다. 미국 헌법은—그리고 물론 권리장전도—어떤 교회의 '공인'도 반대했

다. 1789년 프랑스 혁명은 급진적인 반교권주의를 낳아 공적 영역에서 교회의 위계적 권위와 중재 기능을 박탈하였으며, 교회와 국가의 분리는 "구체적으로 교회 재산들을 종교부 장관이 감독하는 문화 단체에 넘겨주는 것을 의미했다."[14] 그러나 우리가 독일이나 프랑스나 미국이나 공인 교회를 갖고 있는 영국이나 어떤 나라를 생각하더라도, 국가 기구의 일부에서 세속주의에 대한 확신이 강하게 일어나고 있다고 생각하지 않을 수 없다. 이것이 4장의 요지였다. 분명히, 이러한 현실은 교회와 국가 사이의 적절한 관계를 숙고하는 그리스도인들에게 상당한 의미를 시사한다.

(6) 국가들이 더욱 많은 권력을 갖게 되고 이제 사실상 다른 모든 중재 기관들을 조정하거나 심지어 통제하게 되었지만, 특히 서구에서 또한 세계의 일부 지역에서 이러한 국가들은 민주 국가들이다. 바로 이것이 사도 바울의 경험과 너무나 거리가 먼 것이다. 그러나 만약 그리스도인들이 좋은 시민이 되어야 하는 의무가 있다면, 민주주의 구조 안에서 그리스도인들은 1세기 신자들에게는 열려 있지 않았던 방식으로 변화를 일으키려고 시도할 의무가 있다. 그래서 다시 한 번 교회와 국가의 관계에 관한 우리의 이해는, 국가를 이해하는 방식을 바꿈으로써 어느 정도 영향을 받게 될 것이다. 더 나아가, 신약성경의 모범들과 교훈을 잘 사용하기 위해서라도 보다 주의 깊은 사고가 요구된다.[15]

(7) 내가 간략하게 기술했던 서구 전통 바깥에 있는 나라들―중

국, 터키, 사우디아라비아, 수단, 말레이시아, 키르기스스탄 등—로 교회와 국가의 관계에 관한 우리의 고찰을 확대한다면, 성경으로부터, 즉 기독교의 기초적인 문서들로부터 벗어나 교회와 국가의 적절한 관계에 대해 신뢰할 만한 설정을 세우는 아주 힘겨운 일을 해야 할 것이다.

그러나 우선 우리는 성경이 강조하는 것들을 일부 상기하는 것부터 시작해야 할 것이다.

교회와 국가의 관계에서 성경의 우선순위들

성경의 주제와 싱구들에 대하여, 앞선 장들은 (a) 구속사에서의 몇 가지 전환점들을, (b) 도래하는 하나님 나라에 관한 예수님의 설교에서 몇 가지 중요한 요소들을, 그리고 (c) "가이사의 것은 가이사에게, 하나님의 것은 하나님께 바치라"는 예수님의 강조—사도 바울의 일부 병행 구절들을 포함하여(롬 13)—에서 주시해야 할 의미를 미리 기술했다. 이러한 주제들과 성구들은 교회와 국가의 관계를 깊이 생각하려고 시도하는 현대 그리스도인들이 피할 수 없는 함의를 던진다.

바로 뒤에서 나는 1세기의 교회와 국가의 관계를 다루는 신약의 몇 가지 다양한 방식을 예시하고자 노력할 것이다. 그리고 구약성경에서 바빌론에 포로로 끌려간 하나님의 언약 백성을 묘사한 것과, 이러한 묘사가 어떤 기초를 마련하는지 예시하고자 노력할 것이다. 앞장에서 나는 마가복음 12장 13-17절(여기에 "하나님의 것은 하나님께 가이사의 것은 가이사에게"가 포함되어 있다)과 로마서 13장 1-7절을 간략하게 다루었으니, 여기서 이런 중요한 본문들을 다시 다루지는 않을 것이다. 그러나 교회와 국가의 관계에 관한 성경적 관점들을 정돈하는 것은 결코 성구 몇 구절을 인용하는 단순한 문제가 아니라는 것을 명심해 두는 것이 좋을 것이다. 왜냐하면 그 성구들 가운데 많은 것들은 고도로 창조적으로 해석되었기 때문이다. 전체적인 토론을 통해 다양한 해석들을 세밀하게 평가하는 작업이 필요하지만 그렇게 한다면 이 책은 다른 종류의 책이 되어 버릴 것이다. 따라서 나는 정도를 벗어나 주의가 필요한 두세 가지 해석만 간단하게 언급하고 넘어갈 것이다.

일부 해석자들은 "가이사의 것은 가이사에게"라는 구절을, 가이사의 것은 아무것도 없으니 가이사에게는 **아무것도 돌려서는 안 된다**는 말을 역설적으로 강조한 것이라고 이해했다[16]: 모든 것이 하나님의 것이다. 어떻게 성경의 하나님이 당신의 권위를 다른 무엇과 공유할 수 있겠는가? 따라서 이런 해석은 다음과 같은 기초를 놓는다. 하나님 나라는 영속적인 저항 세력이 되며, 이 땅의 가이사가 권력을 남용하지 않도록 경계한다. 하나님과 가이사가 상호배타적인 지배권을 행사하지 않는다는 것은 확실히 옳다. 하나님께 주권이 있다. 그리고 가이사가 아무리 황제라 하더라도 하나님의 가신에 불과하다.

그럼에도 불구하고, 일부가 제안한 이 해석은 면밀히 검토해 볼 필요가 있다. 마가복음 12장의 전통적인 해석은 이론의 여지없이 분명하며 시작된 종말과 완성이라는 전반적인 신약성경의 긴장과 맥을 같이 하고 있다. 예수님은 이미 하늘과 땅의 모든 권세가 자신의 것이라고 선언한다(마 28). 그리고 그분은 하나님의 모든 권세를 행사하는, 중재하는 왕이시다(고전 15). 그렇지만 그 권세는 완성의 날까지는 그 자체도 중재되며 빈번하게 도전을 받는다. 더 나아가, 마가복음 12장에 대한 전통적인 해석은 당신의 제자들이 자신들을 한 민족과—그것이 이스라엘이든 다른 무엇이든—긴밀하게 일치하는 것을 경고하시는 예수님의 말씀을 바르게 이해했다. 그러한 통찰을 잃어버리는 것은 '역설적' 해석이 치러야 하는 엄청난 비용이다.

마찬가지로, 로버트 헐리(Robert Hurley)는 로마서 13장 1-7절이 의도적으로 역설적으로 기록된 것이라고 주장한다.[17] 헐리는 그렇게 해석함으로써 실제로 그 구절을 정반대의 의미로 이해했다. 그러나 헐리가 호소한 문학적 표지들(literary markers)은 전혀 설득력이 없다. 더 나아가, 사도행전의 일관된 유형을 떠올리는 사람들도 있다. 사도행전은 기독교 운동이 정치적으로 위험한 것이 아니라는 것을 보여주는 증거들을 기록하려고 시도할 뿐만 아니라 초기 기독교 교회에 호의적인 모든 사법적 결정들을 주의 깊게 보고한다. 게다가 헐리의 견해는 왕들과 통치자들을 위해 기도하라는 성경의 권고에도 그다지 잘 맞지 않는다.

보다 인상적인 것은 로마서 13장이 신자들에게 어떻게 하면 좋은 통치자가 되는가가 아니라 어떻게 하면 좋은 피통치자가 되는가를 이야기한다는 일부 저자들의 주장이다.[18] 바울의 주장을 따라가는 그런 저자들의 통찰력은 기본적으로는 옳다. 그럼에도 불구하고, 바울은 자신의 주장을 제시하면서 최소한 좋은 정부는 어떤 모습이어야 하는지 이야기한다. 악을 억제하고, 필요한 세금을 거두며, 통치할 때 하나님의 종복으로 역할(이것은 아마도 의로움과 관련하여 몇 가지 함의를 가질 것이다)하는 정부가 좋은 정부이다. 결국, 바울은 "공의는 나라를 영화롭게 하고 죄는 백성을 욕되게 하느니라"(잠 14:34)는 교훈의 계승자라고 할 수 있다. 이러한 주해적 고찰들은 다음 네 개의 추가 자료와 합쳐져야 한다. (a) 오늘날 많은 그리스도인들은 민주주의나 제한적 민주주의 안에서 살고 있는데, 그것은 바울 시대 대부분의 신자들이 경험하지 못한 방식이다. (b) 구약성경은 이미 하나님의 백성이 유배 생활을 하고 있는 도시에서 선을 추구하라는 의무를 제시했다. 심지어 그 도시가 그들이 항상 머물 고향이 아니라도 말이다. "너희는 내가 사로잡혀 가게 한 그 성읍의 평안을 구하고 그를 위하여 여호와께 기도하라 이는 그 성읍이 평안함으로 너희도 평안할 것임이라"(렘 29:7). (c) 선지자 다니엘은 충성스런 정부의 종복의 탁월한 모범을 보여 주었다. 그는 성실하게 자신이 맡은 임무를 다한다는 평판을 얻으면서도 넘어서는 안 될 경계를 정했다. 생명을 걸고서라도 말이다. (d) 신약성경의 가장 초기 문서들 가운데 하나에는 "그러므로 우리는 기회 있는 대로 모든 이에게 착한 일을 하되 더욱 믿음의 가정들에게 할지니라"(갈 6:10)고 적혀 있다. 간단히 말하면, 비록 로마서 13장이 신자들에게 어떻게 다스림을 받을 것인가를(그 통치의 권세가 로마제국이라 할지라도) 우선적으로 이야기하는 것이라 하더라도, 이것은 어떤 정부가 좋은 정부인가에 대한 암시를 던져 주고 있으며, 성경적 사고의 다른 흐름들과 조화를 이루어, 정부에서 활동하는 신자들이 어떻게 처신해야 마땅한지에 관하여 그 나름의 기여를 하고 있다.

그러나 이것이 정부에 대한 유일한 성경적 관점은 아니다. 하나님의 새로운 언약 백성은 신정적 민족 국가(고대 이스라엘과는 다른)를 구성하지 않는다는 것을 근거로 우리의 견해를 신약성경에 제한한다 하더라도, 이러한 입장은 놀라운 정도로 다양하다. 교회와 국가의 관계에 관한 기독교적 이해에 기여하기 위해, 신약성경 주제 연구는 다음과 같은 것들을—특별히 그 중요성에 순서가 있는 것은 아니다—포함해야 한다.

억압과 핍박

산상수훈은 "의를 위하여 박해를 받은 자는 복이 있나니 천국이 그들의 것임이라"(마 5:10)고 선포한다. 그리고 이 내용은 예수님께서 "나로 말미암아 너희를 욕하고 박해하고 거짓으로 너희를 거슬러 모든 악한 말을 할 때에는 너희에게 복이 있나니 기뻐하고 즐거워하라 하늘에서 너희의 상이 큼이라 너희 전에 있던 선지자들도 이같이 박해하였느니라"(마 5:11-12)고 제자들에게 2인칭으로 설교하는 것으로 확장된다. 박해는 문화적 충돌을 전제한다. 예수님의 제자들은 다른 규범 환경에서 살았기 때문에, 그들이 자리 잡고 있던 보다 큰 문화와 구별되었고 때로는 대립했다. 그러나 이 구절에서 박해의 주체가 국가라고 시사하는 말은 전혀 없다. 이것은 마태복음 10장에서 바뀐다. 거기서 우리는 예수님의 열두 제자들이 법정과 회당에서 핍박을 받게 될 것이라는 예수님의 말씀을 듣게 된다(10:17). 그러나 예수님은 "또 너희가 나로 말미암아 총독들과 임금들 앞에 끌려가리니 이는 그들과 이방인들에게 증거가 되게 하려 하심이라"고 경고한다(10:18).

예수님의 사람들이 박해를 받을 것이라는 예상은—적어도 박해의 일부는 노골적으로 국가가 지원한 것인데—신약성경에서 드물지 않게 나타난다. 때로 이것은 예수님의 제자들이 그들의 주인보다 더 나은 대우를 받게 될 것은 기대할 수 없다는 생각과 연결되어 있다(예를 들어, 요 15:18-16:4). 사도행전은 유대 지방과 이방에서 모두 박해가 있었음을 보고한다. 그러나 한편으로 모든 사법적 결정들이 그리스도인들에게 **호의적**이었다는 믿을 만한 보고들도 있다—아마 심각한 공격을 완화시켰을 법적 판례에 주의를 기울였을 것이다. 바울이 당한 육체적 고통의 목록(고후 11:21-28)에는 배고픔과 목마름과 같은 궁핍, 바다에서 폭풍을 만난 경험, 채찍과 차꼬로 당한 위험, 폭동 그리고 유대인의 회당에서 사법권자들이 가한 매질뿐만 아니라, 감금과 로마 당국의 구타도 포함되어 있다("몽둥이로 맞았다"는 것은 확실히 로마의 형벌이다). 그러나 가장 노골적으로 로마제국을, 교회를 핍박하고 파괴하는 일에 열중하는 사탄적 대적으로 묘사하고 있는 신약성경은 바로 요한계시록이다. 요한은 때로 신자들에게 가장 큰 위험은 우상숭배와 시대의 안락에 미혹되는 것임을 완벽하게 알고 있었다(계 2-3장에 있는 '일곱 교회들'이 겪은 그 위험들 가운데 많은 것들은 박해와는 별로 상관이 없다). 그러나 그가 주의하는 많은 부분은 제국의 종교와 국가가 그것을 잔혹하게 지원함으로써 생기는 위험들이다. 두 번째 짐승, '땅에서 올라온' 짐승(계 13:11-18)이 큰 기적을 행하면, 첫 번째 짐승, '바다에서 올라온' 짐승(계 13:1-10)은 "권세를 받아 성도들과 싸워 이기게"(13:7) 된다.

제한적 대항

그리스도인들과 국가 사이의 긴장은 제국의 수준에서가 아니라 지역 수준에서 드물지 않게 발생했다. (지방) 기구들을 국가가 이용하는 등, 다양한 요인들이 그런 긴장을 유발했다. 사도행전 16장에 따르면, 빌립보에서 바울과 실라가 설교한 사건, 특히 점을 쳐서 주인들에게 이윤을 남기던 한 여자 노예에게서 마귀를 쫓아낸 사건이 지방 관리들의 분노를 일으켰다. 여종의 주인들은 "자기 수익의 소망이 끊어진 것을 보고 바울과 실라를 붙잡아 장터로 관리들에게 끌어갔다가 상관들 앞에 데리고 가서 말하되 이 사람들이 유대인인데 우리 성을 심히 요란하게 하여 로마 사람인 우리가 받지도 못하고 행하지도 못할 풍속을 전한다"(행 16:19-21)고 했다. 군중들이 합세하여 압력을 가하자, 로마 관리는 그 두 사람을 호되게 때리고 그 뒤에 감옥에 가두었다(16:23). 그런 다음 지방 당국이 그들을 괴롭혔다. 적어도 이 사건을 통해 국가(이 경우에는, 로마제국)는 일종의 지방 문제에 거리를 두고 '손을 떼는' 방식을 선택했다는 것을 알 수 있다. 그러나 이런 경우 국가가 박해의 적극적인 수행기관이 아니라 하더라도, 국가가 종교의 자유를 허용한 것도 아니다.

일부 사례에서 우리는 1세기의 역학을 충분히 알지 못한다. 즉, **종교적** 위험에 대항하는 **정치적** 위험이 도사리고 있는 곳이 어디인지 잘 모른다. 요한계시록 2장 6절, 14-16절에 따르면, 니골라 파의 가르침은 발람의 가르침과 같았다. "발람이 발락을 가르쳐 이스라엘 자손 앞에 걸림돌을 놓아 우상의 제물을 먹게 하였고 또 행음하게 하였느니라"(계 2:14). 우상에게 바친 제물을 먹는 것은 이교 제의에 참가하는 것을 의미하는 것으로 쉽게 생각할 수도 있다(고전 8장 및 10장과 비교해 보라). 그리고 '음란한 죄'라는 지적은 간음을 비유로 사용하여 [19] 구약성경이 주기적으로 경고하던 '영적 배교'의 의미다. 비록 이교 예배와 다산 숭배를 연결하는 것은, 육체적 간음과 이교가 항상 구별될 수 있는 것이 아니라는 것을 의미했지만 말이다. 그런 관습을 하나님은 강력하게 책망하신다. 고귀하신 그리스도는 그런 우상숭배에 굳게 맞서는 사람들에게 말씀하신다. "오직 네게 이것이 있으니 네가 니골라 당의 행위를 미워하는도다 **나도 이것을 미워하노라**"(2:6). 만약 니골라 파에게 권위 있는 것들을 이해할 수 있는 귀가 있었다면, 신실한 그리스도인들과 니골라 파가 대립하는 것은 정치적 파급효과가 있었을 것이다. 그러나 이 경우에서 우리는 판단을 내릴 수 있을 만큼 충분한 증거를 가지고 있지 않다.

물론, 누가는 다른 식으로 결론이 난 사건들—지방 당국이 실제로 폭동을 제지한—을 주의 깊게 기록하고 있다. 에베소 시의 서기관은 군중들을 제지했다. 그 소동이 제국의 주목을 끌어 에베소 시 정부의 상대적 독립을 위태롭게 할 수도 있었기 때문이었다(행 19:35-41). 그럼에도 불구하고, 순수하게 지방에서 대립을 불러일으킴으로써 결국 로마 자체와의 대립을 격화시킬 수도 있다. 이것이 바울이 사도행전 26-28장에서 직면했던 바로 그것이다. 그러나 여기서 지적하고자 하는 요점은 교회와 국가 사이에 대립이 있는 곳에서, '국가' 쪽은 반대편의 '교회' 쪽만큼 지방적일 수 있다는 것이다.

근본적으로 다른 충성심

우리가 확인했듯이 성경이 그리스도인들에게 정치적 권위를 존중하고 세금을 내고 법에 복종하라고 권면하더라도(롬 13) 이러한 권면에는 한계가 있다. 예루살렘에 있는 종교적이고 정치적인 권세들이 사도들에게 설교하는 것을 멈추라고 명령했을 때, 베드로와 요한은 이렇게 대답한다. "베드로와 요한이 대답하여 이르되 하나님 앞에서 너희의 말을 듣는 것이 하나님의 말씀을 듣는 것보다 옳은가 판단하라 우리는 보고 들은 것을 말하지 아니할 수 없다"(행 4:19-20). 그리스도인들이 일반 문화와 구별되는 별개의 공동체를 세운다는 사실은, 바울 자신이 세운 행동의 규칙들이 교회 밖 사람들이 아니라 교회에 적용된다는 데서 충분히 드러난다. 그 결과, 교회 회원들은 징계를 받을 수 있지만, 교회 밖에 있는 사람들은 그렇지 않다. "밖에 있는 사람들을 판단하는 것이야 내게 무슨 상관이 있으리요마는 교회 안에 있는 사람들이야 너희가 판단하지 아니하랴"(고전 5:12). 그래서, 사도 바울은 다른 로마 시민들이 받는 명령이나 기대와는 구별되는 행동을 하라고 규정하고 있다. 아무리 그 시대의 죄악을 바울이 비난한다 하더라도, 그의 직접적 관심은 그런 죄악들을 완화할 법률을 통과시키는 것이 아니다. 그의 초점은 생명과 믿음, 그리고 보다 큰 문화의 일부—그러나 이 문화와는 굉장히 다른—인 그리스도인 공동체의 도덕성에 있다. 하나님이 계획하시고 지으실 터가 있는 성을 바란(히 11:10) 아브라함처럼, 신자들 역시 "위에 있는 하늘의 예루살렘"(갈 4:26)에 속해 있다는 사실은 이상하지 않다. 그들 역시 바울처럼 로마의 시민이라는 사실을 고백하더라도 말이다.

보다 폭넓게, 바울은 빌립보 교인들에게 이렇게 말한다. "그러나 우리의 시민권은 하늘에 있는지라 거기로부터 구원하는 자 곧 주 예수 그리스도를 기다리노니 그는 만물을 자기에게 복종하게 하실 수 있는 자의 역사로 우리의 낮은 몸을 자기 영광의 몸의 형체와 같이 변하게 하시리라"(빌 3:20-21). '시민권'이라는 말은 틀림없이 정치적인 말이다.[20] 1세기 그리스도인들은 로마의 시민일 수도 있었다. 그렇지만 그들에게는 더욱 근본적인 충성심이 있었다. 바로 하늘에 있는 그들의 시민권이었다. 1세기에는 '구주'라는 칭호조차 정치적인 의미가 있었다. 아우구스투스 황제는 "전쟁을 끝내고 모든 선한 것들을 이루신 구주"로 묘사되었고, 황제 클라우디우스는 "세상의 구주"라는 존경을 받았으며 "구주이시고 은혜를 베푸시는 신"으로 칭송받았다.[21] 천국의 시민권을 동일하게 언급하고 있는 빌립보서 3장 20-21절은 예수님의 능력을 "만물을 다스리실 수 있는" 정도로 확장하여 설명한다—이 주장은 적어도 부분적으로 정치적인 것으로 들렸을 것이다.[22] 그래서 사려 깊은 그리스도인들은 '하늘에 있는 시민권'에 조금도 충성심을 느끼지 못하는 제국의 다른 시민들로부터 자신들을 구별시켜 어떤 근본적인 충성심을 유지할 수 있었던 것이다.

다른 정부, 다른 통치 양식

예수님이 말씀하신 하나님 나라는 정치적 세계에 있는 것과는 근본적으로 다른 통치 양식을 보여 준다. 마태복음 20장 20-28절보다 이것을 더 극적으로 분명하게 보여 주는 곳도 없다.

> 20 그 때에 세베대의 아들의 어머니가 그 아들들을 데리고 예수께 와서 절하며 무엇을 구하니
> 21 예수께서 이르시되 무엇을 원하느냐 이르되 나의 이 두 아들을 주의

나라에서 하나는 주의 우편에, 하나는 주의 좌편에 앉게 명하소서

22 예수께서 대답하여 이르시되 너희는 너희가 구하는 것을 알지 못하는도다 내가 마시려는 잔을 너희가 마실 수 있느냐 그들이 말하되 할 수 있나이다

23 이르시되 너희가 과연 내 잔을 마시려니와 내 좌우편에 앉는 것은 내가 주는 것이 아니라 내 아버지께서 누구를 위하여 예비하셨든지 그들이 얻을 것이니라

24 열 제자가 듣고 그 두 형제에 대하여 분히 여기거늘

25 예수께서 제자들을 불러다가 이르시되 이방인의 집권자들이 그들을 임의로 주관하고 그 고관들이 그들에게 권세를 부리는 줄을 너희가 알거니와

26 너희 중에는 그렇지 않아야 하나니 너희 중에 누구든지 크고자 하는 자는 너희를 섬기는 자가 되고

27 너희 중에 누구든지 으뜸이 되고자 하는 자는 너희의 종이 되어야 하리라

28 인자가 온 것은 섬김을 받으려 함이 아니라 도리어 섬기려 하고 자기 목숨을 많은 사람의 대속물로 주려 함이니라

야고보와 요한과 그들의 어머니가 기대한 예수님의 나라는 일차적으로 정치적인 것이었으며(의롭고 메시아적이기는 하더라도), 그들은 새로운 행정부에서 제일 높은 자리를 원했다. 예수님이 그들에게 당신의

잔을 마실 수 있느냐고 물으신 것은 그들이 예수님께 닥칠 경험들과 헌신들을 공유할 수 있는지 묻는 말씀이었다. 그리고 물론 그분은 당신에게 임박한 고난(이것이 바로 그분이 겟세마네 동산에서 아버지께 '이 잔을' 나에게서 옮기실 수 있는지 물으셨던 까닭이다, 26:39)을 생각하고 계셨다. 예수님의 고난을 전혀 알아채지 못한 야고보와 요한은 확신에 차서 예수님의 잔을 진짜 마실 수 있다고 대답한다. 역설적이게도 그들은 아직 예수님의 말씀을 이해하지 못했고, 예수님은 그들에게 그들이 진짜 당신의 잔을 마시게 될 것이라고 분명하게 말씀하신다. 그들은 자신들이 상상할 수 있는 것 이상을 직면하게 될 것이라는 말씀이다. 그렇더라도, 분명한 것은 하나님 나라에서 누릴 자리를 약속하는 분은 당신이 아니라 하나님이라는 사실이다.

나머지 열 제자들이 그 두 형제에게 보인 분노는 의심의 여지없이 질투심과 배신감에서 나온 것이다. 그 두 사람이 예수님의 측근이 되려고 시도한다는 것은 다른 제자들을 이등으로 떨어뜨리는 것이었다. 예수님은 제자들을 모두 나무라시면서 지상에 있는 권위의 유형을 당신이 세우실 하나님 나라의 권위의 유형과 비교하신다. 이 땅의 주인들은 다른 사람들을 지배하고, 하늘나라의 주인은 십자가의 치욕으로 나아가신다.

바로 본문으로부터 많은 그리스도인 그룹들이 '청지기 리더십' (servant leadership)을 이야기한다. 이 표현은 너무 남용되고 있으며 리더십보다 청지기에 중점을 두는 경우가 많다. 그러나 예수님은 무기력한 사람이 절대 아니었다. 예수님은 필적할 만한 상대가 없는 권위 있는 지도자였다. 그리고 그리스도인 목자들을 묘사하는 신약성경의 문서들에 따르면, 그들에게도 역시 복종해야 할 리더십이 있다. 그들은 권위를 행사하여 다른 사람들에게 순종하도록 요구한다(예. 히 13:17). 그렇다면, 예수님이 마태복음 20장에서 설명하고 계신 그 비교의 본질은 무엇일까? 그것은 권위를 행사하는 것과 전혀 권위를 행사하지 않는 것을 비교하는 것이 아니다.

그 차이점은 다음과 같다. 일반적으로 국가로 나타나는 세상이 권위를 행사할 때는 특권과 찬양을 갈망한다. 그 지도자들은 첫째가 되고 싶어 하며, 그들은 뒤쫓아 오는 사람들의 머리를 짓밟고 사다리를 기어 올라가, 결국 그 권위로 다른 사람들을 지배하고야 만다. 반대로, 예수님은 십자가에 나아가심으로써, 그가 다스릴 사람들을 위하여 힘든 고난과 가장 가혹한 죽음을 당하면서까지 다른 사람들을 섬기심으로써, 당신의 왕권을 완전히 행사하신다. "인자가 온 것은 섬김을 받으려 함이 아니라 도리어 섬기려 하고"(마 20:28). 마찬가지로, 교회에서 권위를 행사하는 그리스도인들은 자신이 예수님의 제자임을 표시하기 위해 모든 권위를 행사하는 것을 포기해서는 안 된다. 오히려 다른 사람들을 위한 희생으로 자신을 구속함으로써 권위를 행사해야 한다.

이 비교는 놀랍다. 물론, 하나님의 풍성한 일반은총 안에서 진정으로 청지기의 마음을 가지고 있는 통치자들과 명예와 권력으로 부패하지 않은 통치자들이 존재한다. 슬프게도, 주변 세상에서 리더십의 모델을 찾는 교회 지도자들도 존재한다. 그들은 자신의 영혼을 대가로 허식과 허세와 교묘한 통제를 산다. 그러나 그리스도인들이 그들의 주인을 따른다면, 이 세상에서 그들의 영향력이 확대됨에 따라 이 세상의 통치자들을 부끄럽게 만들 것이다. 서로 다른 통치와 권위 행사 양식들은 너무나 다양해서 각자가 서로의 양식을 보면 기겁할 정도다.

똑같은 유형들이 복음서 안에도 깊이 자리 잡고 있다. 우리는 예수님이 갖고 계셨던 것과 똑같은 태도를(빌 2:5) 취할 수 있도록 배워야 한다. 그 태도는 하나님과 같은 모습을 지니셨지만 하나님과 동등한 것을 당연하게 생각하지 않으시고(2:6) 오히려 자기를 비워 종의 모습을 취하시고 사람과 같이 되셨고 십자가에 죽기까지 하신(2:7-8) 태도이다. 우리가 공공영역에서 그리스도를 전한다면, 세상이 지독하게 어리석은 것이라고 생각하는 하나님의 지혜를 선포하는 것이다(고전 1:18-2:5). 확실히,

그리스도의 마음을 가진다는 의미를 바르게 이해하기 위해서, 우리는 바울의 '그리스도'를 기억해야 한다. 바로 십자가에 달리신 분을 말이다. 주님의 마음을 가진다는 것은 십자가의 모범에 참여하는 것이다(참고. 빌 2:1-11). 하나님의 지혜는 예수님의 죽음 안에서 결정적으로 드러나기 때문이다. 따라서 바울이 이야기했듯이, 특권으로 받은 영적

지식은 모든 특권의 거부로, 모든 자랑과 모든 다툼의 포기로 나타나야 한다.[23]

간단히 말해서, 교회 안에서 최선의 권위가 지닌 내적 동력은 세상의 권위가 지닌 내적 동력과 너무나 다르기 때문에 그런 조건 하에서 교회와 국가의 경로는 달라질 수밖에 없다.[24]

삶의 변화, 그에 따른 사회와 정부 기관들의 변화

사람들이 믿고 순종할 때, 복음은 사람들의 방향과 가치를 바꾼다. 사도 바울은 이렇게 편지한다. "사랑하는 자들아 **거류민과 나그네 같은** 너희를 권하노니 영혼을 거슬러 싸우는 육체의 정욕을 제어하라"(벧전 2:11). 다른 말로 하면, 도덕적 변화는 자의식을 갖고서 반문화적인 사람이 되는 것이다.

넓은 로마의 문화에 속한 많은 사람들이 보기에, 어떤 그리스도인들의 믿음과 행동은 이상하기만 했고, 아마도 조금 반사회적일 것이다. 그러나 어떤 그리스도인들의 믿음과 행동은 국가의 관심을 끌 수 있는 잠재력을 갖고 있다. 모든 종교들을 로마화하는 동시에 다양성들을 조절하려 했던 제국의 정책들에 비추어 보았을 때, 그리스도인들의 주장에 들어 있는 배타성은 편협하고 위험해 보였을 것이다. 또한 형상을 없애는 행위 때문에 그들은 무신론자들로 보였을 것이다. 그리고 가이사를 숭배하는 것을 완고하게 거부하는 그리스도인들은 무례할 뿐만 아니라 반역자들로 보였을 것이다.

빌레몬에게 보낸 짧지만 탁월한 서신은, 노예제도 폐지에 대한 어떤 암시도 조심스럽게 피하고 있지만, 그럼에도 불구하고 노예제도 폐지를 위한 기초를 놓는다. 이러한 가르침이 권장되고 어느 정도 실천되는 바로 그곳에서, 사회 질서는 위협을 느꼈다.

결국, 예수님이 승리하신다

모든 권세가 **이미** 예수님께 속했다는 주장(예. 마 28:18-20)과 그분이 통치하시면 그의 모든 대적들이 무너질 것이라는 약속(고전 15:25)은 예수님에 대한 어떤 충성심도 없는 사람들의 심기를 불편하게 했을 것이다. 그리고 이것은 국가의 분노를 살지도 모른다. 사도 바울이, 복음이 유대인의 것이든 헬라인의 것이든, 지혜자들이 지혜를 전복시킬 것이라고 주장했을 때(고전 1:18-25), 우리는 바울이 '사적인 종교' 같은 것을 생각한 것이 아니라는 것을 알 수 있다. 그가 선포한 것은 공적인 진리였다. "그래서 복음과 세상 사이에는 **근본적인 모순**이 존재한다. 심지어 **대립**이 존재한다. … 따라서, 공적 진리로서의 복음, 공공영역에서의 복음은 꺼내기 쉬운 말이 아니다. 그것은 비위에 거슬릴 뿐 아니라 인간의 지혜에 비추어 보았을 때 어리석게 보인다는 점에서 전혀 다른 지혜로 작동하기 때문이다."[25] 신약성경의 그리스도인들이 완성의 날, 즉 모두 무릎 꿇고 예수님이 주님이라고 고백할 때(빌 2:11), 이 세상의 나라가 우리 주님의 나라, 메시아의 나라가 될 때(계 11:15, 참고. 계 19)를 고대했다는 것을 상기해 본다면, 그들의 믿음이 비록 아주 개인적인 것임은 틀림없지만 결코 단순히 사적인 것만은 아니었다는 것을 알 수 있다. 틀림없이, 보다 큰 문화가 그 앞에 가로막고 서 있었을 것이다—그리고 바로 이 문화는 국가를 포함하고 있었다.

성경적 주제들의 다양성 요약

신약성경에 나타난 국가에 대한 다양한 입장들은 몇 가지 공통점을 전제한다. 그러면서도 지역적 환경들과 동시대 신학적 진리들이 완전히 다른 종류의 강조점들을 만들어 낸다. 주님께서 직접 가르치신 덕분에, 1세기의 그리스도인들은 기독교 교회가 어떤 나라와도 동형일 수 없으며 초월적 공동체라는 것을, 그리고 그들이 고백한 주권자 하나님은 국가의 정부에 선한 목적을 가지라고 명령했으며, 그래서 모든 그리스도인들에게 선한 시민의 정신뿐만 아니라 하나님에 대한 충성심 때문이라도 그 권위를 존중하고 그것에 순종해야 한다고 이해했다. 그러나 똑같이, 국가가 하나님이 주신 위임권을 남용하고 신자들에게 하나님이 금지하신 것을 하라고 명령한다면, 하나님께서 궁극적인 우선순위가 되시기 때문에, 초기 그리스도인들은 국가와 충돌해야 하고, 국가에 맞선 결과로 고난을 당해야 한다는 것을 이해했다. 그리고 하나님이 결국 옳으시다는 것이 입증될 것이다.

이러한 안정적인 요점들이 정립되자, 신약성경은 로마제국의 긍정적인 사법 통치뿐만 아니라 로마제국의 가장 잔인한 박해까지도 기술한다. 신약성경은 국가와 교회에서 권위들이 행사될 때 발생하는 미묘한 대립들과 근본적인 차이점들을 세심하게 설명할 수 있으며, 예외 없이 모든 것이 왕이신 예수님께 무릎 꿇게 될 때 이루어지는 완성을 고대할 수 있다. 신약성경의 모든 본문들은 제국 안에서 선한 시민권을 권장하는 한편, 하늘 시민권을 향한 그리스도인들의 우선적 충성을 강조한다. 복음의 선포는, 이것을 믿고 받아들이는 곳이면 어디에서나 사람들을 변화시킨다. 그리고 곧이어 그런 변화가 국가를 발전시키거나 아니면 국가의 반역자들을 선동하게 될 것이다.

이런 다양한 유형들은 교회와 국가의 관계에 관한 구별 가능한 유형론들을 만들지 않는다. 오히려 그리스도인들의 활력, 지방정부 관리들의 특징, 군중 폭력 '사건들', 판례들, 박해의 강도, 그밖에 많은 것들에 따라 느슨한 공통점들이 유연한 방식으로 드러날 것이다. 교회와 국가의 관계에서 이러한 다양한 양상들은 더욱 미묘해지지만, 그리스도인들을 억압하고 박해할 때 국가는 보통 **교회로서의** 교회보다는 그리스도인 개인들에 초점을 맞춘다. 반면 신약성경 문서들은 항상 **그리스도인들**이 그들의 신앙을 실천하는 것과 **교회로서의 교회**가 위임받아 실천하는 것을 구별한다.

그러나 이 장의 마지막 단계로 넘어가서 이런 성경적 변수들을 살펴보기 전에, 우리는 잠시 멈추어 (a) 민주주의의 발전(국가 권력의 중심에서 그리스도인들이 할 수 있는 선한 일을 변경시켰다)을, (b) 교회와 국가가 분리된 다종다양한 유형들 안에서 그리스도와 가이사 사이에 예수님이 놓으신 몇몇 구별의 방식들을,[26] (c) 다른 종교들, 특히 이슬람의 유사한 유산들을 고찰하는 과정에서 생긴 몇 가지 역사적이고 신학적인 문제들을 상기해야 한다.

역사적이고 신학적인 고찰

간결하게, 네 단계를 생각해 보자.

(1) 미국인들에게 교회와 국가의 관계를 설정하는 가장 포괄적인 말은 '교회와 국가 사이의 분리 장벽'일 것이다. 그러나 '분리 장벽'이라는 말을 수정헌법 제1조에서 찾을 수 없다는 것을 아는 사람은 많지 않다. 서구 민주주의에서 이 말이 다양하게 사용되고 있지만, 이 말이 풍기는 분위기는 나라마다 아주 다르다는 것을 아는 사람은 더 없다. 잠시 역사적 배경을 살펴보는 것이 도움이 될 것이다.

미합중국 헌법의 수정조항 제1조는 이렇게 말하고 있다. "연방의회는 공인 종교를 설립하거나, 종교의 자유로운 행사를 금지하는 법률을 제정하지 못한다 ; 또는 언론의 자유나 출판의 자유, 평화롭게 집회를 열 수 있는 권리, 불만사항에 대한 시정을 정부에 청원할 수 있는 권리를 침해하는 어떤 법률도 제정해서는 안 된다." 비록 논란

이 있지만, '공인 종교'를 언급한 부분은 아마도 일부 주들이 한때 '공인' 종교를 갖고 있었다는 사실을 보여 준다: 예를 들어, 코네티컷 주는 회중 교회와 연결되어 있었다. 의회는 그런 문제들에 개입하지 않고 있었으며, 따라서 일부 주들에서는 공인 종교들이 남아 있었고, 일부 주들에서는 그들이 원하는 대로 공인 종교를 갖지 않게 되는 결과를 가져왔다.

1779년, 토마스 제퍼슨의 버지니아 주 종교 자유 확립을 위한 법—제퍼슨 자신은 이것을 품위 있는 실험이라고 판단했다—으로 모든 형식의 기독교 신앙은 이슬람이나 힌두교와 똑같은 위치가 되었다. 진정한 종교의 자유는 종교의 자유로운 실천과 종교의 비공인화, 둘 다를 요구한다. 거의 동시대에, 제퍼슨의 친구이자 라이벌이었던 존 애덤스는 매사추세츠 주 헌법을 초안하면서, 종교의 자유에 대한 상당히 다른 버전을 만들어 냈다. 그는 매사추세츠 주가 많은 사적인 종교들의 자유들을 법적으로 공인된 하나의 공식 종교—그가 이런 종교로 원한 것은 기독교였다—와 균형을 이루게 함으로써 종교적 자유의 대의를 가장 잘 담아 낼 것이라고 생각했다. 그래서 매사추세츠 주와 버지니아 주는 서로 다른 방향으로 나아갔고, 권리 장전에 따라(여기에 수정헌법 제1조가 들어 있었다) 1789년 9월에(훗날이라는 것에 주의!) 비준했다. 연방 의회는 개입하지 않았다.

1800년의 열띤 선거에서, 제퍼슨은 급진적 성경 비평과 낭만적 이신론으로 많은 보수 그리스도인들의 적이 되었지만, 그럼에도 불구하고 종교적 자유를 갈망한 많은 보수적 그리스도인들의 지지를 얻어 냈다.[27] 코네티컷 주 댄버리 침례교 연합회가 그의 당선을 축하하고 종교의 자유에 대한 그의 변호를 칭송하는 편지를 받은 후, 제퍼슨 대통령은 1802년 새해 첫날 답장을 보냈다. 이 편지는 자주 인용되고 있는데, 제퍼슨은 이렇게 썼다.

종교는 오로지 인간과 자신의 하나님 사이에 놓여 있는 문제라는 것을, 사람들은 자신의 신앙이나 예배에 관하여 누구에게도 설명할 책임이 없다는 것을, 정부의 적법한 권력은 견해가 아니라 오로지 행동에만 적용되어야 한다는 것을, 여러분과 더불어 확신하고 있는 나는, 입법자들은 "공인 종교를 설립하거나 종교의 자유로운 행사를 금지하는 법률을 제정하지 못한다"고 선언하여, 따라서 교회와 국가 사이에 분리의 장벽을 세운 모든 미국인들의 행동을 가장 고귀한 것이라고 생각합니다.

이렇게 여기에 '분리의 장벽'이라는 말이 들어 있다. 이 편지는 19세기 중반까지는 일반에 잘 알려지지 않았지만, 그 이후 편지의 이 부분은 많은 나라에서 독자적인 생명을 이어갔다. 보다 더 세속적인 해석은, 종교는 사적인 것이며 사적인 영역에서 보호받을 수 있고, 국가는 세속적이어야 한다는 것이었다. 그것이 바로 제퍼슨 본인이 의미했던 것인지는 아무튼 의심스럽다. 결국, 코네티컷 주 침례교도들에게 보낸 편지의 문맥으로 보아, 제퍼슨 대통령의 목적은 종교의 자유로운 행사를 옹호하는 것이었지, 그것을 사적인 영역으로 제한하는 것이 아니었다. 더구나, 익히 알려져 있듯, 제퍼슨은 이 장황한 편지를 그를 위해 기도한 침례교도들의 친절에 답례하는 의미에서 기도로 마무리했다. 그러나 제퍼슨이 의미했던 것이 무엇이든, 수정조항 제1조가 이 문장 행간에서 점점 더 많이 보였다.

이것은 1878년 연방 대법원의 어휘에 들어갔다(레이놀즈 대 미합중국). 아마도 그 판결에 어떤 역할을 했더라도 그 영향은 미미했을 테지만 말이다. 그 영향은 유명한 **에버슨 대 교육위원회** 판결(1947)에서 절정에 이르렀다. 여기서 연방 판사 휴고 블랙은, 다수 의견을 쓰면서 **레이놀즈** 외에는 어떤 판례도 인용하지 않았는데, 다음과 같은 유명한 주장을 전개했다. 제퍼슨의 말로, 수정헌법 제1조 자체가 "'교회와 국가 사이에 분리의 장벽'을 세웠다. …그 장벽은 높고 확고부동해져야 한다. 우리는 한치의 틈도 허용해서는 안 된다."[28] 바로 이것이 20세기 후반 동안 엄격한 분리주의 법률 이론의 초석이 되었다.[29] 아마도 틀림없이, 현재 법정은 그런 엄격한 분리로부터 한 발짝 물러나고 있다.[30] 어떤 경우에서도 분명한 것은 댄버리 침례교도들에게 보낸 제퍼슨의 편지 속의 장벽이라는 은유가, 권리장전의 실제 어구들보다는 대중의 여론 안에는 물론이고 판사들의 머리 한가운데를 더 확실하게 차지하게 되었다는 사실이다.

(2) 이러한 역사적 배경은 교회와 국가의 관계가 어떠해야 하는지

에 대한 미국과 기타 앵글로색슨의 다양한 그룹들의 다양한 입장들에 깔려 있다. 그 입장들을 모두 조사한다면 상당히 긴 장이 필요할 것이다. 그럼에도 불구하고, 몇 권의 책들과 논문들을 지적함으로써 우리는 몇 가지 다양성을 표본으로 골라 몇 가지 평가를 시도할 것이다. 내가 지금 명확하게 기술하는 여섯 가지 범주들 가운데 다섯 가지에서, 저자들은 '분리 장벽'이 절대적이라고 생각하지는 않는다. 처음에 나오는 다섯 가지 범주들 가운데 하나는 분리 장벽이 절대로 존재해서는 안 된다고 생각한다. 그리고 여섯 번째 범주는 그 장벽이 가능한 높고 확고부동하기를 원한다.

(a) 교회와 국가의 관계에 관한 완전히 다른 이론들이 아우구스티누스 안에 기초를 두고 있다고 말하는 사람들이 가끔 있다. 그래서 그는 서로 갈등하는 견해를 남겼다는 비난(또는 찬사)을 받고 있다. 따라서 로버트 도다로(Robert Dodaro)는 그가 훌륭하게 연구한 저서를 통해, 진정한 정의는 하나님에 대한 찬양으로 시작하고 끝나며, 하나님은 오직 성육신의 신비를 통해서만 알 수 있고, 그러므로 궁극적으로 그리스도를 떠난 진정한 **정의**는 존재할 수 없다고 주장한다.[31]

이와 대조적으로, 로버트 마르쿠스(Robert Markus)는 아우구스티누스가 세 가지 영역을 상정하고 있다고 주장한다. 세 가지 영역은 성스러운 영역, 불경스러운 영역, 그 중간 영역인 세속적 영역이다. 성스러운 영역은 기독교 신앙 및 실천과 관련이 있다; 불경스러운 영역은 그리스도인들이 거부해야 하는 신앙과 실천과 관계가 있다. 이와 대조적으로, 세속적 영역은 중립적 공간을 차지하고 있다. 이 영역은 보다 넓은 문화에서 그리스도인들이 합법적으로 선택할 수 있거나, 적어도 변화시킬 수 있는 구성요소들로 이루어진다.[32] 마르쿠스는 자율적인 세속 영역에 호소함에 따라, 아우구스티누스가 기독교를 공적 생활에 확고부동하게 연결시켰으며, 따라서 콘스탄티누스식 방식과도 연결되어 있다고 생각하는 사람들과, 콘스탄티누스식 방식은 철저하게 뿌리 뽑혀야 한다고 생각하는 사람들로부터 거리를 둘 수 있게 되었다. 그리스도인들과 비그리스도인들 양쪽 모두 이 자율적인 영역에서 많은 것들을 선용할 수 있나. 그들이 '다른 신앙'과 '다른 희망'을 갖고 있더라도 말이다. 마르쿠스를 공정하게 바라보려면, 그가 얼마나 조심스럽게 이러한 세속적 영역을 현대의 세속적 자유주의로부터 구별하는지 유심히 살펴보는 것이 중요하다. 세속석 자유주의와 달리 아우구스티누스의 세속적 영역에는 도덕적 범주들이 전혀 없다고 마르쿠스는 주장한다. 이것은 오로지 물질적 필요를 충당하고 질서와 안전을 확립하는 것과 관련되어 있다.

크리스텐 디드 존슨(Kristen Deede Johnson)[33]의 가장 최근 저작은 조금 다른 방식으로 아우구스티누스에 기댄다. 자유민주주의의 유산은 관용을 최고의 덕성의 자리에 올려놓도록 가르쳤지만, 그가 "차이에 대한 포스트 니체적 찬양"[34]이라고 부름으로써 차이에 프리미엄을 붙이는 바람에 관용이 자유민주주의와 공존할 수 없게 만들었다. 그 미래는 관용과 차이를 **넘어선다**(여기서 그의 부제를 붙였다)며 존슨은 다음

과 같이 단언한다: 우리는 아우구스티누스에게서 하나님 나라의 도성이 오기 전까지는 차이 사이의 궁극적 조화는 존재하지 않는다는 것을 알게 된다. 그러나 또한 아우구스티누스는 기독교가 "공적이고, 사회적인 윤리가 교회에서 구현되지 않는다면('이 땅의 도성의 정치적 영역에 자리 잡지 않는다면'이라고 조심스럽게 지적할 수도 있을 것이다) 아무것도 아니다"라고 우리에게 가르쳤다.[35] 서로 다른 공동체들이 서로 교류할 때 우리가 육성해야 할 것은 언론의 신뢰성과 표현의 진정성이다. 차이 자체를 찬양하지 않고—하늘의 도성이 일치를 성취할 때까지 우리는 기다려야 하겠지만, 결국에는 일치가 이루어질 것이므로—자유주의가 마음에 품고 있는 '중립성'이라는 위장 가면을 축하하지 않으면서(궁극적으로 이것은 모든 쪽에서 '중립성'을 최고의 자리에 올려놓으려고 그들의 독특성의 전부 또는 일부를 포기할 것을 요구하기 때문이다) 말이다.

(b) 제프리 스타우트(Jeffrey Stout)[36]의 최근 책은, 유사하지만 조금 다른 중립적 입장을 시도한다. 그는 진보적 세속주의자들이 자신을 공적 영역의 중재자나 조정자로 생각하고 있다고 지적한다. 하지만 사실 그들은 동시에 그 영역에 있는 집단들의 일부이기도 하다. 이것이 우리가 항상 간과하는 것이다. 그들은 정치적 대화 참여자들의 하나다. 대화의 틀을 만드는 사람들도 아니고 그 대화의 심판자는 더욱 아니다. 다른 한편으로, 스타우트는 그가 '새로운 전통주의자들'이라고 부르는 사람들(기본적으로 진보적 세속주의자들을 비판하는 사람들이다)에게 자유민주주의 자체는 '두터운' 전통이라는 것을 상기시켜 전통주의

자들이 민주주의가 모두 자기네 것인양 주장하지 않도록 하고 싶어 한다. 그래서 스타우트는 명목상으로, 리처드 로티(Richard Rorty, 그는 종교를 공적 토론에서 제거하고 싶어 한다)와 존 롤즈(John Rawls, 그는 종교의 한계를 잘 설정하여 사적인 역할에 제한시켜야 한다고 생각한다) 같은 좌파에 속한 사람들과 존 밀리반크(John Milibank), 알리시어 맥킨타이어(Alasdair MacIntyre), 스탠리 하우어워스(Stanley Hauerwas) 같은 새로운 전통주의자들 사이에 어떤 연결 통로를 놓으려고 한다.

그러나 스타우트 자신의 의도와는 달리, 이 책의 요지는 자유민주주의(스타우트의 표현으로, 이것은 조만간 진보적 세속주의와 구별할 수 없게 될 것이다) 일반과 특별하게는 존 롤즈에 더 공감한다. 자유민주주의가 **그 자체**로 '두터운'(thick) 전통이라는 것을 보여 준다면, 새로운 전통주의자들이 자유민주주의를 포용하게 될 것이라고 스타우트는 생각하고 있는 것 같다. 그러나 스타우트의 생각과는 반대로, 민주주의는 아리스토텔레스주의와 아우구스티누스주의에 반대 입장을 갖는 하나의 관념적 전통이 아니다. 오히려 이것은 군주제, 과두제, 전체주의에 반대하는 정부의 한 형식이다. 스타우트는 줄곧 많은 유용한 통찰을 제시한다. 그러나 그는 실제로 자신이 '새로운 전통주의자들'이라고 이름 붙인 사람들의 종교적 주장의 본질을 제대로 이해하지 못한 것 같다.

(c) 일부 신학자들과 운동들은 콘스탄티누스식으로 변용된, 교회와 문화의 관계에 관한 모든 모델들을 거부한다. 이들은 그리스도인

들이 문화를 최악으로 오용한 일은, 그들이 너무 많은 권력을 쥐고 있을 때 일어났다고 주장한다. 그들은 그리스도인들이 이방 땅에 사는 순례자라고 생각한다. 우리는 우리 자신을 새로운 디아스포라로, 완성된 하나님의 나라의 새벽이 밝아 올 때까지는 계속 유배지에서 살아야 하는 사람들로 생각해야 한다는 것이다.

이러한 유산의 한 가지 형식에서는, 납득할 만한 유일한 해결책으로 완전한 퇴거, 또는 가능한 완전한 퇴거를 제시한다. 아미시가 바로 그들이다. 그러나 이러한 전통의 보다 약화된 형식들이 존재하는데, 그 가운데 하나는 거의 알려져 있지 않고 다른 하나는 잘 알려져 있으며 점점 더 유명해지고 있다. 여전히 비교적 덜 알려져 있는 하나는 데릴 하트(Darryl G. Hart)가 효과적으로 옹호한 것이다.[37] 그는 **교회로서의** 교회가 내는 목소리와, 그리스도인들이 국가를 포함한 보다 폭넓은 문화에 참여할 수 있는 방식 사이에 구분을 지어야 한다는 견해(이 장의 앞부분에서 다루었다)를 강력하게 지지한다. 그러나 그는 더 나아가서 **그리스도인들**조차도(교회와 대구가 되는 것으로서) 기독교적인 것을 근거로 정치적이고 문화적인 호소를 해서는 안 된다고 주장한다. 다른 말로 하면, 비록 그들이 도시 안에서 그리고 심지어 도시에 대하여 선한 일을 하는 데 분명히 참여해야 하더라도, 그들이 행하는 선이 뚜렷하게 기독교적인 산물이나 입장으로 동일시되는 것을 하트는 반기지 않는다.

스탠리 하우어워스가 많은 책을 통하여 제시한 유명한 대안들은 모든 국가 권력에 훨씬 더 회의적이다.[38] 교회는 교회여야 한다. 마땅히 정치적 실체여야 한다. 교회가 국가에 봉사하려고 한다면, 콘스탄티누스식 타협에 곧바로 얽혀들게 된다. 그리스도인들은 다른 형식의 민주주의, 곧 우월과 능력을 삼가는 민주주의를 상상할—그리고 주창할—필요가 있다. 따라서 국가를 포함한 문화를 무시하는 대신, 우리는 문화와 국가에 분명하게 문제를 제기하고 스스로 기독교 문화를, 예수님의 가르침을 진지하게 생각하는 하나님 나라의 문화를 구성함으로써 더 나은 방식을 보여 주려고 노력해야 한다. 하우어워스에게 반대하는 사람들이 국가의 존재를 설명하는 이론이나 정당화에 관하여 그에게 질문한다면, 하우어워스는 거듭 자기는 답변할 의무가 없다고 주장할 것이다. 메노파 학자 존 하워드 요더가 쓴 저작들의 영향을 받아, 이 전통에 속하는 하우어워스와 대부분의 다른 사람들에게 이러한 삶의 방식은 절대적 평화주의에 대한 헌신을 수반한다. 확실히 최근에 평화주의자들과 정당한 전쟁 이론가들의 극단적 입장들과 논쟁들 사이에 긴장이 생기고 있으며 복잡해지고 있다.[39]

(d) 글렌 스타센(Glen H. Stassen)과 데이비드 거스히(David P. Gushee)[40]가 공저한 최근의 책에서 이러한 접근법의 가벼운 변용이 잘 나타나고 있다. 이 책에는 풍부한 통찰과 신중한 주해들이 들어 있다. 무엇보다도 이 책의 특징은 많은 사람들이 별개의 것들로 판단한 여러 입장들을 훌륭하게 통합하려고 시도했다는 점이다. 예를 들어, 스타센

과 거스히는 일반적으로 생각하는 것보다는, 평화론자들과 정당한 전쟁 이론가들이 서로 훨씬 가깝다고 생각해야 한다고 주장한다. 예수님의 가르침을 진정으로 이해하는 정당한 전쟁 이론가들은 비폭력과 정의를 분명하게 지지하고 싶어 할 것이며, 그래서 그들은 그들의 정당한 전쟁 이론을, "단지 전쟁을 합리화하는 것이 아니라, 폭력과 불의를 최소화하는 가장 효과적인 방식"으로 발전시켜야 할 것이다.[41] 세계나 국가는 예수님과 그의 가르침과는 다른 그들만의 권위 영역을 갖고 있으므로, 예수님의 가르침 대신 정당한 전쟁 이론에 호소한다는 주장은 전적으로 잘못된 것이다.

예수님의 주권을 주변으로 밀어내어 협소하게 만들어 버리는 이런저런 방식들은,

> 다른 어떤 주인—정부, 보복이나 민주주의의 필요성—을 나머지 생명들을 다스리는 주인으로 세운다. 이것들은 따라서 우상숭배다. 즉, 이것들은 예수님이 사적인 영역 바깥에서, 또는 미래의 영역에서, 또는 이상적 영역에서 적실하지 않다는 세속주의를 만들어 낸다. 대신 적실한 것은 예수님으로부터 어떤 비판도 받지 않는 세속적 규범들 또는 권위들이다. 따라서 이것들은 정당한 전쟁 이론이 복음 윤리학으로부터 교정 받지 못하도록 함으로써 이것이 다른 주인을 섬기고 정당하지 않은 전쟁들을 정직하지 않게 합리화하기 위해 사용된다. 우리는 정당한 전쟁 이론이 자율적이지 않다고 주장한다. 그것은 폭력을 줄이

고 그리스도의 주권 아래서 정의를 찾으려는 사람들의 목적에 도움을 주거나, 아니면 우리가 전쟁을 간절히 원하고 합리화하는 것 같은 우상숭배적 충성에 기여한다. 정당한 전쟁 이론이 예수님을 섬기거나, 아니면 예수님 위에 군림하는 또 다른 주인을 섬긴다.[42]

스타센과 거스히는 예수님은 만물의 주인이어야 한다는 주장에 적절한 몇 가지 다른 차원들에 대해서는 깊이 탐구하지 않는다. 예를 들어 다른 많은 정당한 전쟁 이론가들을 따라, 콜(Cole)은 **정당한 전쟁 이론의 조건과 제한 아래서** 그리스도인들이 **도덕적으로** 정당한 전쟁에 참여해야 할 의무가 있다고 주장한다. 즉, 그러한 조건 아래서, 그렇게 하지 않는 것은 예수님이 명하신 두 번째 명령, 곧 네 이웃을 네 몸과 같이 사랑하라는 명령을 지키지 못하는 것이다. 우리에게는 많은 생명을 앗아 가는 끔찍한 불의를 멈출 수 있는 능력이 있는데, 우리 편 사람들의 생명을 대가로 치러야 한다는 이유로 전쟁을 거부한다면, 우리에게는 사랑이 결여되어 있다.[43] 더 나아가, 하우어워스나 스타센과 거스히가 선택한 방법과 조금 다르게 하나님 나라에 대한 성경적 가르침을 종합한[44] 평화론자들과 정당한 전쟁 이론가들의 시도는, 일부가 생각하는 것보다 더 문제가 많다고 주장하는 사람들도 있다.[45]

방주(方柱): 스타센과 거스히의 책과 관련한, 그리고 하나님 나라의 본질[46]에 대하여 유사한 접근을 채택한 다른 많은 훌륭한 저서들과 관련한 훨씬 복잡한 변칙은, 그 저자들이 현재 세계를 지배하고 있는 유일한 슈퍼파워인 미국이 다양하게 권력을 남용한다는 점 때문에 후려갈기면서, 한편으로는 그 대인의 일부로 진짜 슈퍼파워인 유엔의 권위를 강화해야 한다고 주장하는 데 열중한다는 사실이다. 그래서 그들은 결국 어느 한곳에 너무 많은 권력이 집중되는 것을 그렇게 많이 우려하지 않는다는 것을 드러낸다. 그들은 단지 권력이 미국에 집중되는 것이 싫을 뿐이다. 유엔 구조 내부의 놀라울 정도의 무책임성이나 부패— '석유 · 식량 교환 프로그램' 스캔들에서 여실히 드러났다—에 대해 이 책들은 전혀 문제를 제기하지 않는다. 달리 말하면, 신학과 주해에 전념하던 그들이 현대 세계 안에서 선지자의 소리를 내기 시작하면서, 그들은 때로는 그저 변덕스럽고 순진한 소리만 낼 뿐이다.

(e) 범주화하기가 훨씬 어려운 것은 오도노반(Oliver O'Donovan)의 독자적이고 섬세한 저작이다.[47] 오도노반은 '콘스탄티누스주의'를 결코 부끄럽거나 불명예스러운 용어로 보지 않는다. 그는 역사학자 로버트 루이스 윌큰(Robert Louis Wilken)에 동의한다. 윌큰은 대체로 "가이사를 위한 윤리학"을 하기는커녕, 콘스탄티누스 이후의 교회가 가이사에게 보다 높은 기준의 책임을 요구했다—주후 390년 암브로시우스가 그리스도인인 테오도시우스 황제를, 데살로니가에서 자행한 학살을 문제 삼아 파문한 것을 사례로 들 수 있다—고 주장한다. 정말, 오도노반은 의회가 종교를 공인하거나 방해하는 것을 금지

한 미국 수정헌법 제1조는 역사 속에서 하나님의 자기 계시를 인정해야 하는 국가의 모든 책임을 면해 주기 때문에 기독교 왕국의 상징적 종말을 표시한다고 주장하기까지 한다. 이것은 오도노반이 '기독교 왕국'을 적극적으로 옹호한다는 것을 의미하지 않는다. 오히려, 그는 예수님이 승리를 거둔 부활과 승천의 결과로서, 세상의 모든 정치적 권위들이 그들을 다스리는 그리스도께 복종하게 되었으며, 그래서 적어도 원칙적으로는 그들에게 어떤 권력도 남아 있지 않다고 주장한다. 그럼에도 불구하고, 하나님은 그들에게 제한적 권위를 부여하셔서 바로 현재 세대에서, 그리스도의 나라의 궁극적 출현 이전까지 활동하게 하셨다. 그리고 수정조항 제1조는 성경이 가르치는 것을 적극적으로 부인한다. 국가는 역사 속에서 하나님의 자기 계시를 인정해야 하는 의무가 있음에도 말이다. 이러한 틀 안에서, 오도노반은 그리스도인들이 기독교 국가의 수립을 공격적으로 추구해야 한다고 주장하지는 않지만 기독교 국가들이, 비록 그것들 가운데 어떤 것도 현 세대에서 영구적으로 공인되지는 못한다고 하더라도, 시시때때로 출현할 것이라고 말한다.

The Ways of Judgment(판결의 방식들)에서, 오도노반은 "세속 정부의 권위는 판결의 실행 안에 자리 잡고 있다"고 단언한다.[48] 오도노반이 '판결'이라고 한 것은 정부의 권위를 사법적 영역으로 축소하려는 의미가 아니다. 오히려, 판결은 **"이전 법령이나 기존 국사(國事)에 새로운 공적인 맥락을 수립하도록 선언하는 도덕적 판별 행동"**이다.[49]

그래서 그리스도의 승천 이후에 정치적 권위들이 자리를 잡았다면, 그것들은 하나님의 심판 행위에 대한 이차적 증인이 된다. 심판을 이렇게 통제 동기로 사용하면서, 이 책의 나머지 많은 부분들은 정치적 권위의 본질, 국민의 대표, 민주주의의 본질, 그리고 그밖에 많은 것들을 다룬다. 확실히 오도노반은 상당히 제한된 정부를 선호한다.

오도노반의 저작은 여러 사람들에 의해 면밀하게 조사를 받았다.[50] 그가 결론에 도달한 방식을 몇 가지 측면에서 비판하는 사람들이 있기는 하지만, 오도노반의 가장 큰 강점들 가운데 하나는 다른 많은 이론가들이 걸려든 많은 함정들에 빠지지 않고 정부의 역할을 위한 신학적 기초를 닦은 점이다.

(f) 미국 기독교의 스펙트럼 속 다양한 부분들은 다른 부분들을 주저 없이 비판한다. 좌파는 우파를 비판하고,[51] 우파는 좌파를 비판한다.[52] 그렇지만 그런 모든 비판들은 세속적 극좌파들의 무절제한 수사들과 비교해서 진지한 자기 절제 안에서 이루어진다. 심지어 극좌파들의 책 제목들까지 그들의 무절제한 비판을 드러내고 있다. *American Fascists: The Christian Right and War on America*(미국 파시스트: 미국을 둘러싼 기독교 우파와의 전쟁)에서,[53] 크리스 헤지스(Chris Hedges)는 그리스도인들이 신정주의자들의 조종을 받아 어두운 음모를 꾸미고 있다고 몰아간다. 아마도 그의 배경이 장로교라서 그가 이런 특정한 대상을 잡은 것 같지만, 그의 배경이 무엇이건 헤지스는 그리스도인들이 과거에 나치가 독일에 했던 행동을 미국에 하려고 한다고 확

신하고 있다.

미쉘 골드버그(Michelle Goldberg)의 *Kingdom Coming: The Rise of Christian Nationalism*(도래하는 왕국: 기독교 민족주의의 발흥)[54]은 신정주의(또는 '재건')에 초점을 맞춘 또 다른 저서인데, 디모시 맥베이('신정주의적 권위주의'의 선구자), 팀 켈러, 마빈 올래스키, 제임스 케네디를 한통속으로 몰아넣는다. 릭 워렌은 언급하지 않는다. 그녀는 이들을 비롯한 여러 복음주의자들의 신앙과 사고방식의 다양한 변주를 전혀 이해하지 못한다. 아니면 이해하더라도, 대체적으로 그렇게 이야기하지 않는다. 설상가상으로, 차이점들을 인식할 때 그녀는 "다른 모든 반신정주의 저자들처럼 종교적 보수주의의 가장 극단적인 표현이 그 종교의 가장 진정한 표현임에 틀림없다고 가정한다."[55]

The Baptizing of America: The Religious Right's Plans for the Rest of Us (미국 세례 주기: 나머지 우리들에 대한 종교적 우파의 계획)에서,[56] 제임스 루딘은 모든 사람의 종교를 확인하는 신분증, 모든 정부 부처와 큰 사업체에서 실시하는 강제 성경 공부, 그리스도인들을 위한 특혜(그의 표현 그대로임) 등을 예견한다.

또한 케빈 필립스는 *America Theocracy: The Peril and Politics of Radical Religion, Oil, and Borrowed Money in the 21st Century* (미국 신정주의: 21세기 급진적 종교, 석유, 그리고 차용금의 위험과 정치학)에서,[57] 러시두니와 재구성주의자들보다는 오히려 할 린드세이와 열광적 종말론을 위험한 신학에 더 연결시킨다. 부시 정부에서 **누군가** 신학적인 구조를 고수하고 있을까? 누구든 상관없다. 그들은 속아 넘어가거나 아니면 그들의 진짜 신앙을 숨기고 있다.

이러한 책들은 거의 대부분 웃길 정도로 빈약한 연구에 기초한다. 그런데 뉴욕 시에서, 이런 책들은 야구장의 핫도그처럼 팔려나가고, '복음주의'는 이제 '지하드주의'나 '파시즘'과 짝을 이루는 더러운 말이 되었다. 틀림없이 좌파만큼이나 우파에도 많은 괴짜들이 존재한다. 그러나 사람들이 진짜 믿는 것이 무엇이며 그들이 진짜 어떻게 행동하는지를 알아내려고 할 때 우리에게 필요한 것은 좀더 주의를 기울이는 것이며,[58] 그리고 연합을 통해, 거친 추정으로 정죄하는 것을 줄이는 것이다.

이런 책들을 여기서 거론한 단 한 가지 이유는 이 책들이 대부분 자기네 입장을 옹호하기 위해서 '분리 장벽'에 호소하고 있기 때문이다. 이 나라에 보수적 그리스도인들이 있어야 한다면, 그들은 종교가 순전히 사적인 문제라고 배우는 것이 좋을 것이다. 달리 말하면, 제퍼슨이 말한 분리의 장벽은, 국가와 **국가가 기득권을 가진 어떤 것에 대해 어떤 태도를 취하고 있는 모든 종교의 외적 표현들** 사이에 놓여 있는 것이지, 국가와 **교회로서의** 교회 사이에 놓여 있는 것이 아니다. 간단히 말하면, 이 작가들은 분리의 장벽이 유지되는 유일한 길은 종교를, 특히 기독교를 가능한 사적인 것으로 만들어 버리는 것이라고 생각한다. 이 저자들 가운데 일부는 위협을 너무 많이 느껴서 그리스도인들을 관공서에 오지 못하도록 막는 법을 제정해야 한다고 생각한다. 이러한 접근을 통해 '종교의 자유로운 실천'이라는 구절이 강화된다고 생각한다는 것은 상상하기 어렵다. 자유의 이름으로, 그들은 자신들에게 동의하지 않는 사람들의 자유를 제한하고 싶어 한다. 미국이 더욱 다원화되어 갈수록, 교회와 국가의 관계에 관한 논쟁은 더욱 뜨거워지고 전보다 더욱 위협적인 것이 될 것이다.

(3) 여기까지 이 장에서 진행한 역사적 검토는, 서구 세계에서 계속되어 온 교회와 국가 사이의 긴장들과 더불어, 미국의 독특한 경험들에 초점을 맞추었다. 영국의 궤적은 물론 매우 다르다. 잉글랜드와 스코틀랜드 둘 다 국가 자체의 교회를 갖고 있기 때문에, 교회와 국가의 관계에 관한 대화는 **교회로서의** 교회에 실제로 초점을 맞추는 경향이 있다. 반면 미국에서는 교회와 국가의 관계에 관한 대화가, 우리가 이미 확인했듯이 기독교와 국가의 관계에 관한 대화로 향하고 있다. 잉글랜드에서 영국 교회의 탈국가교회화의 가능성은, 그 영향력의 축소로 인하여(일부 조사는 주말에 교회에 가는 사람보다 모스크에 가는 사람이 더 많다고 말하고 있다) 교리와 도덕적 이슈들에 대한 교회 내부의 불화로 인하여, 그리고 차기 왕위 계승자인 웨일즈 공의 신앙고백주의에 대한 공개적인 거부로 인하여, 앞으로 더욱 주목을 받게 될 것이다.[59] 물론, 교회·국가 관계의 다른 모델들도 많다. 일부 국가들(예를 들면, 헝가리)은 도덕이 공립학교 시스템 안에서 교육되어야 한다고 생각하고 있으며, 최근 기독교 지도자들을 청빙하여 그 시스템 안에서 성경을 가르치도록 했다. 이러한 청빙이 얼마나 오래 갈지는 전혀 알 수

없지만, 동유럽 지역에서 헝가리의 이런 경험은 **자유**의 놀라운 표현으로 여겨지고 있다.

주의를 기울여야 할 요지는, 민주주의가 다양한 모양새를 갖고 있는 것처럼(이에 관해서는 이 장의 첫 부분에서 명확하게 다루었다), 그리고 민족국가 개념이 여러 가지 모양새를 갖고 있는 것처럼, 종교의 자유라는 개념도 다양한 행로를 밟아 왔다. 이런 다양한 변형들이 교회와 국가의 관계를 바꾼다. 미국 독립 혁명과 프랑스 혁명은 역사적으로 그리 멀리 떨어져 있지 않지만, 이 둘은 몇 가지 방식으로 상반된 방향으로 나아갔다. 실제적으로 미국 헌법(권리장전을 포함)의 기원은 국가로부터 (기독교) 신앙을 보호하려는 목적이었다. 프랑스 혁명은 국가를 종교로부터 보호하려는 관심이 훨씬 강했다. 혁명 이후, **라이시테**(laïcité) —이것은 정교 분리와 세속화를 포괄하는 다양한 의미를 갖고 있다—의 가치는 의문의 여지가 없어졌다. 그리고 지금도 그렇다. 종종 미국 독립 혁명이 걸어 온 궤적과 프랑스 혁명이 걸어 온 궤적을 비교하려는 시도가 있었다. 그 결과들은 복잡하다. 그 가운데 두 가지만 여기서 소개하도록 하겠다.

첫 번째는 디트리히 본회퍼(Dietrich Bonhoeffer)의 시도다. 그는 제2차 세계대전이 발발하기 전에 미국에서 잠시 지냈고 미국의 종교와 민주주의의 상호관계에 관하여 확실히 상반되는 평가를 했다. '자유로운 교회' 전통(국교회가 없기 때문이다)을 갖고 있는 미국 그리스도인들은 국가의 야망과 주장에 도전하거나 그것을 막는 데 거리낌이 없다.

다른 한편으로, 그들은 또한 교회와 국가가 지닌 각자의 역할을 확인하거나, 적어도 이 둘을 합칠 준비가 잘 되어 있는 것 같다. 다음 인용문에서, 본회퍼가 이러한 미국의 '자유로운 교회'의 그리스도인들을 영성주의자들이나 열성주의자라고 부른다는 것을 기억하는 것이 중요하다.

여기서 앵글로색슨 국가들과 특히 아메리카에 있는 국가에서 일어난 특별한 발전에 주목해 볼 필요가 있다. 미국 독립 혁명은 프랑스 혁명과 거의 동시대에 일어났으며, 정치적으로도 두 혁명은 연관이 없지 않다. 하지만 둘은 그 성격이 근본적으로 다르다. 미국 민주주의는 해방된 인간에 기초한 것이 아니라, 반대로 하나님 나라와 하나님의 주권으로 지상의 모든 권력들을 제한하는 데 기초한 것이다. 인권선언과 비교했을 때, 연방헌법은 원죄와 인간 심성의 사악함을 인식하고 있는 사람들에 의해 작성되었다고 말하는 미국 역사가들의 말은 아주 의미심장하다. 지상의 권위 행사자와 인민들은, 권력을 향한 인간의 타고난 욕망과 권력이 오직 하나님께 속한다는 사실에 대한 적절한 고려와 적절한 범위 내에서 감독을 받는다. 칼뱅주의로부터 유래한 이러한 사상들은, 그것과 본질적으로 반대되는 미국으로 망명한 비국교도들의 영성주의로부터 유래한 사상들—지상에서의 하나님 나라는 국가의 권위에 의해서가 아니라 신자들의 회중에 의해서 세워져야 한다—과 결합되어 있다. 교회는 사회적이고 정치적인 질서의 원칙들을 선포하고, 국가는 그것들이 발효될 수 있도록 기술적인 수단들을 제공한다.

이러한 두 가지 상당히 이질적인 사상들이 민주주의를 향한 요청 안에서 수렴되어, 미국인들의 사상을 결정짓는 요인이 된 것이 바로 열정적 영성주의(enthusiastic spiritualism)이다. 유럽 대륙에서는 민주주의를 위한 기독교적 기초를 찾는다는 게 결코 가능하지 않았던 반면에 아메리카와 앵글로색슨 국가들에서는 민주주의만이 유일한 기독교적 국가 형태로 여겨졌다는 주목할 만한 사실을 이 점에서 찾을 수 있다. 이렇게 볼 때, 대륙이 이 영성주의자들을 탄압하고 배제한 것이 엄청난 정치적 결과를 가져왔다고 할 수 있다. 앵글로색슨 국가들도 세속주의의 심각한 징후들 때문에 몸살을 앓고 있지만, 그렇다고 이것 때문에 두 기관 또는 왕국을 구분한다는 잘못된 해석을 낳지는 않는다. 오히려 반대로, 그래서 그 열성주의자들은 국가 기관 또는 왕국과 교회 기관 또는 왕국 사이에 있는 모든 것을 나누지 못했다.

뉴욕 교회 등록자들을 얼핏 보기만 해도 알 수 있듯이, 신자로 구성된 회중들이 기독교적 원칙들을 갖춘 세계를 세우겠다는 주장은 세상에 대한 교회의 전적인 항복으로 끝난다. 이것이 교회에 대한 극단적인 적대감을 유발하지 않는다면, 여기서 어떤 실제적인 구별도 교회의 기관들과 국가의 기관들 사이에 그어지지 않았을 것이다. 불경(Godlessness)은 더 눈에 띄지 않는다. 그리고 사실 바로 이렇게 해서 그것은 교회에서 고난의 축복을, 그리고 고난에서 생길 수 있는 거듭남을 박탈한다.[60]

몇 군데 세밀한 부분에서 흠을 잡을 사람도 있을 것이다. 본회퍼의 분석은 '두 왕국' 신학을 갖고 있는 루터교 배경에, 그리고 그가 살고 있는 독일이 지닌 분에 넘치고 한이 없는 야망에 대한 깊은 인식에 더욱 의존하고 있다. 그의 역사적 분석―어떤 경우 지금은 상당히 케케묵은 것으로 들린다―의 예외를 지적하는 사람도 있을 수 있다. 그럼에도 불구하고, 이것은 교회와 국가의 관계가 서구 세계의 나라들마다, 그리고 어떤 한 나라 안에서도 시대에 따라 얼마나 다종다양한지를 기억하게 해 준다.

또, 여기 자크 마리탱이 제2차 세계대전이 끝난 직후 프랑스에서 미국으로 이주할 때 쓴 글이 있다.

미국에 들어온 유럽인들은, 여기서 사용되는 '교회와 국가 사이의 분리'라는 표현이―이 표현은 그 자체로도 오해를 불러일으키는 말이다―유럽에서는 똑같은 의미를 갖지 않는다는 사실에 당황한다. 유럽에서 이 표현은 한 세기 동안이나 내려온 오해들과 투쟁들에서 비롯된, 그리고 가장 불운한 결과들을 만들어 낸 철저한 고립을 의미했다. 미국에서 이것은 사실상 한 교단에 어떤 특권을 부여하는 것을 거부하고 다른 교단에도 특권을 주는 것이며, 국가가 공인한 교회를 갖는다는 것, 곧 선한 감정을 가지고 상호 협력하고 양립하는 국가와 교회들을 서로 구별한다는 것을 의미한다. 날카로운 구별과 실제적인 협력은 역사적인 보물이며, 유럽이 그 모진 경험들 때문에 아마도 그 진가를 인정할 준비가 더 잘 되어 있는 가치다. 미국인들이 이러한 분리의 개념을 주의 깊게 보존하여, 그것이 유럽적인 개념으로 방향을 바꾸지 않기를 바란다.[61]

한 번 더 몇 군데 세밀한 것에서 흠을 잡을 사람이 있을 것이다. 마리탱이 파악하는 대조적인 차이는 실제로 미국과 유럽 사이에 있지 않고 미국과 프랑스 사이에 있다. 마리탱이 이러한 선을 그었을 때, 유럽에서 한 나라 이상은 미국이나 프랑스와도 다른 교회와 국가의 관계 유형을 만들어 내면서, 하나의 국교회(예. 영국)나 국교회들(예. 독일)을 여전히 자랑했다. 확실히, 마리탱은 반세기 훨씬 이전의 미국을 기술하고 있다. 그 이후, 세속화와 반동의 과정들이 미국의 교회·국가 관계에 상당히 다른 경향을 만들어 냈다. 더 나아가, 미국의 지적 엘리트들과 언론 엘리트들은 포스트모더니즘(의 미국적 버전)의 입장을 많이 채택한 반면, 프랑스의 엘리트들은 여전히 구조적 모더니즘의 입장을 고수하고 있다. 얼마 전에, 자크 시라크 대통령은 보편적 휴머니즘 프로젝트와 이것을 선전하는 프랑스의 역할에 관하여 열렬하게 이야기했다. 이런저런 단서가 첨가된 뒤에도, 마리탱의 관찰은 오늘의 독자들에게 날카로운 한 방을 날린다. 적어도 부분적으로는, 미국 독립 혁명과 그 영향은 종교를 **위한** 자유를 지지하기 위하여 설계되었다. 그리고 적어도 부분적으로는, 프랑스 혁명과 그 영향은 종교 **로부터의** 자유를 지지하도록 설계되었다. 현재 많은 유럽인들 중에

서는 공공정책 문제에서 그리스도인들의 호소를 '시민 종교'의 저주로 치부해 버리는 사람들이 많다.[62]

이것은 그리스도인들이 프랑스에서 찾는 종교의 자유와 미국에서 찾는 자유가 상당히 다르다는 것을 의미한다. 예를 들어, 일부 프랑스 대학교들은 구내에서 일체의 기독교(또한 다른 종교) 모임을 금한다. 유사한 금지가 미국에서도 시도되었는데—종종 그 근거로 제시되는 이유가, 기독교 단체들은 동성애자들을 직원으로 채용하지 않기 때문에 비관용적이라는 것이다—그리스도인들은 수정헌법 제1조에 호소함으로써 대응했고, 적어도 아직까지는 그들이 법정에서 우세하다. 프랑스 대학 당국은 미국의 경우에서보다 훨씬 더 많은 권위가 있다. 그래서 무엇을 허용하는 데 있어 적잖이 독단적인 모습을 보인다. 공립 대학교 구내를 사용하도록 해 달라는 그리스도인들의 호소는 그 본질이 매우 다르다. 그리스도인들이 자기네 그룹 시간을 성경과 기독교적 가르침을 공부하기 위해서 사용한다면, 학문의 자유를 고수하는 프랑스는 호의적으로 반응할 것이다. 그러나 그리스도인들이 집단으로 예배를 드리고 싶어 한다면, 라이시테(정교분리)를 고수하는 프랑스는 그 모임을 금지할 것이다.[63] 그렇게 그리스도인들은 그들의 모임들과, 연구와 교육에 대한 그들의 호소를 구체화한다. 나는 어느 특정 유산에 모든 답이 있다고 주장하지 않는다. 교회와 국가의 관계(대학교같이 국가가 지원하는 기관을 포함한다)의 양식은 엄청나고 다양하며, 그 양식들 가운데 어떤 하나에 규범적인 자격을 확정적으로 부여하거나 아니면 장기간의 안정성을 부여하는 것은 어려운 일이다. 이러한 사고방식의 차이점들은 미국에 대한 프랑스의 부분적인 반감의 이유를 설명해 준다.64)

(4) 이제, 기독교적인 세계 바깥으로, 역사적 유산으로 눈을 돌릴 차례다. 적지 않은 역사학자들과 사회과학자들은 근대성이 종교를 소멸시킬 것이라고 추측했다. 분명히, 이 주제에 대한 많은 기대들이 있기 때문에 새로운 연구가 나타나면 낡은 가정들에 도전하게 된다. 가장 흥미로운 사람들 가운데 한 사람이 데이비드 허버트(David Herbert)이다.65) 그는 종교가 '시민사회'(그의 표현)와 상호작용하는 몇 가지 복잡한 길들을 추적한다. 그의 책의 강점들 가운데 하나는 다음 네 가지 사례 연구이다: 영국에서 이슬람의 역할(*The Satanic Verses* [사탄의 시]를 사례로), 폴란드 가톨릭의 역할, 보스니아의 여러 종교들의 역할, 그리고 이집트에서 이슬람화(이것도 그의 표현이다)의 역할(나세르를 사례로).

여기는 이슬람에서 (a) "가이사의 것은 가이사에게, 하나님의 것은 하나님께 돌리라"의 유산이 없다는 사실을, (b) 국민국가에 대한 상당히 다른 견해—국민국가는 이차적이며, **움마**(ummah) 곧 이슬람 국민들이 가장 중요하다—가 있다는 사실을, (c) 서구적 분류에 속하는, 교회와 국가의 관계에 관한 토론이 이해될 수 있는 그런 민족교회 같은 것도 없고, 더군다나 교단 같은 것은 말할 필요조차 없다는 사실을,66) (d) 과거 한 세기 반 동안 이슬람이 행사했던 영향력이 감소하여 그에 따라 역사적 불만이 존재한다는 사실을, 그리고 (e)

이슬람의 극단적 요소들의 '성공', 석유에서 생긴 자금력, 그리고 유럽과 여타 지역에서 보이는 인구학적 이득—유럽 전체의 출산율이 1.4 이하인데 반해 이슬람의 출산율은 3.5이다—에서 권력을 향한 의식이 크게 자라고 있는 사실을 다시 검토하는 자리가 아니다.

무슬림 세계는 수많은 방향으로 발전 가능하기 때문에 예상은 추측에 지나지 않을 수 있다. 많은 저자들이 이슬람의 더욱 호전적인 경향들—지난 30, 40년 동안 사우디아라비아의 왈라비든, 이집트에서 증가하고 있는 이슬람주의 수사학과 교육이든, 아니면 15년 전에는 말레이시아의 무슬림이 **샤리아** 법정에 서지 않고도 다른 종교로 개종할 수 있었지만, 지금은 작은 자유나마 박탈당했고 관습 법원이 형벌을 판결할 수 있게 된 사실 같은 색인 목록들이든—을 보여 주는 사례들을 분석했다. 다른 한편으로, 일부 저자들은 이슬람이 민주주의에 대한 자체의 이해와 변호를 계발할 수 있는 내적 자원들을 갖고 있다고 주장한다.[67]

혹자는 터키 같은 나라 안에서 압도적인 세력을 흥미롭게 바라보는데, 그 세력들은 오르한 파묵의 소설 『눈』에서 권력을 거의 갖지 않고 출발하였다.[68] 무슬림 세계에는 아이러니들이 넘치며 놀라운 반동들을 볼 수도 있다. 서방에 대하여 가장 극렬한 반감을 보이는 정부가 있는, 이란 같은 나라에 사는 무슬림이 오히려 서방에 대해 가장 개방적인 성향을 보인다고 주장하는 사람들도 있다. 세계의 일부 지역에 있는 많은 평범한 무슬림들은 지하드주의자들에게 넌더리를 낸다. 지하드주의자들은 사람들의 마음을 얻는 것은 고사하고 사람들로부터 소외되고 있다. 출산율이 높기 때문에 겉보기에는 무한하게 지하드주의자들이 늘어날 것 같지만 과연 이런 나라에서 지하드주의자들이 젊은 단원들을 계속 충원할 수 있을까?

개인적인 논쟁에서든 국가적인 논쟁에서든 어떤 논쟁에서도, 자각이 전부는 아니지만 매우 중요한 역할을 한다. 경건한 무슬림들—이들의 서방 지지자들과 나눈 상세한 대화는 진보적 유산에 속한 사람들과만 이루어졌다—은 그들이 보고 들은 것에 쉽게 마음이 끌려가지는 않는다. 경건한 무슬림들에게는 종교적 관용의 가치를 최고의 미덕으로 올려놓는 진보적인 사람들의 평가가 일종의 기능적 무신론으로 보일 것이다. 알라는 어떤 경쟁자도 허용하지 않는다. 이슬람과, 그 자체로 좋은 것이라는 종교적 다원주의에 대한 충성 사이에서 선택을 해야 한다면, 경건한 무슬림들은 이슬람을 선택할 것이다. 그 무슬림이 지하드주의자들의 폭력을 거부하더라도, 서구적인 특징을 지닌 종교적 다원주의를 받아들이고 싶어 하지는 않을 것이다.

그 다음에 그 무슬림이 보수적이고 고백적인 그리스도인들을 만난다면, 놀라울 정도로 새로운 대화가 이루어진다. 지금 그 무슬림은 어느 모로 보나 무슬림들만큼이나, 우주에 미치는 하나님의 주권을 헌신적으로 고백하는 그리스도인들을 만난다. 이러한 그리스도인들은 모두가 언젠가는 왕이신 예수님께 무릎 꿇을 것이라고 역설한다. 그들은, 많은 서구 사상을 특징짓는 종교적 다원주의를 근본적으로 거부한다. 만약 그 종교적 다원주의가 이상적인 것으로 표현된다면 말이다. 그러나 다른 한편으로, 그들은 복음을 전파하는 데 폭력을 사용하는 방식을 똑같이 거부하고 대부분의 서구 민주주의들의 현상적 다원주의를 매우 즐긴다. 그것이 절대적 선이거나 최고의 도덕적 덕성이기 때문이 아니라, 우상숭배와 잘못들로 가득 찬(우리 자신의 것을 포함하여) 타락한 세상으로 나아가는 최선의 길이라고 생각하기 때문이다.

종교적 다원주의는 궁극적 선이 될 수 없다. 새 하늘과 새 땅에서는 찾을 수 없는 것이기 때문이다. 그러나 이 타락한 세상에서 종교적 다원주의가 폭력과 억압을 막는다면, 이것이 하나님의 형상을 지닌 사람들(이들이 이 사실을 알든 모르든) 가운데서 상대적 자유를 촉진한다면, 우리는 일반은총의 선물을 주신 하나님께, 아무리 복잡하고 아무리 덜 절대적이라 하더라도 가이사의 영역과 하나님의 영역 사이에 일종의 구별을 강조하셨던 주님의 지혜를 주신 하나님께, 감사를 드린다. 우리에게는 그리스도를 선포할 수 있는 권리가 있다. 그리고 우리는 그 권리를 유지하기 위하여 우리 생명을 내어 줄 것이다. 그러나 우리는 칼끝에서 이룬 외면상의 '회심들'에 어떤 관심도 기울이지 않으며, 그 핵심을 분명하게 보지 못한 선조들에게 거리를 둔다.

우리는, 민주주의가 절대적인 선이라서, 모든 정치적 문제를 해결해서, 정부의 이상적 형식이라서 그것을 촉진하는 것이 아니다. 세상이 타락했고 우리가 모두 가장 기괴한 악들에 빠지기 쉽다 하더라도,

이것이 가장 반대가 적을 의견으로 보이기 때문이다. 우리의 종말론은 경기가 아직 끝나지 않았다고 가르친다. 우리가 마지막에 도달하는 길은 군사적 정복을 통해서도 아니고, 투표를 통해서도 아니며, 우리 주님의 재림을 통해서다. 그리고 동시에 우리는 예수님에 관한 좋은 소식을 말과 행동으로 선포하는 데 참여하며, 그분이 직접 하나님 아래에서 가이사에게는 존경받을 수 있는 영역이, 복종해야 하는 권위가 있다고 말씀하신 것을 기억한다.

내가 말하듯이, 경건한 무슬림들이 똑같이 경건한 그리스도인들을 만날 때, 비전과 정치적 목표와 수단을 두고 나누는 대화는 그렇게 다르지 않을 것이다. 그러나 정부 정책의 일부로 이슬람을 장려하는 데 관심이 없는 가이사와 타협할 수 있는 나름의 방식을 계발해 낼 수 있을지는 여전히 확실하지 않다.

우리는 아직은 무슬림 국가를 또 다른 관점으로 보아야 한다. 기독교 교회들이 무슬림 정부 하에서 살아갈 수 있을까? 달리 말하면, 우리가 교회와 국가를 이야기할 때, 그 국가가 무슬림 국가라면 그 관계의 본질은 무엇일까? 여기에 고려해 볼 만한 변형들이 있다. 지난 5년 동안 인도네시아에서는, 4,000명에 가까운 그리스도인들이 순교를 당했고 많은 교회 건물들이 불타 무너졌다. 이것은 중앙정부의 정책의 결과가 아니다. 그러나 지방정부는 확실히 다른 길을 보고 있었다. 말레이시아에서 중국계 주민들이 거주하는 지역에 기독교 공동체가 거점을 유지하고 있다면, 교회들은 사실상 자유를 누린다. 그러나 중국계 그리스도인이라 하더라도 교회 건물에 십자가나 종탑을 세우는 것은 금지된다. 그렇게 눈에 띄는 것들은 지나치게 자극을 준다고 판단되기 때문이다. 말레이시아에서 말레이 계 교회들은 공식적으로 존재하지 않는다. 그리고 기독교로 개종한 말레이 계(그들의 대부분이 무슬림이다)는 엄청난 괴로움에 직면하게 된다.

사우디아라비아 주민들에게 개방된 교회는 존재하지 않는다. 그리고 이슬람에서 기독교로 공개적으로 개종한 사우디인은 살아남기가 쉽지 않다. 모스크 외에 다른 종교 건물을 짓는 것은 불법이다. 터키에서는 공식적인 공공정책이 보다 많은 자유를 허용한다. 그러나 지방에 따라 차이가 심하고, 자극적인 일들이 많이 일어난다. 예를 들어, 그리스도인이 공무원이 되는 것은 어려운 일이다. 그리고 일부 지역에서는 무료로 신약성경을 나눠 주는 것 같은 공개적인 전도 활동은 모진 매질을 감수해야 하기도 한다. 이란에서는 기독교 교회 지도자들을 향한 폭력이 간헐적으로 터져 나오고 있다. 그래서 이런 질문을 해야 한다. 보다 제한적인 무슬림 국가들에서 교회는 그 정부를 어떤 관점으로 바라보아야 할까?

물론, 똑같은 질문을 비무슬림 박해 국가에서도 던질 수 있을 것이다. 오픈도어즈(Open Doors)의 최근 조사는 "기독교를 탄압하는 최악의 국가"로 북한을 지목했다. 이렇게 폭력적인 탄압이 지속적으로 일어나고 있는 곳에 사는 그리스도인들에게, 니버의 모델은 현실에 맞지 않는 그저 속 편한 소리에 지나지 않을 것이다. 그리스도인들이 억압과 탄압, 심지어 순교까지 각오해야 하는 곳에서 그리스도와 문화의 현실 가능한 관계를 두고 이론적으로 이상적인 모델이 어떤 것인지 떠드는 것은 공론에 불과하다.

결론적 고찰

여기서 몇 가지 가닥을 정돈해 보자.

(1) 포괄적이라고는 할 수 없지만, 그리스도인들과 국가의 관계에 관한 보다 넓은 논제들을 다루지 않고서, 그리고 종교와 국가의 관계에 관한 보다 더 넓은 논제들을 다루지 않고서, 교회와 국가의 관계에 관하여 이야기를 나눈다는 것이 얼마나 어려운지 고찰했다. 이런 대립적인 요인들 사이의 상호작용은, 서로 다른 나라들의 서로 다른 역사들 때문만이 아니라, 민주주의에 대한 다른 이해, 세속주의에 대한 다른 가정, 하나님과 신앙에 관한 다른 시각, 다른 종교들 때문에 지극히 복잡하다.

어떤 그리스도인의 관점에서는, '기독교적 서구'나 '우리의 기독교 국가' 같은 이야기를 하는 것은 도움이 되지 않는다.[69] 그 까닭은, 미국의 헌법 수정조항 제1조의 법적 강제력(이것이 어떻게 해석되든) 때문이며 또한 서부에서 동부까지 그리고 북부에서 남부까지, 그리스도인의 수가 현저하게 줄고 있어서 '기독교적 서구'니 '기독교 국가'니 하는 표현은 점점 더 지역주의적이고 시대에 뒤떨어진 말로 들리기 때문이다. 더 중요한 것은, '기독교적 서구'라는 말이 실제로 복음을 전하는 데 방해가 된다는 사실이다. 세계 여러 곳에서 기독교에 대항하는 종교들과 이념들은 사람들에게 기독교적 서구에 대한 편견을 주입해, 기독교가 주장하는 것은 단지 서구적인 것일 뿐이라고 치부하게 한다. 성경에 충실하고자 하는 그리스도인들은 그들의 시민권이 하늘에 있다는 것을 명심할 것이다. 이러한 사실을 이해하지 못한다는 것은 곧 이 세상의 나라들과 질서들을 자신들과 너무 동일시한다는 것이다.

피터 스위프트(Peter Swift)가 말했듯이, "만약 무슬림이 그리스도인이 된다면, 그는 마땅히 문화적 대가(civilizational cost)를 치러야 한다. 그는 그의 뿌리로부터 멀어지게 되고, 그가 버린 사람들은 그들의 사랑을 받던 사람이 문화적으로 이탈(civilizational defection)한 사실에 낙담하고 당황한다. 예수님의 제자가 되는 대가는 이 세상의 문화들을(civilizations of this world) 버리고 하나님 나라 안에서 자신의 정체성을 찾는 것이다. 이런 대가가 하나님 나라를 찾기 위해 치른 것이 아니라 서양 종교를 찾기 위해서 치른 것처럼 여겨진다면, 이 얼마나 비참한 일이겠는가!"[70] 물론, 우리는 지금 여기서 어떤 특정한 나라에 살고 있다는 것 역시 진실이며, 바울이 자신을 로마인으로 밝힐 수 있는 것처럼, 나도 우간다인이나 캐나다인, 오스트레일리아인, 프랑스인, 일본인으로 밝힐 수 있을 것이다. 그렇지만 그리스도인들은 자신들의 일차적 정체성이 어디에 있는지 절대로 혼동해서는 안 된다.

모든 권위의 궁극적 기초인 하나님에게 불순종하는 경우를 제외하고는, 국가의 권위에 복종하라고 바로 성경이 우리에게 명령했더라도 말이다.

(2) 지금 이 책을 읽는 사람들은 대부분 민주주의 국가에서 살고 있다. 로마제국 아래서 살고 있던 1세기 그리스도인들과 비교했을 때, 이러한 현실은 새로운 자유들과 새로운 책임들을 가져다준다. 주후 65년경 유대 지방의 한 그리스도인이 "나는 유대인이라는 것이 자랑스럽다네/마침내 내가 자유롭다는 것을 알게 되었네"[71]라고 자유를 찬양하는 노래를 부른다는 것은 상상하기 힘든 일이다. 그렇지만 이러한 맥락에서, 다른 한편으로는 하나님께 복종하듯이 국가에 복종하라는 성경적 명령은 **참여**민주주의에 대한 우리의 의무를 진지하게 받아들여야 한다는 것을 의미한다. 이 의무—"그 도시에 선한 일을" 해야 하는 도덕적 의무와 더불어—때문에, 신자들은 **어떤 수준에서든** 정부의 문제에 관여하게 된다. 이는 바울이나 누가에게는 불가능했던 일이다. 그리고 이 의무 때문에 오늘날은 전체주의 정권 아래 있는 신자들에게서 전형적으로 발견할 수 있는 '그들' 대 '우리' 정서가 자라기가 어렵다. 이러한 사실은 우리의 참여 의식을 향상시킬 것이다. 그러나 이것은 또한 하나님 나라와 우리 자신의 정부나 정당을 혼동하게 될 가능성을 높이게 될 것이다.

(3) 이러한 위험들은 너무나 미묘하기 때문에 더욱 주의를 기울여 자세히 살펴보아야 한다. 우리가 미디어를 통하여 그리고 권력의 핵

심부에서 보다 폭넓은 문화에 영향을 끼치고자 한다면, 자주 되풀이 되는 조언, 즉 우리의 기독교적 가치들과 우선순위들을 세속적인 범주들로 번역해야 한다는 조언을 한번 살펴보자. 이것은 좋은 조언일까? 그렇기도 하고 아니기도 하다. 확실히, 이 조언은 실용적 지혜를 반영하고 있다. 인종에서 낙태, 빈곤, 동성애에 이르는 이슈들과 관련해 우리의 주장이 기독교적 범주들 안에 머무르는 것이 아니라면, 그리고 우리가 어떤 전략적 이슈를 두고 '동맹'을 구축하려고 한다면, 우리 그리스도인들은 보다 폭넓은 사람들에게 호소해야 할 것이다. 그렇지만, 거기에 틀림없이 위험이 도사리고 있다는 것을 모른다면 우리는 순진한 사람들이다.

세속적인 목표에 호소하여 대중들이 우리의 입장들을 수용하도록 전심전력하더라도, 그리스도의 주권에 원칙적으로 머리 숙이는 기독교적 준거 기준보다 그러한 세속적 가치들이 우선하도록 한다면, 그것은 근시안적인 태도다.[72] 달리 말하면, 우리의 입장이 처음 비롯된 성경적 준거 기준보다 세속적 가치들이 우리에게 더 의미 있다고 약삭빠르게 적응하게 되어 그것을 스스로 믿게 될 수도 있다는 것이다. 더 나아가, 정치란 항상 아주 나쁜 교환 형식이기 때문에, 우리의 반대자들은 우리에게 기독교적 신념들이 있다는 낌새를 챌 것이고, 그 다음에는 우리가 그들을 속이고 세속적인 것처럼 행세했다며, 실제로는 종교적 늑대이면서 세속적 양의 옷을 걸치고 있다고 비난할 것이다. 우리는 우리의 견해 때문만이 아니라 우리의 태도 때문에도 욕을 먹을 것이다.

더 안 좋은 것은, 우리의 대화 방식이 우리가 세속주의자들이 **옳다**고 생각하는 것으로 보일 수 있다. 우리가 '종교적' 신념들에 호소하지 않는 이유가, 교회와 국가의 분리를 지지하기 때문이라고 말이다. 바로 이런 자세는 '분리 장벽'이 그리스도인들—또는 무슬림이나 힌두교도나 불교도나 정령숭배자나—이 공공정책을 형성하는 과정에 참여하는 것을 금지한다는 아주 위험한 견해에, 눈에 띄지 않는 이득을 가져다준다. 분리장벽이 정부가 **교회로서의** 교회를 공인하는 것을 금지한다는 견해를 옹호하지 않고서 말이다. 공공영역에서 **그리스도인으로서** 주장하는 것이 허용되지 않는다면, 우리는 자신들만이 유일하게 '중립적' 위치에 있다고 주장하는 무신론적 세속주의자들인 페트 싱어(Pete Singer)와 리처드 도킨스(Richard Dawkins)와 이들에게 우호적인 사람들을 은연중에 지지하게 될 것이다.

세밀한 부분을 다섯 가지만 더 살펴보자.

(a) 정부가 지역사회 복지—일자리 창출 프로그램이나 에이즈 감염자 지원 같은—를 위해 지원금을 내줄 때, 얼마가 됐든 그 돈이 특정 교회에 속해 있지 않은(non-ecclesiastical) 기독교(또는 다른 종교) 단체들에게 갈 수 있을까? 많은 민주주의 국가들에서 있는 일이다. 그러나 어떤 민주주의 국가들에서는 있을 수 없는 일이다. 미국에서는 이것을 두고 지금도 논쟁 중이다. 어떤 것이 '공인' 종교인지 알아내는 것이 힘들기 때문에, 유사하게 조직된 다른 여러 종교 단체들이 동등

한 혜택을 받도록 차별 없는 지원을 한다면 헌법 수정조항 제1조를 위반하는 것이 아니라고 생각하는 사람도 있을 것이다. 그러나 물론 이런 견해는 미국 헌법에 대한 '기원주의적'(originalist) 독해이다. 수십 년 동안, 법원은 정부 기금의 일부라도 뚜렷하게 종교적인 요소에 (예를 들어, 가난한 사람들에게 음식을 나눠 주는 데만 아니라 성경을 가르치는 데) 들어간다면 그것을 제한하는 경향을 보이고 있다. 그렇지만, '종교적' 요소와 '세속적' 요소를 분리하기가 거의 불가능한 일들이 많다. 기독교적 관점에서, 그렇게 분리하는 것은 바람직한 일이 아니다. 주가 해당 사업에 본질적인 관심을 갖고 있다면, 그리고 주의 지원이 비슷비슷한 시민 구성원들로 조직되어 있는 다양한 교단들과 종교들의 유사한 사업들에 기꺼이 배분된다면, 나는 그것이 헌법 수정조항 제1조를 위반한 것이 아니라고 생각할 것이다. 그러나 물론, 법원과 법원의 현재—희망사항이 아니라—판결을 다루어야 하는 것은 잊지 말아야 한다.

(b) 지역 차원에서, 인구학적 영향은 민주주의가 운영될 때 아주 중요한 역할을 한다. 어떤 지역에서 무슬림 또는 그리스도인이, 아니면 어떤 종교가 지배적이라면, 그 **지역**에 있는 모든 종교사업들에 똑같은 지원을 해 달라고 정부를 압박해서는 안 된다. 왜냐하면 그 지역의 지배적인 종교는 **다른 곳**에서 지원을 받고 있을 수도 있기 때문이다. 달리 말하면, 이상하게 들릴 수 있겠지만, 이런 토론들에서는 조금 공통된 견해가 좋은 것일 수 있다.

(c) 서구 민주주의 국가들 가운데 미국만큼 개인적인 푸넘이 정교하게 발달한 나라도 없다. 주정부의 지원을 받는 학교가 크리스마스 주제를 담은 크리스마스 연극을 공연하면, 틀림없이 한 사람의 무신론자나 한 사람의 무슬림이 그의 자녀가 소외감을 느꼈거나 상처를 받았다고 불평한다. 그러면 학교의 행정 책임자들은 크리스마스 전통을 그만두고 모호한 '명절 축하' 공연을 한다. 보통 그런 명절 축하 공연에는 인종이나 문화, 성별, 종교 같은 것이 분명하게 드러나지 않는 화성인 같은 것들이 등장하기 마련이다. 물론, 정부의 지원을 받은 학교가 여러 종교적 전통들이 경쟁하는 지역에 자리 잡고 있다면, 그런 여러 전통들을 모두 포함한 전체 공동체를 특징짓는 축하 공연을 할 것이다. 자존감을 상실했다며 불평하는 사람이 한 사람이라도 있다면, 또한 **지역 사회** 자존감과 지역 사회 **내부**의 관용, 그리고 가장 **큰** 전통을 지지하는 지역 사회의 기쁨에 대한 관심이 없다며 의아해하는 사람도 있을 것이다.[73]

(d) 뚜렷이 도덕적인 지역은 훨씬 더 문제가 복잡하다. 미국의 일부 주들은, 캐나다 법정은 말할 것도 없고, 동성애자들 사이의 '결혼'을 합법화했다. 대부분의 서구 민주주의 국가들은 대규모 도박장을 운영하거나 허용한다. 고백적 가톨릭 교인이나 개신교인들은 똑같이 앞의 것을 불쾌하게 생각할 것이다. 그리고 고백적 개신교인들은 뒤의 것도 불쾌하게 생각할 것이다. 물론, 그런 법률 제정이나 법원 판결 때문에 자신의 자유가 박탈당하지는 않는다. 또한 동성 결혼

을 인정하거나 도박을 하라고 (적어도, 아직은!) 강요당하지 않는다. 그러나 많은 그리스도인들은 그런 행보들이 성경의 '규범을 만드는 규범'에 반할 뿐만 아니라 사회에도 심히 해롭다고 볼 것이다. 그 해로움이 타락하는 가정들과 절망적인 중독과 파산 같은 사회적 범주로 나타난다고 생각하든지, 아니면 이 나라를 향한 하나님의 분노의 위협이라는 신학적 범주로 나타난다고 생각하든지 아니면 이 두 가지가 모두 나타난다고 생각하든지 간에, 그들은 하나님을 향한 충성심에서뿐만 아니라 이 나라에 대한 걱정 때문에, 정책을 다른 방향으로 돌려야 한다는 도덕적 압박을 느낀다. 달리 말하면, 우리가 신학적으로도 사회적으로도 나쁜 행동이라고 확신하는 그런 행동을 금지하는 법을 선호할 것이다. 세속주의자들은 이것을 종교적인 간섭이라고 볼 것이다; 우리는 이것을 이웃을 향한 우리의 사랑의 결과로 보며 예수님은 우리의 주님이시라는 우리의 고백과 불가피하게 연결되어 있다고 본다. 세속주의자들은 당연히 이러한 문제들에 대한 그리스도인들의 정치적 노력들을 신정주의의 위험스러운 사례들이라고 여길 것이다; 그리스도인들은 당연히 세속주의자들의 주장을, 그리스도인들이 보기에 도덕적이라고 판단되는 법을 억제하려는 시도라고 간주한다—실상은 하나님의 영광은 고사하고 민족의 복지에도 전혀 신경을 쓰지 않는 절망적인 도덕적 부패다.

 스스로 자신의 모습을 다양하게 변화시키는 민주주의가 없다면, 이런 다양한 견해들은 발전하지 못할 것이다. 사실, 어떤 방향을 제시하려는 대부분의 노력들은 암암리에 기독교적인 자세든 세속적인 자세든 어떤 입장을 채택하기 마련이다. 예를 들어, 위니프레드 펠러스 설리번(Winnifred Fallers Sullivan)은 모든 종교들이 암암리에 국가의 독점적 법률 지배에 도전한다고 파악한다. 종교들은 초월적인 권위에 호소함으로써 국가의 배타적 권리 주장들에 도전하며 "국가 밖에 있는 생명"에 대한 권리를 사실상 주장한다.[74] 눈에 띄는 낙관주의를 갖고 있는 설리번은 평등을 보장하는 법률을 제정함으로써 이런 필요를 충족시킬 수 있다고 생각한다. 그러나 이것은 물론 다음을 의미한다. 국가의 세속적 견해가 기본적으로 옳고, 그러한 국가가 현명하게 운영된다면 다만 종교적인 시민의 견해를 보장하려고 할 것이다.

(e) 마지막 몇 문단의 모든 논의는, 사회적·정치적 상황 아래에서 신중한 지혜를 가지고 "가이사의 것은 가이사에게, 하나님의 것은 하나님께 바치라"는 예수님 말씀의 몇 가지 유산들을 실행하려고 하는 것에 지나지 않는다. 만약 세속주의자와 그리스도인 사이에서 긴장이 자라는 것이 아니라, 세속주의자들과 열성적인 마르크스주의자들이나 경건한 무슬림들 사이에서 긴장이 자라고 있다면, 그 결과는 상당히 다를 것이다. 이러한 전통들 가운데 그 어떤 것도 각자의 유산 안에서 마르크스주의자 공동체나 무슬림 공동체를 국가로부터 **구분**하기를 **기대**하거나, 그 구분을 유지하라는 명령을 받지 않았다는 사실을 상기한다.

(4) 그래서 그 결과, 니버의 다섯 가지 유형이 지금까지는 영향을 끼쳤지만, 앞으로는 유용하지 않을 것이라는 추가적인 이유들이 있다. 앞의 여러 장들에서 확인했듯이, 니버의 유형론은 우리에게 그리스도와 문화에 관한 대안적 상호방식들을 제공한다. 그러나 그 유형들 가운데 하나는 성경에 의해 정당화될 수 없고, 나머지 넷은 모두 성경에서 찾아볼 수 있긴 하지만 이것들이 대안들인지, 아니면 하나의 보다 큰 유형—우리가 성경신학의 범주들 안에서 성경의 스토리 라인을 따라갈 때 나타나기 시작하는 유형—의 요소들인지 의문의 여지가 있다는 사실 때문에 유용하지 않을 것이다. 게다가, 니버의 유형론은 포스트모더니즘과 관련하여 현재 벌어지고 있는 논쟁들과 대화를 주고받을 때도 별로 효과적이지 않다. 그리고 '기독교적 서구' 같은 관념들이 실질적으로 유지될 수 없는 시대, 다문화주의가 대법원이 내리는 판결들에 영향을 미치는 시대, 그리고 다양한 이민 유형들이 나타나 우리가 비기독교들, 무엇보다도 이슬람이 니버의 유형들을 어떻게 보는지 생각해야 하는 시대에는, 무엇인가 부족하다.[75]

(5) 그리스도인들이 채택하는 종교적 자유의 요소들 가운데 두 가지는, 한 종교에서 다른 종교로(또는 무교로) 개종할 수 있는 자유와 복음전도를 할 수 있는 자유이다. 대부분의 이슬람 국가들은 비무슬림들이 무슬림이 되는 것은 기꺼이 허용하지만, 그 반대는 아니다. 그 이유의 일부는 이슬람의 제국주의적 희망에서 찾아볼 수 있다. 그러

나 또 다른 이유는 기독교가 이해하는 개종의 개념과 비교했을 때 전혀 다른 '개종'의 이해에 있다. 무슬림이 되려면 알라 외에는 다른 신은 없으며 무함마드는 알라의 선지자라고 고백하기만 하면 된다. 이슬람의 다섯 가지 기본적 **실천**을 수행해야 한다고 생각하는 무슬림도 있지만, 명목상의 많은 무슬림들은 그것을 신경 쓰지 않는다. 그래서 무슬림이 되는 것은 어떤 입장을 골라잡고 특정한 실천 덕목들을 실행하는 것을 의미한다. 하나님을 알게 된다는 생각은 하지 못한다. 그런 말을 하는 것은 주제넘은 짓이다. 왜냐하면 하나님은 초월적인 분이시므로 우리는 그분을 직접 알 수 없다. 무슬림이 된다는 것은 쿠란의 하나님을 알게 된다는 것이 아니라 쿠란에 계시된 하나님의 뜻에 복종한다는 것을 의미한다.

기독교의 개종 역시, 충성심을 바꾸는 것과 어떤 실천들을 선택하는 것을 포함하지만, 무엇보다도 삶 가운데서 성령의 일하심과 연결되는 것으로 이해된다. 거듭남은 삶을 변화시킨다. 그리고 예수 그리스도 안에서 믿음의 길을 걸음으로써 개종하기 전 우리의 삶과는 전혀 다른 방식으로 하나님을 안다고 말할 수 있게 된다. 기독교 가정에서 성장하는 아이들은 여덟 살이나 열다섯 살, 또는 성인이 된 다음에, 자신의 '개종'의 순간을 말할 수 있다. 그러나 무슬림 가정에서 자라는 아이는 이슬람으로 개종했다는 말을 할 수 없다. 이슬람은 제도에 순응할 것을 요구한다; 반면에, 기독교는 거듭남이라고 불리기도 하는 내적 변화를 요구한다. 이슬람으로 개종하려는 사람은 의

지의 행동을—새로운 충성에 대한 의지적인 헌신을—그냥 실천하면 된다. 그 사람에게, 새로운 무슬림 규약들을 준수하라는 거대한 사회적 압력이 행사된다. 바울에 의하면, 그리스도를 깊이 생각하는 사람은 성경에서 깨달음을 얻어야 하며 그렇지 않으면 그냥 '자연적인 상태로' 남아 있다(고전 2:14). 간단히 말하면, 우리는 본질적으로 초자연적이고(아무리 개종이 인간 의지와 관련이 있다 하더라도 말이다), 일부 전통들이 '영혼의 자유'(soul liberty)라 부르는 것을 요구하며, 그리고 단순한 실천들을 분명하게 넘어서는, 그런 '개종'의 자리를 보존하는 데 아주 큰 관심을 갖고 있다.

필립 얀시는 한 무슬림과 나눈 대화를 소개한다. 그 무슬림은 얀시에게 이렇게 말했다. "나는 무슬림들이 한 사회에서 소수자로서 어떻게 살아야 하는지 쿠란에서 어떤 지침도 찾지 못했습니다. 그리고 그리스도인들이 다수자로서 어떻게 살아야 하는지 신약성경에서 어떤 지침도 찾지 못했습니다."[76] 이것은 전적으로 맞지 않을 수 있지만, 얀시가 지적한 대로 이것은 '두 신앙 사이의 핵심적인 차이점'을 강조한다. "오순절에 태어난 기독교는 종종 억압적인 정부들과 더불어 살면서도, 문화를 넘나들면서 그리고 심지어는 문화에 저항하면서 잘 성장하고 있으며, 지리적으로 메카에 정착한 이슬람은 종교로 그리고 국가로 동시에 세워졌다."[77]

(6) 교회와 국가의 관계에 관한 이론적인 토론이 복잡하기는 하지만, 지금까지 가장 매력적인 성과는 개별 그리스도인이나 그리스도

인들의 집단 안에서 발견된다. 그들은 신앙을 따라 살기 때문에 확고한 증인이 될 뿐만 아니라, 정부 기관들에 의해 일반적으로 통제되는 많은 경계들을 넘어, 지역 사회 안에서 다른 사람들을 위한 여러 가지 일을 하게 된다. 교회는 빈민가에서 아빠 없는 아이들의 멘토가 되어 주고, 아이들이 글을 읽을 수 있도록 도와주고, 병든 사람들과 나이 든 사람들을 돌봐 주고, 보살핌과 규율과 기독교적 영향력과 열정이 가득한 학교를 세우는 중심이 되기 시작한다. 비판자들이 '반칙'이라고 소리 지르고 종교는 사적인 것이어야 한다고 주장하도록 내버려 두자. 우리가 조용히 물러나 있는 것을 허락하시지 않으실 주님을 우리는 섬긴다.

(7) 마지막으로, 이런 문제들에 대한 모든 기독교적 성찰들 안에서 "가이사의 것은 가이사에게, 하나님의 것은 하나님께 바치라"는 예수님의 명령으로 빚어진 혼란 때문에 고심하고 있기는 하지만, 우리는 예수님께서 모든 것들의 주님이시며, 동시에 종말은 아직 이르지 않았다는 사실을 잠시라도 잊어서는 안 된다. 존 뉴하우스가 1981년 '종교와 민주주의 연구소' 설립 선언문에 적은 것보다 더 명쾌하고 간결하게 종말론적 긴장을 진술한 것을 나는 알지 못한다.

예수 그리스도는 주님이시다. 이것이 바로 모든 실재에 관한 그리스도인들의 최초이자 최후의 주장이다. 신자들은 모든 사람들의 눈에 언젠가 드러나게 될 것을 신앙으로 주장한다. 이 땅의 모든 주권들은 예수 그리스도의 주권 아래 있다. 교회는 바로 이런 주장을 맡고 있다. 교회는 예수님이 선포하신 하나님 나라에 충성을 맹세했기 때문에, 실제든, 의도적이든 이 세상의 모든 나라들로부터 완전히 거리를 두어야 한다. 그리스도인들이 하나님 나라를, 이론적으로든 실천적으로든 이 지나가는 시간의 어떤 정치적, 사회적, 경제적 질서와 등치시키는 것은 주님을 배신하는 것이다. 기껏해야, 그런 질서는 하나님 나라의 복음이 선포되는 것과, 우리가 소망하는 자유와 평화, 정의를 아주 조금 허용할 뿐이다.

1) 사실, 첫 3세기 동안 이교들은 기독교를 '철학'으로 간주하곤 했다. 이것은 '철학'이 **세계관**(worldview)을 의미하던 때를 반영한다. 스토아 철학이나 에피쿠로스 철학처럼 의미와 방향, 가치, 기원의 이론 같은 것들을 정립한 총체적 준거 틀 같은 그런 세계관 말이다. 이것은 철학에 대한 현대의 아주 제한적인 의미와는 대조되는데, 현대의 '철학'은 여러 가지 분과를 가진 아주 협소한 학문 분과로, 세계관을 정립하기보다는 오히려 비판하는 데 훨씬 관심이 많다.

2) TNIV 성경(딤전 3:16)의 "the mystery from which true godliness springs is great: He appeared in a body…"(경건의 비밀은 놀라운 것입니다/쉬운성경).

3) 그렇지만, 이그나티우스의 공식은 일부가 생각하는 것처럼 주교직에 호소함으로써 3중 직분과 교회의 범위를 제한하기 위한 것이 아니라는 것을 말해 두어야 할 것 같다. 이그나티우스는 주교직에 초점을 맞추려 했던 것이 아니라 진리를 변호하는 데 관심이 있었다. 프로테스탄트 고백주의에서, 최소한 교회는 복음에 의해서, 즉 진리에 의해서, 그리고 성례의 충실한 준수에 의해서 구분된다. 바로 이러한 진리가 이그나티우스가 지지하고자 애썼던 것이다. 그가 실상 관심을 가졌던 복음적 성실의 우선성을 담보로 이그나티우스의 공식을 주교직 자체를 강조하는 것으로 이해한다면 시대착오라고 할 수 있다.

4) '교단'(denominations)이라기보다는 '연합 조직'(associations): '침례교회'(the Baptist church) 같은 표현이 교단이 아니라 이곳저곳에서 모이는 지역 교회를 가리키는 이유가 바로 이것이다. 이와 달리, '성공회 교회'(the Anglican church)는 지역 교회와 교단을 모두 의미할 수 있다.

5) 존 스토트가 '교회'와 '그리스도인들'을 수월하게 번갈아 사용하고 있는 예로는, John R. W. Stott, John Wyatt, and Roy McCloughry, *Issues Facing Christians Today: A Major Appraisal of Contemporary Social and Moral Questions*(London: Marshall, Morgan and Scott, 1984)가 있다. 이것이 직접적으로 드러나 있는 것으로는 John Stott and Ajith Fernando, *Christian Mission in the Modern World*(Downers Grove: InterVarsity, 1975), 24을 들 수 있다: "이제 [예수님은] 아버지께서 그를 보내신 것처럼 우리를 보내신다고 말씀하신다. 그러므로 **우리의** 사명은, 그의 사명과 마찬가지로 섬기는 사람이 되는 것이다. 그는 자신을 비워 종의 몸이 되셨으니, 그의 겸손한 마음은 **우리** 안에 있어야 한다(빌 2:5-8). 그는 **우리**에게 완벽한 종의 본을 보여 주셨으며, 그의 교회를 세상으로 보내 종으로 섬기는 **교회**가 되라 하셨다(강조 첨가). 이 책을 참고할 수 있도록 마크 데버(Mark Dever)가 도움을 주었다.

6) 나는 '주교'와 '감독'을 번갈아 사용할 것이다.

7) Lausanne: L'Age d'homme, 1986.

8) 이단(heresy)도 마찬가지이지만, 이것은 또 다른 논의가 필요한 문제이다.

9) Robert Turcan, *The Cults of the Roman Empire*, Antonia Nevill 옮김(Oxford: Blackwell, 1996). Jeffrey Bailey, "Development and Diversity in Early Christianity," *Journal of the Evangelical Society* 49(2006): 45-66.

10) 이것은 P. Garnsey의 표현이다. "Religious Toleration in Class Antiquity, *Persecution and Toleration*, W. J. Sheils 엮음(Oxford: Blackwell,1984), 6.

11) 이 점에 대해서 Philip Harland가 맞게 지적했다. *Associations, Synagogues, and Congregations: Claiming a Place in Ancient Mediterranean Society*(Minneapolis: Fortress, 2003).

12) 여기서 하랜드는 자료들을 올바로 읽지 않은 것 같다. Wendy Cotter의 비판 볼 것. *Catholic Biblical Quarterly* 68(2006): 542-543.

13) Russell Hittinger, "The Churches of Earthly Power," *First Things* 164(June/July 2006): 28.

14) Hittinger, "The Churches of Earthly Power," 28.

15) 국민국가(nation-state)에 대한 인상적인 변호로는, Pierre Manent and Marc A. LePain, *A World Beyond Politics?: A Defense of the Nation-State*, New French Thought Series (Princeton: Princeton University Press, 2006) 볼 것.

16) 예. Johnny Awwad, "The Kingdom of God and the State: Jesus' Attitude to the Power and Governing Structures of His Day," *Theological Review* 22(2001): 35-60, 특히 48-52.

17) "Ironie dramatique dans la mise en intrigue de l'empire en Romains 13:1-7," *Studies in Religion/Sciences Religieuses* 35(2006): 39-63.

18) 예를 들어, Brian J. Lee, "Govern Well or Be Governed? The Christian and the Civil Authorities in Romans 13," *Modern Reformation* 15/6(November/December 2006): 16-19.

19) 이에 대해 설명한 가장 탁월한 저서는, Raymond C. Ortlund and Donald A. Carson, *Whoredom: God's Unfaithful Wife in Biblical Theology*(New Studies in Biblical Theology; Leicester: IVP/Grand Rapids: Eerdmans, 1996)이다. 이 책은 최근에 *God's Unfaithful Wife:*

A Biblical Theology of Spiritual Adultery(New Studies in Biblical Theology 2; Downers Grove: InterVarsity, 2003)으로 다시 출간됐다.

20) 참고. Peter T. O'Brien, *The Epistle to the Philippians: A Commentary on the Greek Text*, New International Greek Testament Commentary(Grand Rapids: Eerdmans, 1991), 461: "대부분의 해석자들은 빌립보 교회에 보낸 편지에서 폴리테우마(πολίτευμα, 시민권)는 부가적인 중요성을 가지고 있었다고 인정한다. 주전 42년 옥타비아누스 황제가 그 도시에 베푼 로마적 형식의 입헌 정부의 규정 하에서, 빌립보는 '마치 그것이 이탈리아 땅에 있고 거의 모든 영역에서 로마의 행정을 반영하는 것인양 통치되었다.' 그래서, 바울은 로마와의 관계에 자부심을 갖고 있는 도시에 속한 그리스도인들에게 편지를 썼다. 즉, 빌립보 교인들에게 그들은 하늘의 왕국에 속해 있다고, 즉 그들의 국가와 정부는 하늘에 있다고, 그리고 그들이 하늘의 시민인 것처럼 하늘의 시민으로서의 삶을 반영해야 한다고 말한다(참고. 또한 1:27, 여기서 바울은 같은 어원의 동사 폴리테우마이[πολιτεύμαι]를 사용한다).

21) 이 점을 논의하기 위해서는, 적절한 책들과 각주들이 있는 Peter Oakes의 다음 책을 볼 것. *Philippians: From People to Letter*, Society for New Testament Studies Monograph Series110(Cambridge: Cambridge University Press, 2001), 139.

22) "주후 1세기, 대부분의 사람들은 마음대로 권력을 행사할 수 있는 사람은 로마 황제라고 생각했다"(Oakes, *Philippians*) 145.

23) Richard B. Hays, *First Corinthians*, Interpretation(Louisville: Westminster John Knox Press, 1997), 47.

24) 서구의 최선의 정부만 경험하고 연구한 사람들은 내가 둘의 차이점을 이렇게 강조하는 것을 보면 과장됐다고 할 것이다. 내가 해 줄 수 있는 말은 이것뿐이다. 그들은 동아시아, 중앙아시아, 아프리카, 라틴 아메리카에 있는 정부들을 가까이서 보지 못했다고; 그리고 그들은 서구 바깥에 있는 역사를 폭넓게 읽지 않았다고. 때로 약한 사람들을 괴롭히는 정부들은, 물론 강도에 지나지 않는다. 그러나 아주 자주 확고한 기반을 가진 철학적 구조가 권위 행사의 면면을 결정짓는다. 그것이 부족 지도자의 옷을 입은 부족의 권위이든, 플라톤의(그리고 하버드의) 철학자·왕의 엘리트주의적 자화자찬이든, 마르크스주의의 가르침을 자신들만 바르게 수행하고 있다고 생각하는 노멘클라투라(nomenklatura)의 과두정치든, 통치자를 '상전'으로 그리고 다른 모든 사람들을 '아랫사람'으로 두는 유교적 이원론이든 말이다. 물론 이런 전통들 속에서 통치자는 그 전통들 자체의 관점에서 선할 수도, 악할 수도 있지만, 기독

교적인 기준으로는 결코 선하다고 평가될 수 없다. 2세기 하드리아누스 황제는 활력이 넘쳤고, 훌륭한 조직가였으며, 규율이 있었다는 점에서 보면, '선한' 황제였다. 그 시절에 기차가 있었다면, 그는 정시에 그것을 운행했을 사람이었다. 그러나 그는 또한 그리스도인들에게 잔인한 황제였으며, 기독교적 영향 때문에 제국이 약해지고 있다는 이교적 목소리에 귀를 기울였다. 서구 세계도 나름대로 지독한 지도자들을 갖고 있었음에도 틀림없지만, 그러나 우리가 보편적으로 얼마나 많은 존경받는 선한 지도자들이 **봉사**에 대한 분명한 기독교적 강조점을 정부에 적용했는지 알지 못한다면, 우리는 우리의 유산에 대해 무지하다.

25) Paul Trebilco, "Gospel, Culture, and the Public Sphere: Perspectives from the New Testament," *Evangel* 24/2(2006): 42.

26) 이 책 4장에서 이 문제를 간략하게 다루었다. 나는 민주주의의 발흥과 민주주의의 총체적 법적 전통의 역사에 관한 이야기를 하려고 한 것이 아니다: 이것은 또 하나의 책을 써야 하는, 내 전공을 훨씬 넘어서는 일이다. 이와 관련해서는 Harold J. Berman의 *Law and Revolution: The Formation of the Western Legal Tradition*(Cambridge: Harvard University Press, repr. 1983); *Law and Revolution II, The Impact of the Protestant Reformations on the Western Legal Traditions*(Cambridge: Belknap, 2006), 두 권에서 박식하고 도발적인 분석을 볼 수 있을 것이다.

27) 물론 그들 중 많은 사람들이 매사추세츠에서 이주하여 로드 아일랜드를 세운 로저 윌리엄스(Roger Williams)의 영향을 크게 받았다. James Calvin Davis는 *The Moral Theology of Roger Williams: Christian Conviction and Public Ethics*, Columbia Series in Reformed Theology(Louisville: Westminster John Knox, 2004)에서, 윌리엄스의 교회론이 아주 독특하기는 하지만, 그의 논증의 많은 부분은 단순한 실용주의나 도덕적 상대주의에서 파생된 것이라기보다는, 자연법에 대한 그의 이해방식에 의해 다소 변형된 그의 개혁주의적 신념에서 파생된 것이라고 주장한다.

28) 물론 이 수사는 (후대의) "분리의 장벽"이라는 표현으로 수정조항 제1조를 해석하려는 목적에서, 이 조항의 주도적 입안자로 제퍼슨의 역할을 호소한 것이다. 그러나 수정조항 제1조의 초안이 작성되고 비준된 1789년에 제퍼슨은 프랑스에 있었다.

29) 가장 중요한 법률 이론사의 하나는 James Hitchcock의 것이다. *The Supreme Court and Religion in American Life*, Vol. 1: *The Odyssey of the Religion Clauses*; *The Supreme Court and Religion in American Life*, Vol. 2: *From "Higher Law" to "Sectarian Scruples"*

(Princeton: Princeton University Press, 2004). 히치콕이 분명하게 한 한 가지는 후대의 판사들이 어떻게 국가를 종교보다 우위에 있는 것으로 보는지 설명한 것이다. 연방헌법과 권리장전의 '기원주의적' 독해를 지지하는 것과는 거리가 먼 비평가들조차 교회와 국가의 관계들에 대한 법정의 결정들에 일관성이 결여되어 있고 논리가 박약하다는 것을 발견한다: 예를 들어, Charles Fried, *Saying What the Law Is: The Constitution in the Supreme Court* (Cambridge: Harvard University Press, 2005) 볼 것.

30) John Witte, Jr.의 흥미로운 논문 Public Religion: Adams v. Jefferson, *First Things* 141 (March 2004): 29-34. 볼 것. 또한 Noah Feldman, *Divided by God: America's Church-State Problem—And What We Should Do about It*(New York, Farrar, Straus and Giroux, 2005)도 볼 것. 일부는 이것을 순화된 '기원주의' 입장을 위한 사례 논증이라고 생각할 것이라 언급해 두는 것이 좋을 것 같다: 예를 들어, Randy E. Barnett (*Restoring the Lost Constitution: The Presumption of Liberty*[Princeton: Princeton University Press, 2004])은 연방헌법을 독해하고 보존하는 그 통제 '틀'은 그것이 어떻게 해석되든 자유에 기여한다고 생각한다. 하지만 원래의 주제들 중에 하나를 선택하기만 하면, 통제되지 않고 무도덕적인 입장을 필연적으로 채택하게 된다(자유는 최고선이라는 관점에 우선적으로 헌신하지 않았다면).

31) Robert Dodaro, *Christ and the Just Society in the Thought of Augustine*(Cambridge: Cambridge University Press, 2004).

32) Markus, *Christianity and the Secular* (Notre Dame: University of Notre Dame Press, 2005).

33) Kristen Deede Johnson, *Theology, Political Theory, and Pluralism: Beyond Tolerance and Difference*, Cambridge Studies in Christian Doctrine (Cambridge: Cambridge University Press, 2007).

34) Johnson, *Theology, Political Theory, and Pluralism*, 250. 그러나 이 표현은 그녀의 책에 빈번하게 등장한다.

35) Johnson, *Theology, Political Theory, and Pluralism*, 257.

36) Jeffrey Stout, *Democracy and Tradition*, 2판(Princeton: Princeton University Press, 2005).

37) 특히 그의 *A Secular Faith: Why Christianity Favors the Separation of Church and State* (Chicago: Ivan R. Dee, 2006) 볼 것; 또는, 좀더 간략한 그의 "Christianity and Politics: The Differences Between Christians and the Church," *Modern Reformation* 13/5(September/October 2004): 32-33. 또한 Willis B. Glover, *Biblical Origins of a Modern Secular Culture: An Essay in the Interpretation of Western History*(Macom: Mercer University Press, 1984); Rodney Stark, *The Victory of Reason: How Christianity Led to Freedom, Capitalism, and Western Success*(New York: Random House, 2006) 볼 것.

38) 정치 신학에 관한 그의 가장 중요한 저서들은 다음과 같다: Stanley Hauerwas and William H. Willimon, *Resident Aliens: Life in the Christian Colony*(Nashville: Abingdon, 1989); Stanley Hauerwas, *The Peaceable Kingdom: A Primer in Christian Ethics*(Notre Dame: University of Notre Dame Press, 1991); *After Christendom? How the Church Is to Behave If Freedom, Justice, and a Christian Nation Are Bad Ideas*(Nashville: Abingdon, 1991); Stanley Hauerwas, *Where Resident Aliens Live: Exercises for Christian Practice* (Nashville: Abingdon, 1996); *Performing the Faith: Bonhoeffer and the Practice of Nonviolence* (Grand Rapids: Brazos, 2004). 또한, Daniel M. Bell Jr., "State and Civil Society," in *The Blackwell Companion to Political Theology*, Peter Scott and William T. Cavanaugh, Blackwell Companions to Religion(Oxford: Blackwell, 2006), 423-438 볼 것.

39) 지난 10년 동안 이들 사이의 세밀한 상호작용을 볼 수 있는 최고의 장은 *First Things*였다. 이에 관하여(하우어워스의 글을 비롯하여 위에 나온 목록들을 포함하여) 좀더 읽기를 원하면, Arthur F. Holmes 엮음, *War and Christian Ethics: Classic and Contemporary Readings on the Morality of War*, 2판(Grand Rapids: Baker, 2005); John Howard Yoder, *The Politics of Jesus*, 2판(Grand Rapids: Eerdmans, 1994); Richard A. Horsley, *Jesus and Empire: The Kingdom of God and the New World Disorder*(Minneapolis: Fortress, 2003); Alexander Webster and Darrell Cole, *The Virtue Of War: Reclaiming the Classic Christian Traditions East and West*(Salisbury: Regina Orthodox Press, 2004); Jean Bethke Elshtain, *Just War Against Terror: The Burden Of American Power In a Violent World*, 2판(New York: Basic Books, 2004); 그리고 특히 하우어워스와의 상호작용에 관해서는 L. Gregory Jones, Reinhard Hütter, and C. Rosalee Velloso Ewell, *God, Truth, and Witness: Engaging Stanley Hauerwas: Essays in Conversation with Stanley Hauerwas*(Grand Rapids: Brazos, 2005) 볼 것. 또한 Burnam W. Reynolds의 서평 "The

Once and Future Just War—A Review Essay," *Christian Scholar's Review* 35(2006): 259-274과 J. Daryl Charles, *Between Pacifism and Jihad: Just War and Christian Tradition*(Downer Grove: InterVarsity Press, 2005) 볼 것.

40) Glen H. Stassen and David P. Gushee, *Kingdom Ethics: Following Jesus in Contemporary Context*(Downer Grove: InterVarsity Press, 2003). Stassen과 Gushee와는 그렇게 멀지 않지만 좀더 정치적 영역으로 좁혀서 보고 있는 책으로는 Alan Storkey, *Jesus and Politics: Confronting the Powers*(Grand Rapids: Baker, 2005).

41) Stassen and Gushee, *Kingdom Ethics*, 164.

42) Stassen and Gushee, *Kingdom Ethics*, 165.

43) Darrell Cole, "Good Wars," *First Things* 116(October 2001): 27-34; Cole, *When God Says War Is Right: The Christian's Perspective on When and How to Fight*(Colorado Springs: WaterBrook, 2002).

44) 예. Russell D. Moore, *The Kingdom of Christ: The New Evangelical Perspective* (Wheaton: Crossway, 2004).

45) 예. Helmut David Baer and Joseph E. Capizzi, "Just War Theories Reconsidered: Problems with Prima Facie Duties and the Need for a Political Ethic," *Journal of Religion and Ethics* 33(2005): 119-137.

46) 예. N. T. Wright, *Evil and the Justice of God*(Downers Grove: InterVarsity Press, 2006).

47) 아래에서 나는 일차적으로 Oliver O'Donovan의 다음 저서들을 참고한다: *The Desire of the Nations: Rediscovering the Roots of Political Theology*(Cambridge: Cambridge University Press, 2005)와 *The Ways of Judgment*, The Bampton Lectures, 2003(Grand Rapids: Eerdmans, 2005). 그러나 또한 Oliver O'Donovan and Joan Lockwood O'Donovan, *From Irenaeus to Grotius: A Sourcebook in Christian Political Thought 100-1625*(Grand Rapids: Eerdmans, 1999)도 볼 것.

48) O'Donovan, *The Ways of Judgment*, 3.

49) O'Donovan, *The Ways of Judgment*, 7(강조는 그가 한 것임).

50) 특히 Craig Bartholomew, Jonathan Chaplin, Robert Song, and Al Wolters 엮음, *A Royal Priesthood? The Use of the Bible Ethically and Politically: A Dialogue with Oliver O'Donovans*, Scripture and Hermeneutics Series(Grand Rapids: Zondervan, 2002). 이 책은 오도노반의 보다 최근의 책들에 대해서는 설명하지 않는다.

51) 예. Randall Balmer, *Thy Kingdom Come: How the Religious Right Distorts the Faith and Threatens America: An Evangelical's Lament*(New York: Basic, 2006); Jimmy Carter, *Our Endangered Values*(New York: Simon&Schuster, 2005); Carter, *Palestine: Peace Not Apartheid*(New York: Simon & Schuster, 2006). 이 셋 중 어느 것이 역사와 신학을 가장 터무니없이 왜곡하는지 결정하기 어렵다.

52) Newt Gingrich, *Rediscovering God in America: Reflections on the Role of Faith in Our Nation's History and Future*(Nashville: Integrity, 2006).

53) Hedges, *American Fascists: The Christian Right and the War on America*(New York: Free Press, 2007).

54) Goldberg, *Kingdom Coming: The Rise of Christian Nationalism*(New York: Norton, 2006).

55) So Ross Douthat, "Theocracy, Theocracy, Theocracy," *First Thing* 165 (August/September 2006): 25.

56) Rudin, *The Baptizing of America: The Religious Right's Plans for the Rest of Us*(New York: Thunder's Mouth, 2006).

57) Phillips, *American Theocracy: The Peril and Politics of Radical Religion, Oil, and Borrowed Money in the 21st Century*(New York: Viking, 2006).

58) Andrew Greeley와 Michael Hout의 가장 흥미로운 연구의 하나로 *The Truth about Conservative Christians: What They Think and What They Believe*(Chicago: University of Chicago Press, 2006).

59) 보도된 대로, 그는 대관식에서 '기독교 신앙의 수호자' (Defender of the faith)가 아니라 '신앙의 수호자' (Defender of faith)라고 할 것으로 보인다.

60) Dietrich Bonhoeffer, *Ethics* (1955; New York: Touchstone, 1995), 104-106.

61) Jacques Maritain, *Man and the State* (1951; Washington: Catholic University Press of America, 1998), 182-183.

62) 예. Geiko Müller-Fahrenholz, *America's Battle for God: A European Christian Look at Civil Religion* (Grand Rapids: Eerdmans, 2007).

63) 이 문제와 관련하여 나와 대화를 해준 Groupes Bibliques Universitaire de France(프랑스 IVCF/IFES)의 David Brown에게 감사드린다. GBU 다음 문서 볼 것: *Liberté de conscience, Liberté d'expression: Communiquer l'Évangile en France aujourd'hui: est-ce légitime?* (Juillan: Fédération Évangélique de France, 2004). 프랑스와 미국 대학교들의 문화적 차이점(지적 차이점을 포함한)은 다른 많은 관련 영역으로도 확장된다는 것을 여기서 말해 둔다. Luc Ferry, *Apprendre à vivre: Traité de philosophie à l'usage des jeunes générations* (Paris: Plon, 2006) 같은 책을 미국 대학교 캠퍼스에서는 상상도 못할 것이다. 이 책은 상당히 인기가 있으며 아주 잘 팔리고 있다. 바르게 이해된다면, 철학은 어떻게 살아야 하는 것을 가르치는 것 정도에 그치지 않는다는 것이 Ferry의 주제이다. 페리는 그런 다음 다섯 개의 주요 '철학들'을 분석하고 평가한다. 그 가운데 하나가 바로 기독교이며, 기독교에 대한 그의 평가는 놀랍도록 공정하고 날카롭다. 기독교에 대한 그의 유일하게 의미 있는 비판은 그것이 너무 좋아서 비현실적으로 보인다는 것이다.

64) 물론, 이것이 그 문제의 전체는 아니지만 일부분은 된다. Roger Scruton, *The West and the Rest: Globalization and the Terrorist Threat* (Wilmington: ISI Books, 2002) 볼 것.

65) Herbert, *Religion and Civil Society: Rethinking Public Religion in the Contemporary World,* Ashgate Religion, Culture & Society Series (Aldershot: Ashgate, 2003).

66) 그렇지만 이 점은 때때로 과장된다. 일부 무슬림 국가들에는 대 무프티(grand mufti), 곧 국민들에게 강제력이 있는 규칙들을 만들 자격이 있는 고명한 무슬림 선생이 있다.

67) 예. M. A. Muqtedar Khan, "American Muslims and the Rediscovery of America's Sacred Ground," in *Taking Religious Pluralism Seriously: Spiritual Politics on America's Sacred Ground,* ed. Barbara A. McGraw and Jo Renee Formicola (Waco: Baylor University Press, 2005), 127-147.

68) Pamuk, *Snow* (2002; New York: Vintage Books, 2004). 『눈』(민음사 역간, 2005).

69) 참고. Mark Weldon Whitten, *The Myth of Christian America : What You Need to Know About the Separation of Church and State*(Macon: Smyth & Helwys, 1999).

70) Swift, "The Clash of Civilizations and Kingdom of God," *The Briefing* 329(January 2006): 11.

71) 유대인이 이와 같은 말(요 8:33)을 했다면, 틀림없이 이에 대한 면밀한 판결이 아니라 뜨거운 논쟁에 휩싸였을 것이다.

72) 자유주의 기독교 전통에 속하는 많은 사람들은 보수적 그리스도인들에게 바로 이 점을 경고해 왔다: "우리 주류는 신앙을 내어 주고 사회적 행동을 했고, 그리고 어려움을 겪었다"(Jason Byassee, "The Almost Formerly Important," *Christianity Today* 50/3[March 2006]: 72).

73) 이러한 발전들이 지닌 위험한 함의들 가운데 하나는, 어떤 발언이 수정조항 제1조에 의해 보호를 받아 허용되고, 어떤 발언이 다른 사람들을 공격하기 때문에 금지되어야 하는지를 결정하는 독단적 권력을 정부가 가질 수 있다는 것이다.

74) Sullivan, *The Impossibility of Religious Freedom*(Princeton: Princeton University Press, 2005),158.

75) 교회와 국가의 관계에 관한 현대의 많은 논쟁들이 똑같은 문제점을 다룬다. 이 토론들은 서구 민주주의 국가들 안에서 다른 종교들의 힘 있는 목소리들을 전혀 고려하지 않을 수 있는지 연구한다. 예를 들어, A. T. B. McGowan, "Church and State: The Contribution of Church History to Evangelical Models for Public Theology," *European Journal of Theology* 14(2005): 5-16.

76) Yancey, "The Lure of Theocracy," *Christianity Today* 50/7(July 2006): 64.

77) Yancey, "The Lure of Theocracy," 64.

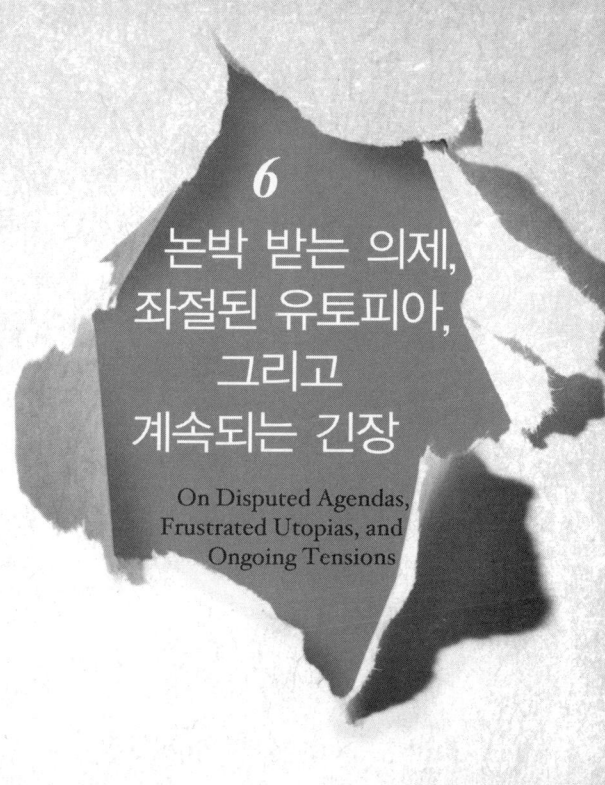

6
논박 받는 의제, 좌절된 유토피아, 그리고 계속되는 긴장
On Disputed Agendas, Frustrated Utopias, and Ongoing Tensions

요약

          1장은 문화의 의미를 두고 현재 진행되고 있는 논쟁들을 살펴보는 것으로 시작했다. 여기서 나는 예전의 '고급' 문화 개념을 버리고 클리포드 기어츠의 다음과 같은 접근을 선호했다. "문화 개념은… 상징들 안에 표현된 의미들이 역사적으로 전해 내려온 유형이며, 상징적 형식으로 표현된 전승 개념 체계이다. 이것을 수단으로 사람들은 삶에 관한 지식과 삶에 대한 태도들을 소통하고, 이어가고, 그리고 계발한다."[1] 따라서 1장은, 그리스도인들과 그들이 속한 기독교 하위문화가, 그들이 자리 잡고 있는 보다 큰 문화와 어떻게 관계 맺을지 질문할 때 직면하는 여러 가지 이슈들을 개관하기 위한 준비 단계였다. 바로 이것이 남부 수단, 북한, 서유럽, 동아시아, 그밖에 모든 지역에서 그리스도인들이 똑같이 직면하는 것이다. 영어권 세계에서, 이 문제에 대한 토론을 지배하고 있는 것은 리처드 니버와 그의 5중 유형론이다: 문화에 대립하는 그리스도, 문화의 그리스도, 문화 위의 그리스도, 역설적 관계에 있는 그리스도와 문화, 문화의 변혁자 그리스도.

2장에서는 니버에 대해 사전 비평을 했다. 그의 5중 유형론에서 두 번째에 해당하는 "문화의 그리스도" 유형은 성경적 근거가 없다. 니버 본인도 그의 다섯 번째 유형, "문화의 변혁자 그리스도"가 성경 본문들에 근거를 두고 있다기보다 보편주의적인 희망에 기대고 있다고 시인한다. 그렇지만, 무엇보다도 니버의 다섯 가지 유형들은 약간 이상화된 경쟁적 선택항목들로 제시한다. 그런데 그 선택항목을 선택하는 것은 성경의 정경적 기능에 어긋난다. 니버의 선택항목들 가운데 적어도 넷이 어느 정도 성경적 근거를 주장할 수 있다고 하더라도, 이 질문은 반드시 해야 한다: 성경 본문들은 이러한 유형들을 신자들이 기꺼이 선택하거나 거부할 수 있는 대안들로 제시하는가? 아니면 이러한 유형들은 그리스도와 문화의 관계에 관한 훨씬 크고 더욱 응집력 있는 이해에 포함되어 있는가? 즉, 니버가 제시한 유형론의 네 가지 또는 다섯 가지 선택항목들이 더욱 포괄적이고 통합적인 전체 속에서 강조되어야 한다고 이해해야 하지 않을까? 후자가 옳다면 그리스도인들은 5중 유형론의 선택항목들 가운데 하나를 마치 전체인 것처럼 선택할 권리를 갖고 있지 않다. 그렇게 한다면 그것은 환원주의라고 할 수 있다.

2장의 나머지는 대부분 통합이라는 동일한 질문에 대한 새로운 답을 찾는 데 집중했다. 그리스도와 문화의 관계에 관한 가능한 방식들에 초점을 맞추는 대신, 이 부분에서 나는 성경신학의 위대한 전환점들 가운데 몇 가지—창조, 타락, 이스라엘을 부르심, 예수 그리스도의 재림과 지리적 경제나 정치 체제를 완비한 국가가 아닌 국제적 공동체의 시작, 그리고 새 하늘과 새 땅과 부활에 대한 전망—에 초점을 맞추었다. 니버의 다섯 가지 선택항목들은 이러한 성경적·신학적 전환점들을 취사선택하도록 이끄는 경향이 있다는 것이 드러났다. 예를 들어, 두 번째 유형인 "문화의 그리스도"는 창조의 선함을 강조하지만 타락과 그 결과는 아주 가볍게 취급한다. 전체적으로 보았을 때 니버의 논의는, 그리스도와 교회의 **현재** 관계들을 영원에 비추어 보아야만, 곧 두려워해야 할 지옥과 우리가 얻게 될 새 하늘과 새 땅에 비추어 보아야만, 비로소 적절하게 이해될 수 있다는 점을 간과했다. 그리스도와 문화 사이의 관계를 건설적이고 총체적으로 생각하려고 할 때 이러한 **모든** 전환점들은 언제나 **모두가** 하나로 통합되어야 한다.

그렇지만 일부 비평자들은 여기까지의 전체 논의가 '문화'에 대한 학문적이지 않는 접근들과 은폐되어 있는 근대주의 인식론에 너무 많이 의존하고 있다며 이의를 제기할 것이다. 3장은 이런 두 가지 지적에 대한 답변을 제시하고 있으며, 제임스 스미스의 *Who's Afraid of Postmodernism? Taking Derrida, Lyotard, and Foucault to Church*에 대한 논의로 끝을 맺었다.[2]

그렇다면, 넓은 문화의 일부를 이루는 자신들이—그 일부가 구별 가능하다 할지라도—넓은 문화와 관계를 맺는 방식을 두고 씨름하는, 사려 깊은 그리스도인들을 압박하는 요인에는 어떤 것들이 있을까? 많은 것들을 다룰 수도 있었지만, 4장은 세속주의, 민주주의, 자유, 권력에 초점을 맞추었다. 이 네 가지는 우리가 **성경의 스토리 라인과 우선순위들의 규범적 구조 안에 확고하게 자리를 잡는다면**, 선한 일을 할 수 있는 강력한 힘이 될 수 있는 것이다. 그러나 이것이 독립적인 가치인 듯 가장하고, 성경의 규범을 가볍게 위반하는 준거기준을 구성한다면, 위험한 우상이 될 수도 있다. 그리스도인들은 자신들이 보다 넓은 문화의 권리 및 의무와 그리스도에 대한 충성 사이에 끼어 있을 수밖에 없다는 것을 알고 있다. 그리스도와 문화 사이의 긴장들은 다양하고도 복잡하지만, 기독교적 관점에서 볼 때, 이 긴장들의 기원은 피조물로서 주인에게 의존하고 있음을 거부하는 인간의 완고함에서 찾을 수 있다.

5장은 그리스도와 문화의 관계에서 한 가지 특수한 요소, 즉 교회와 국가에 초점을 맞추고 있다. 이 장의 목표는 이 주제에 관련한 몇 가지 용어들과 쟁점들을 정돈하고, 몇 가지 적실성 있는 성경 본문들을 조사하며, 때때로 교회와 국가의 경쟁적인 주장들이 다양한 곳에서 어떻게 전개되는지 보여 주는 것이다. 이러한 긴장들이 나타나는 좋은 사례들과 나쁜 사례들이 있기는 하지만, 시대와 공간을 초월하여 전수될 이상적이고 안정적인 패러다임은 존재하지 않는다. 모든 문화는 항상 변하며, 어떤 정치 구도도 이 긴장에 대한 영구적인 '해결 방법'이 아니기 때문이다.

그리고 마침내 마지막 장까지 왔다. 이 장에서 나의 목표는 그리스도와 문화를 다루는 몇 가지 일반적인 방법들을 조사하고,[3] 그 방법들 가운데 가장 통찰력 있는 접근일지라도 그 어떤 것도 논의를 지배해서는 안 된다는 것을 보여 주고, 그런 후 강조점의 다양한 변화를 허용하는 포괄적인 접근으로 되돌아가는 것이다.

논박 받는 의제, 좌절된 유토피아

지난 한 세기 반 동안 이 주제를 다룬 가장 독창성이 풍부한 복음주의 사상가들은 아마도 아브라함 카이퍼, 칼 헨리, 프란시스 쉐퍼, 그리고 존 하워드 요더일 것이다. 부드치세프스키(J. Budziszewski)도 이들의 사상을 평가하는 책을 쓰면서 틀림없이 이렇게 생각했을 것이다.[4] 그러나 물론 그밖에 다른 사람들도 그리스도와 문화의 관계에 관한 독창성이 풍부한 책과 논문을 썼다. 예를 들면, 한 세기 전의 그레샴 메이첸[5]과 최근 유럽 복음주의 신학자 협회에서 논문을 발표한 하워드 마샬이 있다.[6] 우리는 니버와 함께 탐구를 시작할 수도 있지만, 그리스도인들은 항상 이러한 문제들과 씨름해 왔다는 것을 기억하는 것이 중요하다. 청교도들의 책에서도 적실성 있는 많은 구절들을 찾을 수 있다.[7] 영국 혁명 시대에 휴 라티머 주교가 헨리 8세 앞에서 설교했을 때, 헨리 8세가 중얼거렸던 말을 사람들은 잘 알고 있다. "라티머! 라티머! 라티머! 말조심하게. 영국의 국왕이 여기 있다네. …라티머! 라티머! 라티머! 말조심하게. 말조심하게. 영국의 국왕이 여기 있다네."[8] 칼빈의 『기독교 강요』나 알라리크가 로마를 약탈한 뒤 아우구스티누스가 쓴 『하나님의 도성』의 특징을 고찰하거나 또는 신약성경에서 독창성이 풍부한 사상들을 되돌아보며 이런저런 입장들의 적실성 있는 구절들을 다 찾아내려고 한다면 시간과 지면이 모자랄 것이다.

새 하늘과 새 땅의 문화에서 최종적으로 해결되기 전까지는, 도전적이고 때로는 고통스런 긴장들이 우리를 괴롭힐 것이다. 하나의 특정 유형 아래 살고 있는 그리스도인들은, 너무나 제한된 전망과 가능성 안에서 이 문제를 해결해 나가야 할 것이다. 그리스도·문화 관계에 관한 몇 가지 유형이나 경험을 이제 검증해 봄으로써, 우리는 이러한 유형들과 경험들이 얼마나 많은 공통점을 갖고 있는지 확인하게 될 것이다.

근본주의적 선택

19세기의 마지막 25년과 20세기 전반의 근본주의자들이 보다 넓은 문화에 참여하지 않고 퇴거하는 경향이 있었다면,[9] 그들의 계승자들 중 적어도 일부는 그 반대 방향으로 추를 옮기는 경향이 있다. 어떤 면에서 이러한 방향 전환은 전대의 고립주의보다 나을 것이다. 그렇지만 이러한 문화적 참여의 많은 부분은 반동적인 것이다: 즉, 근본주의자들은 비도덕적이거나 위험하다고 판단되는 보다 넓은 문화가 흘러가는 방향들을 겨냥하여, 그 방향들에 대항하고 가능하면 그것을 변화시키려는 전략들을 채택했다.

일반화의 위험을 무릅쓰고 말하자면, 그들은 그 문화에서 그들이 좋아하지 않는 것을 상대로 상당히 효과적인 싸움을 하고 있다. 사람들이 그 문화를 지지하는 방식에는 별로 관심을 보이지 않으면서도 말이다. 그들은 기본적으로 전통에 호소한다: 그들은 미국이 기독교 국가가 아닐 수도 있지만, 기독교적 원리들 위에 세워진 나라였다고 말한다. 근본주의 운동은 그런 기독교적 원리들로 돌아가자고 호소한다. 그러나 미국의 건국은 몇몇 기독교적 원칙뿐만 아니라 또 다른 원칙들을 고수하면서 탄생했다는 것을 인정하는 것이 보다 현실적일 것이다. 어쨌든 오늘날에는 어느 진영에 속해 있든 노예제도로 돌아가기를 원하는 사람은 많지 않을 것이다.

시간이 지나면서, 그리스도인들은 18세기 중반보다 더 과거에—성경 자체에, 그리고 성경이 증언하는 사건들에—호소해야 하며 오늘 우리가 어디에 있고 내일 우리는 어디에 있을 것인지를 충분히 생각해야 한다. 역사로부터 교훈을 얻어야 한다는 것과 별개로, 지나간 세월에 부단한 호소를 하는 것은, 과도하게 향수를 불러일으키고 선지자적인 것을 너무 적게 지지하는 것이다. 더 나아가, 근본주의자들은 몇 가지 악들—낙태, 동성애, 학교 교육과정에 침투해 들어가는 세속주의 같은 것들—을 선택하여 그것에만 대응하고 더 넓은 사회적 악들은 간과한다. 근본주의자들의 반대자들을 가장 놀라게 하는 것은 그들이 승리를 거두었을 때 보이는 노골적인 승리주의다. 하나님 나라의 진전이 어떤 정치적인 목표들과 본질적으로 일치하는 것처럼 생각할 때, 그리고 그러한 목표들이 달성되는 것 같을 때, 근본주의 진영의 자기도취는 더욱 뚜렷해진다.

그러나 근본주의자들을 변호한다면, 특히 근본주의자들이 민주주의적 원칙들을 파괴할 수 있는 신정주의로 전향하고 있다고 비난하는 사람들에게서 그들을 변호하자면, 그들이 호소하고 있는 것의 대부분은 1950년대 보수적 미국보다는 훨씬 덜 위험하다. 이런 변호가 반대자들에게는 구식으로 보이겠지만, 반대자들 가운데 가장 냉정한 사람들도 1950년대 미국은 민주주의 국가가 아니었다고는 주장하지 않을 것이다.[10] 그리고 반대자들이, 근본주의자들은 소비주의를 비롯한 아메리칸 드림에 사로잡혀 있다고 비판한다면, 선거 때마다 증세를 지지하는 미국 좌파보다 우파가 자신의 주머니를 여는 데 있어서는 보통 훨씬 더 후하다—이들의 후함에도 한계가 있다는 것을 우리 모두 인정하더라도—는 것을 보여 주는 몇 가지 중요한 연구들을 상기하면 된다. 일부 근본주의자들과 근본주의자들을 악마시하며 '신정주의자'라고 욕하는 일부 근본주의 반대자들을 빼고는, 누구도 미래가 근본주의자들에게 있다고 믿지 않는다.

루터와 그의 후계자들

두 왕국 이론은 고도로 현학적인 것이 되어 버렸고 루터 파 내부에서도 아주 다르게 해석되고 있다. 존 위트 주니어가 박학다식한 요약을 했다.

> 땅의 왕국은 죄에 의해 왜곡되고 법에 의해 통치된다. 하늘의 왕국은 은혜에 의해 새롭게 되고 복음에 의해 통치된다. 그리스도인은 동시에 두 왕국의 시민이며 다양하게 각각의 정부의 별개의 지배를 받는다. 하늘 왕국의 시민으로서, 그리스도인은 양심의 자유가 있으며, 하나님의 말씀의 빛에 의해 살아가라는 부르심을 받는다. 그러나 땅의 왕국의 시민으로서, 그리스도인은 법에 예속되어 있으며, 하나님이 땅의 왕국의 정부를 위하여 허락한 자연적 질서와 관리들에게 복종해야 한다.[11]

이 시각이 정확히 파악하는 것이 바로 그 긴장이다. 한편으로, 우리가 그것들을 두 왕국이라고 부르든 아니면 권위의 두 원천이라고 부르든, 우리는 암묵적으로 이 세상의 왕국이 그리스도의 주권을 인정하지 않는다고 인정한다. 그 문화의 중요한 한 부분이 그 문화의 나머지가 인정하지 않는 절대적 권위를 주장한다면, 우리는 모두 같은 문화의 일부라고 거듭 주장하는 것이 별 의미가 없다. 다른 한편으로, 그리스도인은 하늘 왕국의 시민이면서 동시에 땅의 왕국의 시민이라고 주장함으로써, 루터 파의 시각은 그 두 가지 경쟁적인 충성 사이의 불가피한 긴장들로부터 쉽게 빠져나올 수 없다.

그 두 왕국을 양극으로 갈라놓는 것은 이렇게 쉽기 때문에 우리는 한분 하나님이 이 두 영역을 모두 다스리신다는 것을 잊어버린다. 더 나쁜 것은, 우리가 인간의 모든 영역에 이렇게 양극화된 두 왕국 이론을 적용하면, 우리는 지식을 통합하려는 접근조차 시도하지 않을 것이다: 인간 이성에 기초한 지식이 있고 계시와 믿음에 기초한 지식이 있으며, 이 둘은 만나지 않을 것이다. 물론 궁극적인 의미에서, 그런 통합은 새 하늘과 새 땅에서 이루어질 것이다. 그러나 바로 여기서 지금 그런 방향으로 나아가려는 시도조차 하지 않는다면 중세의 종합이 붕괴했을 때 신자들이 빠졌던 끔찍한 실수를 되풀이하게 될 것이다. 토마스 아퀴나스는 세속적인 일과 종교적인 활동을 분리했다. 그 결과, 그는 이성에 기초한 진리와 계시에 기초한 진리를 구분하게 되었다. 이러한 양극화를 멈추려면 우리는 어떻게 해야 할까? 여기서 [중세] 교회는 잘못된 선택을 했다. 영적 진리들이 다른 진리들을 이길 것이라고 단순하게 생각했던 것이다. 이 잘못된 선택이 초래한 장기적 결과는 기독교의 가르침을 하루하루의 일상으로 이루어진 보다 넓은 세상으로부터 고립시켰다는 것이다.[12] 루터교인 로버트 벤(Robert Benne)을 인용한다.

> 루터교 신학의 이 버전을 논리적 결말까지 받아들인다면, 이것은 복음에서 지적인 내용을 박탈하고 법에서 도덕적 내용을 박탈하게 될 것이다. 이것과 관련한 성경적 내러티브와 신학적 성찰에는 세속적 지식을 보증할 수 있는 어떤 인식론적 자격도 부여되지 않을 것이다. 이것은 교육의 영역에서 루터교 무발언주의(Lutheran quietism)를 옹호할 것이다. 1930년대 독일 루터교인들이 두 왕국을 분리하여, 나치 운동이 기독교적 시각의 지적이고 도덕적인 내용에 견제를 받지 않도록 허용했던 것처럼, 이 접근은 근대 세속주의 지식이 기독교적 시각에 의해 도전받지 않도록 할 것이다.[13]

이미 말했듯이, 두 왕국이 어떻게 서로 관계하는지에 대하여 루터파 내부에서는 견해가 다양하게 갈린다. 예를 들어 국내법이 신성모독을 금지하고 이 신성모독 금지법을 위반한 사람들에게 제재를 가함으로써 영적인 도덕성을 보존할 수 있을까? 루터는 그렇게 생각하지 않았지만, 멜란히톤(Melanchthon)은 그렇게 생각했다. 땅의 왕국의 통치자는 (인간과 인간의 관계에 영향을 미치는) 개인적 도덕성뿐만 아니라 (하나님과 인간의 관계에 영향을 미치는) 영적 도덕성을 지지해야 한다. 멜란히톤을 세게 밀어붙이면 국가 공인 교회로 귀착하는 것을 피할 수 없다. 루터를 세게 밀어붙이면 그리스도인들과 그들의 견해들을 공공영역에서 벗어나 주변화시키는 것을 피할 수 없다.

아브라함 카이퍼

1998년은 카이퍼가 프린스턴 신학교에서 주최한 아브라함 카이퍼 스톤 강연(Stone Lectures) 100주년이 되는 해였다. 100주년 기념 특별 콘퍼런스가 프린스턴 신학교, 암스테르담 자유 대학, 그리고 칼빈 신학교에서 열렸다.[14] 영어로 번역된 아브라함 카이퍼의 저작 가운데 베스트는 *Readers*라는 선집으로 출판되었고, 카이퍼의 스톤 강연에 대한 탐구적 분석도 출판되었다.[15] 100주년 직후, 카이퍼의 공공 신학에 대한 길고 세밀한 분석과 카이퍼의 전기가 잇따라 출간되었다.[16] 그 뒤로도, 몇 권의 전문적 연구물들이 나왔다.[17]

카이퍼가 여전히 이렇게 많은 관심을 끄는 이유 가운데 적어도 일부는 그가 자신의 사상을 실천으로 옮기는 데 놀라운 성공을 거둔 기독교 사상가였다는 것이다. 그의 신학적 비전은 기독교 노동조합을 비롯한 여러 기독교 조직들, 기독교 대학교, 기독교 정당을 세우고, 궁극적으로는 그 자신이 정부에서 활동하는 것으로 직접적으로 이어졌다. 그만큼 창조적인 지성을 가진 사람들, 사실상 그만큼 자신들의 사상을 발전시킨 신학자들도 그만큼 영향을 미치지 못한 것은, 공공 신학에 대한 그들의 사상이 그와 비슷한 공적인 성공으로 결코 이어지지 못했기 때문이다. 루카스(Sean Michael Lucas)가 현명하게 관찰한 바에 따르면, 아브라함 카이퍼와 1898년 77세를 일기로 세상을 떠난 로버트 데브니(Robert L. Dabney)의 신학적 입장들과 공적 비전들은 아주 유사했다. 그러나 어떤 그룹도 1998년에 데브니의 서거 100주년을 기념하지 않았다.[18] 미국 독립 전쟁이라는 상황에 처해 있었던 데브니는 본질적으로 방어적인 자세를 취한 반면, 카이퍼는 새로운 기관들을 공격적으로 세우고 있었다. 21세기가 시작되면서 많은 기독교 지도자들이 데브니가 아닌 카이퍼를 자신들의 노력의 지침으로 삼은 것이 그리 이상한 일도 아니다.

가장 많이 인용되는 카이퍼의 말이 다음의 문장이라는 데는 의심의 여지가 없다. "우리의 정신세계의 단 한 부분도 나머지 다른 부분으로부터 완전히 봉쇄될 수 없으며, 우리 인간 존재의 전 영역에서 만물의 주권자이시며 '나의 것'이라고 선언하시는 그리스도가 다스리지 않는 부분은 한치도 없다!"[19]

하지만 이 진실―모든 사려 깊은 그리스도인들이 고백하는―은 다른 진실들과 반드시 통합되어야 한다. 다른 진실들의 예를 들면 이런 것들이다; 그리스도의 주권이 현재 널리 의심받고 있으며, 새 하늘과 새 땅에서야 비로소 의심받지 않을 것이다. 끝까지 불가피한 긴장이 하나님의 백성들의 언약 공동체와, 기독교적 표현으로, 하나님을 알지 못하는 사람들 사이에 존재할 것이다. 인식론적 단절이 그리스도 안에서 하나님의 계시를 받아들이는 사람들과 받아들이지 않는 사람들 사이에 존재할 것이다. 카이퍼의 독특함은 이러한 진리들과, 이와 연관된 것들을 통합했다는 데서 드러난다. 모든 진리는 하나님의 진리이기 때문에, 우리가 정당하게 연구하는 어떤 것도 그리스도와 관련되지 않은 것이 없기 때문에, 카이퍼는 그리스도의 주권이 모든 영역에서 작용하는 것을 드러내야 한다는 의무감을 갖고 있었다. 적어도 그의 이력의 처음 반 동안, 카이퍼는 교회의 독특성과 그리스도인들만이 받을 수 있는 특별은총의 고유성을 강조하면서 이러한 길을 추구했다. 언제나 그리스도가 모든 것들의 주인이심을 강조하면서, 기독교 대학교를 설립함으로써, 기독교 노동조합과 기독교 정당을 창설함으로써, 그는 동시에 기독교적 계시에는 고유한 통찰이 있다는 것과 그리스도인들은 그리스도의 주 되심을 모든 영역에서 확인해야 하는 명령을 받았다는 것을 강조했다. 그 결과가 교회의 독특성,[20] 그리고 이제 종종 특별계시라고 불리고 있는 것의 독특성을 강조하는—한편으로 후대에 문화명령으로 불린 것의 중요성을 강조하는—시각이다. 그가 인생에서 이룬 그 놀라운 성공에 이런 종합을 첨가하면 아브라함 카이퍼의 거의 독보적인 영향력을 이해할 수 있을 것이다.

하지만 카이퍼가 정치권력을 달성하면서, 그의 사고의 강조점에 미묘한 변화가 보였다. 그리고 결국 세 가지 중요한 문제점들—어떤 선에서는 그 자신의 사고에 자리 잡고 있었고, 때로는 그를 따른 사람들의 사고에서 나쁜 평판이 났다—이 발전했다. (a) 믿음과 불신 사이, 구속의 은총과 일반은총 사이의 대립(antithesis)이 희미해졌다. 제임스 브랫(James Bratt) 같은 카이퍼 학자들은 이러한 발전에 박수를 보낸다.[21] 그러나 많은 통찰을 통해 클라스 쉴더(Klaas Schilder)는 이러한 발전에 탄식한다. 쉴러는 상당히 빽빽하고 작은 책, *Christ and Culture*(그리스도와 문화)[22]를 통해 이것을 아주 강하게 지적한다. 카이퍼가 구속을 희생하면서까지 창조를 이상하리만큼 강조하고, 구속의 은총을 희생하면서까지 일반은총을 지나치게 강조할수록, 그는 개혁주의 정통으로부터 멀어지고 있다고 쉴러는 주장한다. 리처드 마우(Richard Mouw)는 이것을 카이퍼에 대한 쉴러의 '재세례 파적 교정'(Anabaptist corrective)이라고 부른다. 물론 마우는 쉴러 본인이 재세례 파적 영향을 자인하지 않을 것이라고 인정하면서 말이다.[23] 어떤 경우에서도, 카이퍼의 이력의 두 번째 반은 성경의 스토리 라인의 중심으로부터 조용히 멀어지고 있다는 것이 꽤 분명해 보인다.[24] (b) 카이퍼가 무대에서 사라지고 난 뒤, 네덜란드 정부와 문화에서 기독교의 영향력이 엄청나게 빠르게 쇠락하게 된 두 번째 요소는 카이퍼주의 내부에서 추정적 거듭남(presumptive regeneration, 자녀가 거듭났다는 추정에 근거하여 부모는 자녀에게 세례를 주어야 한다는 사상-역주)을 과도하게 강조한 것이었다. 기독교 가정에서 자란 아이들에게, 충격적인 회심은 말할 것도 없고, 극적인 회심이 필수적이라는 것을 주장하는 것이 아니다; 회심의 순간에 관하여 성경적으로 확실히 보증받아야 한다고 주장하는 것도 아니다. 오히려 신학적으로 그리고 성경적으로 추정적 거듭남은 기초가 약하고, 실용적으로 교회에 상당한 수의 거듭나지 않은—그들의 자녀들은 그래서 간단하게 신앙을 버린—사람들이—아무리 문화적으로 보수적인 사람들이라 하더라도—남게 되었다는 것을 강조한다.[25] (c) 세 번째는 앞의 지적들과 전혀 관계가 없지 않다. 카이퍼주의가 가장 매력적일 때는 카이퍼의 개인적 경건이 발휘되고 있을 때이다(이와 정확히 같은 방식으로 윌버포스의 개혁의 열정은, 복음과 투명한 복음주의적 경건을 향한 헌신 때문에 매력적이다). 유럽 개혁 신학의 한 줄기인 카이퍼주의는, 문화에 영향을 미치려는 우리의 시도에 지적 구조가 되지만, 하이델베르크 신앙고백의 경건으로부터 스스로 멀어져 그 가치가 폭락한다.

최소주의적 기대들

바로 앞장에서 나는 대릴 하트의 접근을 언급했는데, 그는 보다 넓은 문화에서 그리스도인의 영향력이 최소에 머물러야 한다고 주장하는 입장을 예시한다. 예를 들어, 학문적 세계의 영역에서, 하트는 그리스도인 학자들이 자신들의 신앙과 자신들의 학문을 통합하려는 카이퍼식 시도를 포기해야 한다고 주장한다.[26] 그들은 학문의 규칙들이 근대적 학문에 의해 확립되었으며, 그러한 근대적 학문의 규칙들에 의해 움직인다는 것을 인정해야 한다—이것이 바로 하나님의 왕국과 타협할 수 없는 이 세상의 왕국, 이 세상의 권위에 대한 '루터파적' 복종의 일종이다. 다소 유사하게, 프레데리카 매튜스 그린

(Frederica Mathewes-Green)은 문화를 날씨에 비유하여 우리가 날씨에 영향을 미칠 수 있는 만큼만 문화에 영향을 미친다고 생각한다(물론 요즘에는 우리가 구름 씨를 뿌릴 수도 있다고 그는 인정한다).²⁷⁾ 그는 단순히 문화 안에서 살고 있을 뿐이며, 그래서 우리는 그 안에서 성실하게 사는 것을 배워야 한다. 우리가 가져오는 아무리 작은 긍정적 변화들도 동시에 "다른 구석에서는 후퇴를" 가져오며, 어떤 경우에는 그 변화가 지속되지 않을 것이다. "문화는 항상 변한다. 그리고 문화는 항상 우리와 함께 있을 것이다."²⁸⁾ 달리 말하면, 우리의 임무는 날씨를 바꾸는 것이 아니라 "폭풍우 속에 갇혀 있는 개인들을 돌보는 것이다."²⁹⁾

이와 같은 유사한 저자들이 우리에게 유일하게 경고한 것이 유토피아주의(utopianism)와 유토피아적 이상이 실패했을 때 불가피하게 따라오는 충격적인 실망이라면, 그들은 우리에게 값진 기여를 한 것이다.³⁰⁾ 우리는 영원까지 계속 이어지는 유일한 인간 조직은 교회라는 사실을 기억해야 한다. 우리는 문화적 승리 뒤에는 종종 실패가 따른다는 것을, 죄가 머리를 들어 때로는 폭력적 탄압을 그리고 때로는 교묘한 속임수를 가져온다는 것을(계 13), 성경적 내러티브 자체가 우리에게 선한 왕에 이어 나쁜 왕이 나타나며, 나쁜 왕 뒤에 선한 왕이 따른다는 것을 보여 준다는 사실을 기억해야 할 필요가 있다. '구속하는 문화'라는 말은 지혜롭지 못한 말이다. 그리스도가 죽으심과 부활하심으로 보증하신, 구속에 깊이 연결되어 있는 고유한 의미를 잃어버리면, 우리는 그리스도와 문화 사이에 있는 지속적인 긴장을 잃어버린다.

　하지만 그러면서도 개인의 구원과 거듭남에 너무나 초점을 맞추는 바람에 우리가 일부 사회 구조를 개선하고 심지어 변혁하기 위해서 현세에서 할 수 있는 선한 것들을 볼 수 없는 가능성도 있다. 일개 노예를 도와주는 것만으로는 노예제도를 폐지할 수 없다.[31] 기독교 교육 및 학문 **구조**들은 수많은 사람들이 그리스도의 주권 아래 있는 모든 현실을 바라보는 대항문화적 방식을 계발하는 데 도움을 줄 수도 있다.[32] 때로는 질병을 없앨 수도 있다. 때로는 성매매를 상당 부분 줄일 수도 있다. 때로는 어떤 지역에서 노예제도를 폐지할 수도 있다. 때로는 공정한 법으로 정의를 강화하고 부패를 줄일 수도 있다. 때로는 예술에 참여하여 새로운 세대에게 영감을 주는 놀라운 작품을 만들 수도 있다. 이러한 것들이 다음 세대로 전승되는 일련의 통설의 일부가 될 때, 문화의 일부가 된다.

　이러한 활동은 어떤 문화적 변화에 영향을 미친다. 물론, 이렇게 선한 것들 중 어떤 것도 끝까지 살아남는다는 보장은 없다. 어떤 것도 완성된 그 나라에 들어갈 수 없다. 하지만 이러한 그리고 무수한 그밖에 다른 방식으로 문화적 변화는 가능하다. 더욱 중요하게는, 그 도시에 선을 행하는 것, 모든 사람들에게 선을 행하는 것은(우리는 믿음의 가정에 특별한 책임을 지고 있지만) '이미'와 '아직' 사이의 긴장이 있는 바로 이 시대에서, 하나님의 구속받은 사람들로서 우리가 져야 하는 책임의 일부이다.[33]

후기 기독교 왕국 관점들

우리의 목적을 위해 먼저 살펴볼 책은 크레이그 카터(Craig A. Carter)의 *Rethinking Christ and Culture: A Post-Christendom Perspective* (그리스도와 문화 다시 생각하기: 하나의 후기 기독교 왕국 관점)이다.[34] 이 유익하고 잘 쓰인 책은 니버 유형론에 대한 비판과 문화에 대한 재세례 파/요더/하우어워스의 접근에 대한 긍정을 결합한다.[35] 카터의 머릿속에서 이 둘―니버에 대한 비판과 요더에 대한 긍정―이 어떻게 연결되는지 이해하기는 쉽다. 니버의 유형론은 콘스탄티누스적 방식에 대한 근본적 정당성을 가정해야만 가능하다.[36] 일단 우리가 '왜 기독교 왕국은 나쁜 사상인가'라고 생각하기 시작하면, 니버 유형론의 본질적인 부분이 바뀌어야 한다.[37] 한때 기독교 왕국을 이루고 있었던 대부분의 세계에서 기독교의 영향력이 크게 쇠퇴한 것을 숙고하면, 니버를 긴급하게 다시 생각해야 할 필요가 있다. 더 나아가, 니버의 범주들의 일부는 지나치게 반정립적이다. 예를 들어 보자. 카터는 예수님을 따른 것이 대항문화 공동체의 일부가 되는 결과를 수반한다고 보는 데서 요더를 따른다. 바로 이 공동체 안에서 예수님에 대한 충성은 민족국가에, 근대성과 자율적인 이성과 소비주의에, 전체주의적 주장들에 반대하는 것을 의미한다. 이것은 니버의 "문화에 대립하는 그리스도" 유형과 비슷한 소리로 들린다. 그렇지만 카터는 예수님을 따르는 것은 우리가 고전 음악, 가족 농장, 의약품에 반대하는 것을 의미하지 않는다고 강조한다. 그리스도는 모든 면에서 문화에 대립하는 것은 아니다. 니버의 반정립은 순화되어야 한다.

이 책의 나머지 절반에서 카터는 자신의 유형론을 제안한다. 그는 한편의 세 가지 기독교 왕국 유형들과, 다른 한편의 세 가지 비기독교 왕국 유형들을 근본적으로 나눈다. 기독교 왕국 유형들 세 가지는 모두 폭력적 강제를 수용한다. 그 세 가지는 이렇다.

(a) 유형 1: 문화를 정당화하는 그리스도
(b) 유형 2: 문화를 인간화하는 그리스도
(c) 유형 3: 문화를 변혁하는 그리스도

유형 1의 예로는 십자군과 제2차 세계대전 기간의 독일 그리스도인들이 포함된다. 이 모델의 그리스도론은 근본적으로 가현설적이다. 유형 2에는 루터와 빌리 그레이엄이 포함되며, 여전히 일부 가현설적인 그리스도론이 남아 있다. 유형 3은 아우구스티누스와 크롬웰을 포함한다. 구약성경의 신정론에 호소하며, 그리스도론은 '비일관적으로 니케아적이다.'

이와 대조적으로, 비기독교 왕국 유형들의 세 가지는 모두 폭력적 강제를 거부한다. 바로 이 새로운 리스트 안에 들어 있는 세 가지 중 둘은 앞의 세 가지 중 둘과 형식적으로 유사하다. 그러나 이것들의 근본적인 차이점은 폭력적 강제를 원칙적으로 거부하는 것과 깊게 관련되어 있다. 세 가지는 이렇다.

(a) 유형 4: 문화를 변혁하는 그리스도

(b) 유형 5: 문화를 인간화하는 그리스도

(c) 유형 6: 문화로부터 분리하는 그리스도

유형 4의 예로는 윌리엄 펜, 마틴 루터 킹 주니어, 그리고 데스몬드 투투가 포함되며, 이러한 유형들 세 가지에서 모두 그리스도론은 완전히 니케아적 그리스도론이다. 유형 5는 테레사 수녀와 메노파 중앙 위원회를 포함한다. 유형 6은 요한계시록의 지지를 받으며, 베네딕트 파와 재세례 파를 포함한다.

따라서 카터의 머릿속에 들어 있는 첫 번째 세 가지 유형들—기독교 왕국을 고수한다는 점에서 서로 타협하는—과 뒤의 세 가지—이것들은 니케아적이며 기독교 왕국과 연결되는 것을 싫어한다—사이의 근본적인 차이는 후자의 폭력 사용에 대한 거부이다(비록 카터는 무력이 아니라 '폭력적 강제'라고 말하고, 이렇게 함으로써 무력의 종류와 사용을 구분하는 것을 거부하여 이 쟁점에 대한 부담을 덜고자 하지만 말이다).

카터의 열정적인 주장에는 많은 매력이 있다. 진실한 그리스도인이라면 그리스도를 총체적으로 따르고자 하며, 그리스도를 따르는 것은 여기저기의 생활에서 추출한 겉치레 영성으로 퇴보하는 것이 아니라는 것을 보증하고자 하는 카터의 의지를 존경하지 않을 수 있겠는가? 더 나아가 카터는, 개별 **그리스도인**이 맺는 보다 넓은 문화와의 관계뿐만 아니라, **그리스도인 공동체**—이 공동체가 예수님에 대한 충성을 통해 대항문화적 헌신들을 제대로 보여 준다면—가 맺는 보다 넓은 문화와의 관계까지 질문하는 보다 큰 유산의 일부이다. 우리는 왜 쉴러가 카이퍼를 비판한 것이, 마우가 그렇게 불렀듯이 '재세례 파적 교정'으로 생각될 수 있는지 이해할 수 있다. 더 나아가 예를 들어 그리스도인들이 가난한 사람들을 위해 어떤 관심을 가져야 하는지, 또는 어떻게 소비주의라는 거대한 우상에 대항하는지와 관련한 구체적인 결정들의 수준에서, 카터는 많은 유용한 말을 했고, 그런 문제들에 대하여 그와 그를 따르는 사람들은 다른 전통들에 속한 많은 그리스도인들과 분명히 협력할 것이다.

하지만 니버에 대한 그의 비판이 아무리 날카롭고, 그의 개요가 아무리 시사하는 바가 많다 하더라도, 카터의 테제는 사라지지 않을 문제들을 일으킨다. 그것들 가운데 대부분을 나는 이미 어느 정도 세밀하게 지적했다. 그러나 그것들 가운데 세 가지만 여기서 요약해서 강조하더라도 해롭지는 않을 것 같다.

첫째, 카터의 사고 안에 있는 구분선은 '폭력적 강제'다. 사람들이 이런 구분선이 존재한다고 생각하든 그렇지 않든 말이다. 역사적으로, 이것은 평화주의가 구분선으로 채택했던 방식이다. 사람들이 성경과 그가 참조한 성경의 주제들에 대한 카터의 성경 해석과 영적 주제를 옳다—나는 옳다고 생각하지 않을 때가 꽤 많다—고 생각하더라도, 왜 평화주의를 구분선으로 만들어야 하는지 이해하기 어렵다. 그는 니케아 신경에 보완적인 역할을 부여하지만, 상당한 증거들에 반하여, 어떤 형식이든 '폭력적 강제'를 채택하는 사람은 니케아의 관점에서 보았을 때 왜곡된 그리스도론을 갖고 있다고 주장한다. 반면, 평화주의적 진영에 있는 사람들은 니케아 그리스도론을 완전히 받아들인다. 진정한 기독교 안에는 '정통성'의 요소들이 존재한다는 것에 나는 진심으로 동의한다(비록 그 요소들에 관해서는 카터와 항상 동의하는 것은 아니지만). 그러나 확실히 정통교리 안에는 니케아 그리스도론보다 더 많은 요소들이 존재한다. 예를 들어, 바울은 진정한 기독교와 거짓 기독교의 차이에 대하여, 그리고 이것이나 저것을 채택한 사람들의 차이에 대하여 통렬하게 말할 수 있다(갈 1:8-9). 그리고 니케아 평화주의와 아주 다른 구분선을 그을 수 있다. 복음은 무엇이며, 어떻게 복음은 그리스도론뿐만 아니라 죄와 심판과, 자비와, 예수님의 십자가와 부활과 이어지는지 성찰하는 내용은 카터의 책에서 많지 않다. 말하자면, 이것은 카터가 예수님의 부활을 부인하고 싶어 한다는 것이 아니다. 그것과는 거리가 멀다. 그는 그것을 확인한다. 그러나 그의 논증 안에는, 확신을 갖고 구속사의 위대한 전환점들을 포함해서 성경의 전체 스토리 라인을 하나로 통합하는 모습은 별로 없다. 그는 자유주의와 보수주의 사이 오래된 분리에 지쳤으며, 이 둘 다 종말을 향해 가고 있으며 둘 다 "기독교로부터 이탈한 이단에 지나지 않는, 그래서 죽어가고 있는" 세속화된 일종의 신앙을 반영하고 있다고 주장한다.[38] 확실히 기독교는 너무나 자주 근대주의의 지배를 받았다. 여기서 카터는 기독교가 그의 후기 기독교 평화주의 이상들에 의해 지배되기를 바라는 것 같다. 사람들은 카터의 생각에서 성경에 대한 조심스러운 복종과 그리스도인들이 역사적으로 쌓아온 교훈을 파악하지 못하고, 오히려 이것을 예수님을 따른다는 명분으로 다른 모든 사상들이 평화주의에 머리를 숙여야 한다고 주장하는 거친 옹호라고 생각한다.

둘째, 이것은 일련의 삭제나 왜곡으로—나는 이것들을 달리 어떻게 불러야 할지 모르겠다—이끌어 결국 독자들이 자신들이 속고 있는 것은 아닌지 의심하게 만든다. 예를 들어, 카터는 아그리콜라의 유명한 말을 그냥 넘긴다. 아그리콜라가 동료 브리튼인들에게 한 그 유명한 말은 타키투스에 기록되어 있다. "[로마인들이] 강탈하고, 도륙하고, 약탈하고, 그리고 그것을 제국이라 부른다. 그곳을 폐허로 만들어 버리고는, 그들은 그것을 '평화'라 부른다." 카터는 로마의 평화(pax Romana)나, 오래된 민족들이 로마의 권위 아래 들어가려고 간청한 이상한 사례들(예를 들어, 고대 페르가몬 왕국을 로마에 넘겨 준 에우메네스 2세, 그렇게 하여 그 왕국은 소아시아의 로마 지방이 되었다) 또는 무정부상태가 부패한 제국주의만큼(적어도) 타락하는 방식— 그래서 성경은 부패한 제국주의를 비난하는 만큼이나 무정부상태에도 상당한 비난을 가한다—을 논의하지 않는다. '일반은총'(이것이 이렇게 불리든 아니든)에 대해서도 그는 거의 탐구하지 않는다. 평화주의를 지지함으로써, 곧 '폭력적 강제'를 절대적으로 거부함으로써 그는 십자군과 제2차 세계대전은 도덕적으로 똑같으며, 둘 다 똑같이 도덕적으로 변호될 수 없다는 견해를 여러 쪽에 걸쳐 열정적으로 변호한다.

셋째, 카터의 책으로는 그리스도와 문화에 관한 이슈들을 바르게 이해하는 것이 얼마나 복잡한지 제대로 평가하지 못할 것이다. 자신이 후기 기독교 시대에 있다고 확신하고 있는 카터는 흑백 논리만 편다. 신약성경과 교회 역사의 광범위한 부분, 둘 다에서 그리스도인들은 '이미'와 '아직' 사이에서 충성되게 산다는 것이 무엇을 의미하는지 씨름해 왔다. 카터의 책은 우리에게 사실상 '폭력적 강제'를 거부하면 문제가 해결된다고 말한다. 하지만 그의 책을 다 읽은 나는 양과 염소의 비유에 대한 그의 독해를 납득할 수 없고, 그가 자주 본 업을 넘어 주해를 한 부분에 동의할 수 없고, (예를 들어) 바울이 하늘의 시민이자 동시에 로마제국의 시민이었다는 사실과 관련하여 성경은 다소 느슨하게 끝을 맺고 있다는 그의 주장에 납득이 잘 가지 않는다. 간단히 말해, 카터의 책은 가치를 따질 수 없을 정도로 많은 통찰들이 있음에도 불구하고, 몇 가지 중요한 점에서 실수를 범하고 있을 뿐만 아니라 유감스럽게도 환원주의로 넘어가기까지 한다.

박해

그리스도와 문화의 관계에 관한 다른 유형들을 더 많이 나열하는 것도 가능하겠지만, 바로 이 범주[박해]에 대하여 아무 생각도 하지 않는다면, 이 세계에서 신앙을 억압하는 지역들에 속해 있는 우리의 형제자매들을 배신하는 일이 될 것이다. 어떤 그리스도인들은 지역적이든 국가적이든 지독하게 억압적인—체계적으로든 아니면 간헐적으로든—체제 아래서 살고 있다. 내가 어렸을 때는 아직 그리스도인들이 폭스의 *Book of Martyrs*(순교자들의 책)를 읽던 시절이었다. 이 책은 지금도 읽을 만한 가치가 있다. 그러나 오늘날 이 책은 보충되어야 할 필요가 있다. 예를 들어, 폴 포트 치하의 캄보디아에서 일어난 그리스도인의 희생과 순교에 관한 돈 코맥의 감동적이고도 탐구적인 서술을 생각하는 사람도 있을 것이다.[39] 지난 20년 동안 남부 수단에서 2백만 명이 살해됐으며 지금도 적당한 연대기 기록자나 역사가를 기다리고 있다.

분명한 것은 그런 환경에 있는 그리스도인들은 니버의 유형론을 깊이 생각할 시간이 없다. 그러나 이것은 그런 환경에 사는 그리스도인들이 "문화에 대립하는 그리스도"의 관점만 채택한다는 것을 의미하지 않는다. 현실은 훨씬 복잡하다.

우리는 종종 순교자의 피가 교회의 씨라는 말을 듣는다. 폭력적 박해가 너무나 철저해서 교회가 완전히 또는 거의 사라져 버렸을 때는 (예를 들어, 공산 치하의 알바니아, 오늘날의 투르크메니스탄) 이 말이 적절하지 않다. 그러나 박해가 철저하지 않거나, 박해 사이사이에 평화가 오기도 하는 곳에서는 이 오래된 말에서 종종 통찰을 찾을 수 있기도 한다. 박해는 겉치레 개종자와 진지하지 않은 '그리스도인들'의 수를 줄이는 경향이 있으며, 그래서 어느 정도 제한적이나마 자유가 회복되면, 교회는 매우 빠르게 성장할 수도 있다.

확실히 그런 환경에서 그리스도인들은 많은 점에서 스스로를, 지배적인 문화와는 '다른' 문화로 보지 않을 수 없다. 위협과 야만적 행위가 수십 년 동안 계속되면, 그리스도인 공동체는 때로는 상처를 입고 용기를 잃게 된다. 그러나 때로 그리스도인들은 잔인한 체제의 힘 아래에서, 가장 소망을 많이 가진 그리고 가장 도움이 되는 사람들이 된다. 무엇보다도 그것은 그들이 그렇게 멀리 있지 않는 영원과 함께 살고 있기 때문이다.

때때로 그런 고통스런 곳에 있는 그리스도인들은 이 세상에서 보다 편안한 곳으로 이주할 수 있기를 고대하기도 하며, 그리고 기회가 되면 그렇게 한다. 이슬람의 분위기가 더욱 호전적으로 변해 갈 때 무슬림이 지배적인 여러 나라들로부터 그리스도인들이 이민을 오는 것을 목격한다. 그러나 때로 그들은 자신의 도움이 가장 많이 필요한 곳에서 도움을 주고 싶어 하기 때문에 그곳에 머무르기도 한다. 어느 한쪽을 비판하고 싶지 않다면, 이러한 두 그룹은 그들이 위치하고 있는 곳에 대해, 그리고 주변 문화와의 관계에 대해 어느 정도 다른 관계를 갖고 있다고 생각할 수 있다.

그러나 주의해야 할 중요한 점은, 우리가 생각하기에 전체 패러다임 가운데 그리스도와 문화의 관계가 어떠해야 하는지—또는, 가장 좁혀서 말하면, 교회와 국가의 관계가 어떠해야 하는지—를 선택하는 것은, 선택사항들을 갖고 있는 사람들이나 누릴 수 있는 사치라는 사실이다. 상대적으로 안전한 곳에서 살고 있는 우리들은 이 교훈을 겸손하게 배워야 한다.

결론

이 간단한 조사가 우리에게 말하는 것은 강력한 이론들 가운데 어떤 것도 그리스도와 문화의 관계를 적절하게 설명하고 있지 않으며, 혹은 관계 유형을 개선한다고 해서 그것을 총체적인 설명이나 분명한 명령으로 받아들이는 것은 굉장히 무리라는 것이다. 저마다 강점은 분명하게 있다. 어떤 유형들은 환원주의를 특징으로 하는 다른 유형들보다 아주 다양하고 보완적인 성경과 역사적 해석을 더 잘 드러낸다. 게다가 특정한 유형이 경험적으로 유용하다 할지라도, 사려 깊은 그리스도인들은 그들이 속한 문화적 배경이 좋든 나쁘든 우리의 신학적인 이해에 영향을 미치고 있는 것을 깨닫고, 그 유형 중 어떤 것을 선택하는 것을 꺼려야 한다.[40]

무엇보다도, 우리는 인간 존재 자체가 비틀거리기 때문에, 사물이 어떻게 작동하는지 또는 어떻게 작동해야 하는지를 다룬 지적으로 가장 엄격한 이론조차도, 한두 세대 지나면 실제로도 비틀거린다는 것을 이해해야 한다. 우리는 무엇인가를 간과하고 있다는 것을, 또는 우리는 사물의 균형을 왜곡하고 있다는 것을, 아니면 이 세상은 타락하고 무너져 있기 때문에 우리의 잘 계획된 행동들도 비신자들의 불쾌한 반응을 불러일으키고, 그리스도와 문화의 긴장이 어느 정도 새로운 방향으로 전개된다는 것을 이해해야 한다. 루이스(C. S. Lewis)의 지혜가 생각나는 사람들이 있을 것이다.

> 전혀 조종할 수 없을 만큼 사실상 심각하게 낡았다면, 난파를 피할 수 있는 조종법을 가르쳐 봐야 무슨 소용이 있겠습니까? 우리의 탐욕과 비겁과 못된 성품과 자만 때문에 지킬 수 없다는 것을 우리가 알고 있다면, 사회적 행동 규칙을 만들어 봐야 무슨 소용이 있겠습니까? 지금 나는 사회적, 경제적 제도 개선을 생각할 필요가 전혀 없다고, 진지하게 생각할 필요가 전혀 없다고 말하는 것이 절대 아닙니다. 내가 정말 말하고 싶은 것은, 개인의 용기와 이타심 없이는 어떤 제도도 제대로 돌아갈 수 없다는 사실을 깨닫지 못한다면, 어떤 사회적, 경제적 개선책을 찾는다 한들 헛된 일이 될 것이라는 것입니다. 현 제도 아래에서 자행되는 부정부패와 횡포를 없애기는 그렇게 어렵지 않습니다. 그러나 인간이 정직하지 못하고 횡포를 좋아하는 한, 새로운 제도 아래에서도 새로운 방식으로 전에 하던 짓을 계속할 것입니다. 법으로는 인간을 선하게 만들 수 없습니다. 그리고 선한 인간 없이는 선한 사회를 만들 수 없습니다.[41]

계속되는 긴장

마이클 호튼(Michael Horton)은 지금까지 제시한 가장 주목 받는 입문서 중에서, 이렇게 글을 시작한다.

"이 세상은 내 집 아니요"와 "참 아름다워라 주님의 세계는"이라는 찬송을 동시에 부르면서 성장한 사람들은 혼란스러웠을 것이다. 이 두 찬송에는 두 가지 공통되면서도 모순되는 것처럼 보이는, 문화에 대한 기독교적 반응이 드러나 있다. 하나는 이 세상을 무신앙의 황무지로 본다. 따라서 이런 세상에서 그리스도인이 할 수 있는 일은 거의 없다. 다른 하나는 문화 변혁을 '하나님 나라 활동'(kingdom activity)과 실제로 동일한 것으로 간주한다.[42]

이 책의 중요한 요지들 가운데 하나는, 성경에 비추어 보았을 때 이러한 선택사항 둘 다는, 그리고 또한 다른 많은 것들은 지독하게 환원주의적이라는 사실이다. 적절한 단서와 함께, 이러한 노래들 둘 다에 대한, 그리고 또한 뚜렷하게 경쟁적인 메시지들에 대한 몇 가지 성경적 근거를 찾는 일은 쉽다. 그렇지만 이것은 각각 성경적 주제에 대해 지나치게 치우친 독서를 했다는 것을 달리 말하는 것이다.

사회학자들은 복잡한 운동들을 분석하는 그들 나름의 틀들을 계발할 것이며, 물론, 보다 넓은 문화에 대한 서로 다른 기독교적 반응들을 분석하는 방법을 찾을 것이다. 그런 틀들을 기술하는 능력은 다양한 방식으로 통찰력이 있을 수 있으며, 그리고 물론 그것들은 다른 근거들 위에서는 도전을 받을 수도 있다. 그러나 일단 니버나 카터(또는 다른 누구)에 의해 제안된 틀들이 어느 정도의 기술 능력을 주장하면, 그것들은 반드시 성경의 검증을 받아야 한다. 내가 보여 주고자 한 것들 가운데 하나는, 그런 성경의 검증으로 보이는 것이 증거본문들과 성경적 선례들의 편리한 나열에 지나지 않는다면 부적절하다는 것이다. 폭넓은 성경 본문에 대한 면밀한 주해에 더하여, 우리는 그것들이 어떻게 구속사의 위대한 전환점들—이 전환점들에는 타락, 아브라함을 부르심, 이스라엘의 부흥과 멸망과 다시 부흥, 약속된 메시아의 오심, 그의 가르침, 사역, 죽음, 그리고 부활, 성령의 선물과 교회의 탄생 같은 중요한 지점들이 있다—에, 창조부터 새 하늘과 새 땅에 이르는 거대한 운동에 일치하는지 깊이 생각해야 한다. 우리는 또한 하나님의 삼위일체 본성, 십자가가 성취한 모든 것, 시작된 종말과 미래의 종말이 단단하게 조합되어 있는 신약성경의 종말론을 포함하는 거대한 신학적 구조들도 무시해서는 안 된다.

그런 거대한 성경적이고 신학적인 구조들이 이러한 문제들에 대한 우리의 사고방식을 통제한다면, 그리고 그런 계시적인 범주들이 예배와 행동으로 우리의 삶들 가운데서 이해된다면, 그리스도와 문화의 관계에 관한 다양한 사고방식은, 무엇인가를 발견하는 데 유익하긴 하겠지만 정경적 힘은 발휘하지 못할 것이다. 우리는 "예수님은 주!" 같이 절대적인 것들의 토대를 허물지 않으면서, 이와 관련하여 신약성경 문서들만큼 훨씬 더 유연해질 수 있을 것이다. 성경신학의 똑같은 근본적 구조는 이웃에 대한 사랑 때문에 에이즈로 고통 받는 사람들을 위해 영웅적으로 노력하는 그리스도인들에게와 마찬가지로, 해방과 완성된 하나님 나라의 새벽을 갈망하는 박해받는 그리스도인들에게도 강력한 이야기가 될 것이다. 이 구조는 그리스도와 구속의 은총이 자리하고 있는 교회의 독특성에 대한 배타적인 주장들을 포함할 것이다. 그러면서도 이것은 신자들이 이 낡고 타락한 피조세계 안에 창조된 존재임을 인정하고 하나님을 사랑할 뿐만 아니라 이웃을 자신들처럼 사랑하라는, 어디에서나 발견할 수 있는 명령들을 깊이 생각하도록 인도할 것이다. 성경의 스토리 라인 안에서 발견할 수 있는 풍성하고 복합적인 성경적 규범들은 "문화에 **대립하는** 그리스도"와 "문화의 **변혁자** 그리스도"가 두 개의 상호 배타적인 입장이 아니라 동시에 작동할 때도 많다고 말한다.

홀로 서 있다는 태도로서 대립(against)은 너무나 자주 날카로운 비난으로 바뀐다. 오만한 도덕적 우월성을 자랑하는 자세는 누구와도 대화를 나누지 않는다. 변혁을 위한 변혁은 순진한 이상주의로, 심지어 유토피아주의로 퇴락할 수 있는데, 이것은 디트리히 본회퍼가 아주 심각하게 우려한 입장이다. 급진적인 사람은 하나님이 그를 창조한 것을 시기하는데, 그들은 과거뿐만 아니라 미래에도 자신이 다른 사람들에게 빚을 지고 있다는 것을 도저히 인정할 수 없는 자기주권(self-sovereignty)을 추구하기 때문이라고 본회퍼는 주장한다. 급진적인 사람은 어떤 종말적인 목표를 위해서라면 바로 여기 그리고 지금을 희생시킬 준비가 되어 있다.

이러한 극단들을 피하면서, 우리는 반대하고 **그리고** 지지하는, 부정하고 **그리고** 긍정하는, 논쟁하고 **그리고** 포용하는 그리스도를 보아야 한다. 이것은 복합적이지만, 그래서 기독교는 복합성에 낯설지 않다.[43]

확고하고 풍성한 성경신학의 총체성을 통해 그리스도와 문화의 관계들을 열정을 갖고 성찰하면, 아이러니하게도 우리는 종종 성경의 입장을 고수하기 위해서 취한 유연하지 않은 틀보다 훨씬 더 유연해질 수 있게 된다. 성경은 우리가 그리스도의 주권 아래에서 총체적이고 세밀하게, 지혜롭고 날카롭게 생각하고, 문화의 마취제에 절대로 만족하지 말라고 명령할 것이다.[44] 이 복잡성은, 확실한 길을 보여 주지도 않으면서, 우리의 섬김을 요구할 것이다. 우리는 하나님을 신뢰하고 하나님께 복종하고 그 결과를 하나님께 맡기는 것을 배운다. 때때로 신실함은 각성과 변혁으로 이어지며, 때때로 박해와 폭력으로, 때때로 둘 다로 이어진다는 사실을 우리는 성경과 역사로부터 배운다. 창조를 통해 우리는 구체적인 존재가 되었기 때문에, 그리고 우리의 궁극적 소망이 새 하늘과 새 땅에 있을 부활의 생명이기 때문에, 우리가 하나님과 화해하는 것과 왕이신 예수님의 주권에 고개 숙이는 것은 사적인 종교나 바로 지금 완전히 육체적인 존재에서 뽑아낸 거짓 영성의 형식으로 축소될 수 없다.

성경을 그렇게 풍부하게 읽으면 두 가지를 더 얻을 수 있을 것이다. 정상을 향해 기어 올라간 다음에 주위를 둘러보면서 "이것이 존재하는 전부인가?"라고 묻는 세대에게, 그리스도와 십자가, 이 세상과 다음 세상 사이의 연결, 확고한 그리스도인의 삶과 신실한 증언, 그리고 세상을 우리의 교구로 만드는 한편 이웃을 사랑하는 커다란 비전에 초점을 맞추는 성경적 비전을 갖게 한다면, 눈을 들어 위를 바라보며, 하나님의 영광 가운데서 즐거워하게 될 것이다. 교회들이 성도들에게 보다 넓은 세계에 참여하라고 가르칠 때, 그 성도들은 그들이 증언해야 하고 그들이 선을 행해야 하는 세상에 속지 않을 것이다. 우리는 호튼이 적절하게 묘사한 함정을 피할 것이다. "세상 안에 있지만 세상에 속하지 않은 존재가 되는 대신, 우리는 세상 안에 있는 존재가 아니라 세상적인 존재가 되기 쉽다."[45] 대신, 우리는 모든 영역이 왕이신 예수님을 위한 것이라고 주장하는 긴장 속에서 살아가게 될 것이다. 완성은 아직 이뤄지지 않았다는 것을, 우리는 눈으로 보며 걷는 것이 아니라 믿음으로 걷는다는 것을, 그리고 우리가 싸울 때 쓰는 무기는 이 세상의 무기가 아니라는 것을, 우리는 잘 안다(고후 10:4).

1) Clifford Geertz, *The Interpretation Of Cultures*(New York: Basic Books, 1973), 89.

2) James Smith, *Who's Afraid of Postmodernism?: Taking Derrida, Lyotard, and Foucault to Church*(Grand Rapids: Baker, 2006).

3) 그리스도에 대한 모든 표현들은 문화적인 것이기 때문에, 나는 단순한 이분법 '그리스도'와 '문화'가 얼마나 오해의 소지가 많은지는 이제 다시 반복하지 않겠다. (예를 들어, Graham Ward, *Christ and Culture*, Challenges in Contemporary Theology[Oxford: Blackwell, 2005], 21-22 볼 것), 그럼에도 불구하고 왜 상반된 범주들이 유용하게 남아 있는지에 대해 이미 제시된 이유들도 다시 반복하지 않겠다.

4) J. Budziszewski Michael Cromartie, and Jean Bethke Elshtain, *Evangelicals in the Public Square: Four Formative Voices on Political Thought and Action*(Grand Rapids: Baker, 2006).

5) Machen, "Christianity and Culture," http://homepage.mac.com/shanerosenthal/reformationink/jgmculture.htm. 2006년 10월 10일 접속. 이 논문은 "The Scientific Preparation of the Minister," *The Princeton Theological Review* 11(1913): 1-15를 개작한 것이다.

6) Marshall, "Biblical Patterns for Public Theology," *European Journal of Theology* 14(2005): 73-86. 삼상 12; 렘 29:1-14; 딤전 2:1-10; 대상 28:1-15 주석.

7) Leland Ryken, *Worldly Saints: The Puritans as They Really Were*(Grand Rapids: Zondervan, 1986)로 시작하면 유익할 것이다.

8) Christopher Bryan, *Render to Caesar: Jesus, the Early Church, and the Roman Superpower* (Oxford: Oxford University Press, 2005), 126.

9) 읽어야 할 책은 George M. Marsden, *Fundamentalism and American Culture*, 2판(Oxford: Oxford University Press, 2006)이다.

10) 위의 책 4장, nn. 28-29.

11) John Witte Jr. and Martin E. Marty, *Law and Protestantism: The Legal Teachings of the Lutheran Reformation*(Cambridge: Cambridge University Press, 2002), 5-6.

12) 특히 Arnold Nash, *The University and the Modern World: An Essay in the Social Philosophy of University Education*(London: SCM, 1945). 181-182 볼 것; 또한 Duane Litfin,

Conceiving the Christian College(Grand Rapids: Eerdmans, 2004), 144-145 볼 것.

13) Robert Benne, *Quality with Soul: How Six Premier Colleges and Universities Keep Faith with Their Religious Traditions*(Grand Rapids: Eerdmans, 2001), 133; Litfin, *Conceiving the Christian College*, 145에도 인용.

14) 이 콘퍼런스 발표 논문들은 다음과 같이 각각 출판됐다: Luis E. Lugo 엮음. *Religion, Pluralism, and Public Life: Abraham Kuyper: A Centennial Reader*(Grand Rapids: Eerdmans, 2000); Cornelis van der Kooi and Jan de Bruijn 엮음, *Kuyper Reconsidered: Aspects of His Life and Work*(Amsterdam: VU Uitgeverij, 1999); *Markets and Morality* 5/1(2001).

15) James D. Bratt 엮음, *Abraham Kuyper: A Centennial Reader*(Grand Rapids: Eerdmans, 1998); Peter S. Heslam, *Creating a Christian Worldview: Abraham Kuyper's Lectures on Calvinism*(Grand Rapids: Eerdmans, 1998).

16) James E. McGoldrick, *Abraham Kuyper: God's Renaissance Man*(Darlington: Evangelical Press, 2000); John Bolt, *A Free Church, a Holy Nation: Abraham Kuyper's American Public Theology*(Grand Rapids: Eerdmans, 2001).

17) 예. Vincent Bacote, *The Spirit in Public Theology: Appropriating the Legacy of Abraham Kuyper*(Grand Rapids: Baker, 2005).

18) "Southern-Fried Kuyper? Robert Lewis Dabney, Abraham Kuyper, and the Limitations of Public Theology," *Westminster Theological Journal* 66(2004): 179-210.

19) Bratt 엮음, *Abraham Kuyper: A Centennial Reader*, 488.

20) 그리고, 5장에서 보았듯이, **교회로서의** 교회가 합법적으로 할 수 있는 것과 **그리스도인들**이 해야 하는 것 사이의 구별까지도.

21) James D. Bratt, *Dutch Calvinism in Modern America: A History of a Conservative Subculture* (Grand Rapids, Eerdmans, 1984), 19.

22) 가장 쉽게 접근할 수 있는 웹 사이트는 http://www.reformed.org/webfiles/cc/ christ_and_culture.pdf (가장 최근 접속 2007년 2월 18일), 저작권은 G. von Rongen과 W. Helder (1977)에 있음.

23) Richard J. Mouw, "Klaas Schilder as Public Theologian," *Calvin Theological Journal* 38(2003): 281-298. 마찬가지로 Lucas, "Southern-Fried Kuyper?" 200은 "데브니와 카이퍼 같은 공공신학의 한계는 그들이 교회와 세상의 대립(antithesis)을 유지하지 못한 데서 찾을 수 있다"고 주장한다. Henry R. Van Til도 동일한 문제에 다른 방식으로 접근했다. *The Calvinistic Concept of Culture*(Grand Rapids: Baker, 1959), 244. '일반은총'이라는 표현은 항상 따옴표를 붙여서 구속적 은총과 똑같은 뿌리인 것처럼 보이지 않도록 해야 한다고 그는 제안했다. Mouw(p. 297)도 같은 지적을 했다.

24) 카이퍼의 사상을 발전시키려고 노력한 사람들에게도 똑같이 해당한다고 나는 생각한다. Vincent E. Bacote의 *The Spirit in Public Theology: Appropriating the Legacy of Abraham Kuyper*는 카이퍼의 관점을 확인하고 풍부하게 하기 위해서 성령 교리, 성육신과 일반은총을 매개하는 성령론을 발전시키려고 노력했다. 그러나 이 책은 단순한 추론에 너무 많이 의존했다. 더 나쁜 것은, 어떤 증거도 없이, 성령 교리의 이러한 측면이 구속에서의 성령의 역할만큼 중요하다고 계속 주장한다. 둘 사이의 똑같은 중요성을 강조하는, 이러한 의문의 여지가 많은 주장에서 벗어나 어떻게 성령의 이러한 보완적 역할이 다른 것들과 각자 적절하게 연결되는지를 보여 줄 필요가 분명히 있다. 보다 더 조심스럽고, 보다 더 신학적으로 포괄적인 것으로는 T. M. Moore, *Consider the Lilies: A Plea for Creational Theology*(Phillipsburg: P&R, 2005).

25) 추정적 중생(presumptive regeneration)을 변호하는 것으로는 다음을 볼 것. Lewis Bevens Schenck, *The Presbyterian Doctrine of Children in the Covenant: An Historical Study of the Significance of Infant Baptism in the Presbyterian Church*(1949; Phillipsburg: P&R, 2003); Douglas Wilson, *Standing on the Promises: A Handbook of Biblical Childrearing* (Moscow: Canon, 1997). 앞의 책은 Maurice J. Roberts가 "Children in the Covenant," *Banner of Truth* 501(June 2005): 20-24에서 비판적으로 비평했다.

26) Darryl G. Hart, "Christian Scholars, Secular Universities and the Problem of Antithesis," *Christian Scholar's Review* 30(2001): 383-402.

27) Frederica Mathewes-Green, "Loving the Storm-Drenched," *Christianity Today* 50/3 (March 2006): 36-39.

28) Mathewes-Green, "Loving the Storm-Drenched," 38.

29) Mathewes-Green, "Loving the Storm-Drenched," 38.

30) 극단적 유토피아주의의 유사한 경로는 종종 세계 빈곤 같은 것을 다루자는 제안을 하는 것으로 나타난다. 그러나 과거로부터 배운 교훈은 거의 없다: William Easterly의 놀라운 연구, *The White Man's Burden: Why the West's Efforts to Aid the Rest Have Done So Much Ill and So Little Good*(New York: Penguin, 2006) 볼 것. Easterly조차도 분명하게 말했듯이, 이것은 어떤 일을 해도 소용없다는 것은 아니다.

31) Deann Alford, "Free at Last: How Christians Worldwide Are Sabotaging the Modern Slave Trade," http://www.christianitytoday.com/40851, 2007년 2월 27일 접속.

32) 참고. William C. Davis, "Contra Hart: Christian Scholars Should Not Throw in the Towel," *Christian Scholar's Review* 34(2005): 187-200.

33) Paul F. M. Zahl, *Grace in Practice: A Theology of Everyday Life*(Grand Rapids: Eerdmans, 2007).

34) Grand Rapids: Brazos, 2007

35) 카터는 그들 가운데 구분이 없어지는 방식으로 사람들을 몰아가지 않으려고 주의를 기울인다.

36) 이 점은 계속해서 문학에서 지적되고 있으며 신학적 스펙트럼을 넘나들고 있다. 예를 들어, James F. Kay, "Overture," *Theology Today* 63(2006): 1-4의 편집자의 글을 볼 것.

37) 이것은 카터의 5장 제목이다.

38) Carter, *Rethinking Christ and Culture*, 서문.

39) *Killing Fields, Living Fields*(London: Monarch, 1997).

40) 참고. Craig Ott and Harold A. Netland 엮음, *Globalizing Theology: Belief and Practice in an Era of World Christianity*(Grand Rapids: Baker, 2006).

41) *Mere Christianity*(1952; San Francisco: HarperSanFrancisco, 2001), 73. 『순전한 기독교』(홍성사 역간, 2005).

42) Michael S. Horton, "How the Kingdom Comes," *Christianity Today* 50/1(January 2006): 42-46.

43) Jean Bethke Elshtain, "With or Against Culture?" *Books & Culture* 12/5 (September/October 2006): 30.

44) 이 은유는 Thomas de Zengotita, "The Numbing of the American Mind: Culture as Anesthetic," *Harper's Magazine* (April 2002): 33-40.

45) Horton, "How the Kingdom Comes," 46.